POLCIRKELN

Av Liza Marklund

Gömda (med Maria Eriksson) 1995, reviderad upplaga 2000
Sprängaren 1998
Studio sex 1999
Paradiset 2000
Prime time 2002
Den röda vargen 2003
Asyl (med Maria Eriksson) 2004
Det finns en särskild plats i helvetet för kvinnor som inte hjälper varandra (med Lotta Snickare) 2005
Nobels testamente 2006
Livstid 2007
En plats i solen 2008
Postcard Killers (med James Patterson) 2010
Nya röster sjunger samma sånger 2011
Du gamla, du fria 2011
Lyckliga gatan 2013
Järnblod 2015
Pärlfarmen 2018

LIZA MARKLUND

POLCIRKELN

pirat
FÖRLAGET

Citaten ur *Just nu* återges med tillstånd av Tomas Ledin
Citaten ur *Barn av vår tid* och *Men bara om min älskade väntar* återges med tillstånd av Ulf Dageby
Citaten ur *Kolla kolla* återges med tillstånd av Anders Melander
Citaten ur *Vår Julskinka har rymt* (Åke Cato/Billy Butt/Joakim Bergman) återges med tillstånd av © Little Big Apple Music/Misty Music AB

Läs mer om Piratförlagets böcker och författare på
www.piratforlaget.se

ISBN 978-91-642-0711-1

Utgiven av Piratförlaget, Stockholm 2021
Omslag: Amanda Aspeborg
Tryckt hos Livonia Print, Lettland 2021

FSC
www.fsc.org
MIX
Papper från ansvarsfulla källor
FSC® C002795

FREDAG 20 DECEMBER 2019

KROPPEN HITTADES EN av de kortaste dagarna på året, de obefintliga, då solen övergivit människorna vid norra polcirkeln och knappt brydde sig om att förebåda ljus. Den låg i ett fundament till bron som leder över Piteälven upp mot Robotbasen, naken och huvudlös.

Det var en flicka, eller möjligen en ung kvinna, vem kan säga med bestämdhet var gränsen går? Vid myndighetsåldern? Hur som helst så visste man genast, och med säker förvissning, vem kroppen en gång hade tillhört.

Hon hette Sofia Hellsten, och hon hade inte hunnit fylla arton. En flicka, således.

Hon var dotter till dåvarande kommunalrådet Hilding Hellsten och försvann på väg hem från biblioteket en åskmullrande eftermiddag på sensommaren 1980, alltså nästan fyrtio år tidigare. Hennes gymnastikpåse med biblioteksböckerna hittades i ett dike strax hitom Gransel redan efter några dagar, men själv var hon spårlöst försvunnen. Ända till denna blytjocka decemberdag då världen var ogenomskinlig och fullkomligt dränerad på färg. Hennes skolväska, kläder och plånbok låg där hennes huvud borde ha varit.

Det kunde ha inneburit en lättnad, en kollektiv utandning. Tomrummet efter Sofia Hellsten hade varit ett öppet sår i samhället i närapå fyra decennier, ett faktum som bara skulle läka om flickan återfanns och sanningen uppenbarades: om detta rådde konsensus. Så blev det nu inte, och det berodde naturligtvis på det skick hon hittades i. Bottenlös sorg och oförlöst raseri kom att prägla medierapporteringen om händelsen. Till och med Sveriges Television skickade upp ett team från Stockholm för att få riktigt bra ljud och bild.

För de fyra kvinnorna som en gång i tiden, tillsammans med Sofia Hellsten, utgjort bokcirkeln Polcirkeln blev fyndet i brofundamentet mycket omstörtande. Det satte krafter i rörelse som omsorgsfullt dolts i decennier, rev sönder liv som kanske aldrig hade varit hela.

Somliga skulle säga att det började med Wiking Stormberg, klasskamraten som flera av flickorna var förälskade i.

Andra skulle peka på klassklyftorna, flickornas olika förutsättningar.

Fast frågan är om allting egentligen inte började med "Lolita".

LOLITA

AV

VLADIMIR NABOKOV

VALD AV

CARINA BURSTRAND

APRIL, DEN OPÅLITLIGASTE av månader.

Längre nedåt älvdalen skulle man säga att vädret var ovegolant, som en ko på tre ben: euforiskt solvarma dagar med löften om evighet, djupfrysta stormnätter av hagel och missmod.

Just den här fredagsmorgonen var grå, med ett bistert stråk av fukt i luften.

En tid av uppbrott, och oro.

FREDAG 18 APRIL 1980

TRAPPSTEGEN UTANFÖR PORTEN var insvepta i ett centimetertjockt lager av kristallklar blåis, den sort som inte märktes förrän man slog svanskotan i den. Carina kisade och antog att trottoaren nedanför var i ungefär samma skick, men på gatan där bortom anade hon ett ojämnt stråk av ljusbrun grovsand. Alltså tog hon sats och hoppade. Skolväskan dunkade hårt i hennes ryggslut, hon halkade till och ramlade lik förbannat. En av kommunens sopbilar passerade lite för nära och tutade ilsket, hon visade fingret mot dess gapande baklucka. Hävde sig upp och gned sig på ena skinkan, hade missbedömt rikoschetten från väskan. Den var full av biblioteksböckerna, idag var sista återlämningsdag. Två mellanstadiekillar passerade på andra sidan gatan medan de flabbade och pekade, jättekul, ha ha. Hon kastade en slängkyss mot dem, idioter.

Försiktigt linkade hon iväg ner mot Kvarndammsvägen, skolväskans axelrem skar in i sidan av halsen vid varje vänstersteg. Obehaget blandade sig med resten av de kroppsliga förnimmelserna: molandet inför den stundande mensen, smärtan i hennes bakdel, suget i magen. Det hade funnits både Polarbröd i skafferiet och långfil i kylskåpet, men hon stod inte ut med att äta med Ulrika.

– Jävlar, vilket blåmärke du kommer att få!

Pulsen rusade upp i halsen när Wiking Stormberg gled förbi henne på trottoarens isbeläggning, han höll ut armarna som en skejtare för att hålla balansen och log brett. Hon fick svårt att andas, slängde till med håret och kände att hon frös om öronen, var de röda? Hade hon kommit ihåg att sminka sig?

– Så fint att du bryr dig om mitt arsle.

– Du, Benny var inte hemma i natt, va?

Hon svalde och ryckte på axlarna.

– Tror du vi delar säng? Incest är bäst, särskilt när man håller det inom familjen?

Hon försökte öka takten för att hålla jämna steg med Wiking, men det gjorde för ont i baken.

– Pappa och Lars-Ivar plockade in honom igår kväll utanför Swampen, jag och Krister såg det.

Wiking tog ny sats och gled iväg utmed isgatan, den färgglada Stenmarkmössan som en stoppsignal på skallen. Hans konturer upplöstes och han försvann ur hennes synfält, blev till en suddig rektangel mot grå bakgrund.

Nå, men då så. Då var hennes oduglige storebror inte död i alla fall. Wikings farsa var polischef i Stenträsk, han hade låtit Benny sova av sig i fyllecellen på stationen många gånger förr.

Wikings oformliga kontur stannade till vid busshållplatsen och talade med andra, liknande former, hon kunde höra deras skratt. Hon visste att hon behövde glasögon, kunde bara läsa de tre översta raderna numera på skolsysters upplysta plansch. Den hade hängt på samma plats med samma bokstäver sedan hon började ettan och fortfarande förmådde läsa de allra minsta längst ner:

MRTVFUENCXOZD

Redan i tvåan kunde hon dem utantill, och i trean, när hon inte längre såg dem, satt de som berget. Men böcker kunde hon fortfarande läsa, allt på nära håll, det var inga problem. Och hon behövde inte se vad som stod på tavlan, hon mindes vad lärarna sa.

"Du har ju fina betyg", sa Syokonsulenten på det obligatoriska rådgivningssamtalet när hon gick ut nian. "Om du läser en treårig linje kan du studera vidare efteråt. Samhällsvetenskap kanske, det skulle passa dig."

Som om kärringen med polyesterscarf och inkontinensproblem hade en jävla aning om vad som passade henne.

"Kontor och distribution blir bra", hade Carina sagt, rest sig och gått ut. Stå i affär eller jobba på kontor kunde man göra överallt i hela världen. Hon skulle flytta härifrån och försörja sig själv så fort det bara var praktiskt och fysiskt möjligt. Det allra första hon skulle göra var att skaffa kontaktlinser, en dörr som gick att stänga om sig, eller rättare sagt en dörr för att stänga ute Ulrika, och sedan skulle hon börja leva.

Bussen från Norrbottens Trafik mullrade i backkrönet bakom henne, hon saktade ner farten så att gänget runt Wiking Stormberg skulle hinna kliva på innan hon passerade hållplatsen. Alla yrkespraktiska linjer som krävde speciella typer av lokaler (fordonsteknisk, vvs, vårdlinjen) bussades ner till

Älvsbyn, mot kusten och framtiden. Gymnasieskolan i Stenträsk låg i anslutning till grundskolan och erbjöd bara de vanligaste av de teoretiska.

Hon skulle ta studenten till våren. Det var knappt två månader kvar.

Eller studenten och studenten, den fanns ju inte längre, och egentligen skulle man nog ha gått tre år för att få bära den vita mössan. Som om hon brydde sig. Hon skulle aldrig ha satt på sig den där fåniga kepsen i alla fall, aldrig på tusen år.

– Hallå, Carina! Bokcirkel ikväll!

Det var Susanne som gapade nerifrån klungan av folk som försökte tränga sig upp på bussen. Hon läste humanistisk linje, halvklassisk variant, latin my ass, fanns inte i Stenträsk. Carina kunde inte urskilja henne i mängden men höjde handen ovanför huvudet till hälsning, klart hon inte hade glömt det. Det var ju hennes bok, den som hon hade valt, som de skulle diskutera ikväll.

Hon var tidig. Det var hon alltid. Biblioteket låg i anslutning till Kvarndammsskolan och Kommunhuset och polisstationen, egentligen hade det inte öppnat men Astrid, bibliotekarien, släppte in henne.

– Jag har lokaliserat ett exemplar av ”Transparent Things”, är du fortfarande intresserad av att beställa den?

Nabokovs näst sista fullbordade roman? Om hon var intresserad?!

– Ja tack, svarade Carina och släppte ner skolväskan med en dov duns på återlämningsbordets träfaner. Kan jag få behålla ”Lolita” till ikväll, när vi är klara? Jag lämnar den innan vi går.

Bokcirkeln, således döpt till Polcirkeln vilket inte var Carinas förslag, träffades en fredagskväll i månaden i rummet längst in bakom barnavdelningen. Vanligtvis användes det till sagostunder och pysselkvällar. Inredningen bestod av förkrympta möbler och klatschiga barnboksaffischer, men de brukade släpa in några sittsäckar från ungdomsavdelningen som komplement.

– Ja, det går bra. Men ställ in den direkt i hyllan är du bussig, där den ska vara. Jag noterar att du lämnat tillbaka den.

Astrid bockade vant och systematiskt av romanerna i boktraven. Carina kastade en blick på sitt armbandsur, Musse Pigg pekade med händerna – eller kanske tassarna? – på åttan och nian, hon hade tre kvart på sig innan lektionen började. Lade tillbaka exemplaret av ”Lolita” i väskan.

Egentligen tyckte hon att Nabokovs roman ”Ada, or Ardor” var roligare, men hon hade inte hittat någon svensk översättning och därför valt författarens mest kända verk när det blev hennes tur att välja titel till bokcirkeln. Uppriktigt sagt var nog ”Ada” lite för krånglig för några av tjejerna, inga namn här. Det hade varit magiskt, faktiskt svindlande, att följa syskonen Ada och Van Veen och deras kärlekshistoria genom den alternativa världen Demonia, eller Antiterra. Hon hade önskat att det funnits någon hon kunde diskutera den med, men det var nog ingen annan i Norrbotten som hade läst den. I vart fall var det aldrig någon annan än hon som lånat den på något bibliotek i länet, det hade Astrid kollat. Men ”Lolita” var så klart det bättre valet, även om översättningen faktiskt var jättekass, framför allt för att den gick att få tag på i fem exemplar. Nabokovs flödande prosa och avancerade ordlekar var helt briljanta, fyndiga franska referenser, massa vansinniga associationer: för alltså, romanen i romanen är ju skriven på ett dårhus. Klart det blev lite crazy.

Hon slog sig ner vid ett av skrivborden i studiehörnan bakom referenslitteraturen, plockade upp pennskrinet och sina anteckningar. Det var inte många skrivningar kvar nu, dagens i maskinräkning var en av de sista, och hon hade redan säkrat sitt sommarjobb, men hon ville gå ut med femmor i alla ämnen. Skälet att hon valt den tvååriga distributions- och kontorslinjen var den långa praktikperioden mitt i utbildningen, hon räknade iskallt med att den skulle ge henne ett jobb direkt när hon gick ut, och det hade funkat. Hon skulle sköta kommunens telefonväxel praktiskt taget på egen hand under sommaren.

Grenen för kontor, siffervarianten, fokuserade mycket på användningen av additionsmaskiner, både elektriska och manuella, på kalkylmaskiner och bokföringsmaskiner, att få upp hastigheten i touchräkning, att klara rabatt- och påläggsräkning, avlöningsuträkning, fördelningsräkning, ränteräkning, valutaomvandling, fakturauträkning och inventering. Det var faktiskt rättså skitlätt alltihopa.

Hon gick igenom sina anteckningar, insåg att hon kunde alltsammans utantill. Istället tog hon upp romanen ur väskan, blundade och tänkte på alla de platser som Lolita och Humbert besökte på sin resa genom USA: New Orleans, Poplar Cove, Little Iceberg Lake, Coalmont, Tennessee... Hon hade slagit upp dem alla i sin röda atlas, eller försökt, en del orter var så små att de inte fanns med.

En dag skulle hon åka dit. Snart, snart, snart var hon ute ur fängelset och kunde åka vart hon ville i världen.

Hon slog upp romanen på måfå. Lade fingret mitt på en

högersida och spärrade upp ögonen på vid gavel, läste stycket som slumpen och hennes undermedvetna hade valt ut.

”Hade jag inte på något sätt ingripit i hennes öde genom att förbinda hennes öde med min vällust? Detta är och förblir en källa till stor och förfärlig undran.”

Kunde vällust styra öden?

Om hon bara visste.

Flickorna, cirkelmedlemmarna, hade gått i samma klass sedan de började ettan. Tre av dem – Birgitta, Susanne och Agneta – hade dessförinnan åtnjutit den typ av barnomsorg som fanns tillgänglig i Norrbottens inland på 1960-talet: en privat dagmamma vid namn Sigrid Kinnunen. De fick leka i vardagsrummet men inte gå upp på övervåningen.

Bokcirkeln Polcirkeln uppstod när flickorna började sjunde klass och introducerades till ämnet Fritt Valt Arbete. Man fick där välja vad man ville ”studera” från ett brett spektrum av discipliner, vilka innefattade aktiviteter från Fiske till Folkdans eller Piffig Mat På Nolltid. Det i särklass mest prestigefyllda valet rubricerades Litteraturkunskap, och det var enbart dessa fem elever på hela Kvarndammsskolans högstadium som valde det. Symbolvärdet var högt. Att frivilligt utsätta sig för litterära diskussioner det sista dubbelpasset på fredagseftermiddagen fick de andra eleverna, men framför allt lärarna, att dröja med blickarna över flickornas hårfästen och tillmäta dem en särskild form av ambition, samt möjligen också intelligens. Några förflugna plugghästkommentarer fick flickorna säkert höra, fast på det stora hela undgick de nördstämpel. Anledningen var antagligen det anseende flera av deras föräldrar åtnjöt, men också deras tilldragande och, för tiden, gångbara yttre. De såg, helt enkelt, bra ut allesammans.

Carina var den överlägset läshungrigaste. Hon slukade böcker som andra åt bruta.

Birgitta, vars mamma var läkare i Piteå och pappa chef över Robotbasen, var den ambitiösaste.

Susanne var med för att Birgitta, och Carina, var med.

Agneta bar på författardrömmar, vilket i samtliga dessa fyra fall gjorde valet Litteraturkunskap logiskt och begripligt.

När det gällde Sofia var syftet mer oklart. Varför hon valde Litteraturkunskap istället för, säg, Form och Färg blev de andra aldrig riktigt kloka över. Deras gemensamma uppfattning, som egentligen aldrig uttalades, var att hennes föräldrar bestämt åt henne. Pappa var, som sagt, kommunalråd i Stenträsk och dessutom suppleant i Socialdemokraternas mäktiga innersta krets, det Verkställande Utskottet.

Det var alltså *fint* att vara med i bokcirkeln Polcirkeln, och när detta gick upp för skolans övriga elever, och de också insåg att de kunde få upp sina betyg genom att vara med, så sa cirkelmedlemmarna blankt ifrån. Om andra ville studera Litteraturkunskap så fick de starta en egen bokcirkel, inte snylta på deras.

Så började det, och så fortsatte det.

Flickorna läste en bok i veckan och diskuterade den utifrån ett par givna kriterier på veckans sista lektion, turades om att skriva korta protokoll. Redan från början valde man tämligen kvalificerad litteratur, med specifika undantag. Kort sagt blev det mera Carolyn Keene och Jackie Collins när Susanne och Sofia valde böcker.

Den medlem som hade valt bok ledde veckans möte. Inledde med en kort presentation av boken, sina egna övergripande intryck, sedan gick man en snabb runda i rummet där alla redovisade sina ståndpunkter. Därefter följde diskussioner om olika detaljer eller infallsvinklar i boken, som oftast var romaner men inte nödvändigtvis behövde vara det.

Flickorna i bokcirkeln Polcirkeln seglade således genom högstadiet med riktigt höga betyg, undantaget Agneta, som hade femma i svenska men bara två komma nio i snitt. Då bibliotekarien Astrid erbjöd dem att fortsätta sina träffar sedan de börjat gymnasiet så tackade alla flickorna unisont ja utan att tveka. Dock valde man att träffas en gång i månaden istället för en gång i veckan, med tanke på den förväntat ökade studietakten. Huruvida den verkligen ökade kunde diskuteras, men det var en helt annan fråga.

Med tiden kom emellertid skimret och strålglansen kring bokcirkeln Polcirkeln och dess medlemmar att mattas av och förflyktigas. Inga andra elever gjorde längre anspråk på att få vara med. Deras lärare var nya, och de gamla hade fått andra elever att förundras över. Flickornas olikheter blev tydligare. Det kitt som barndom och isolat manifesterat luckrades upp.

När det nya decenniet, 1980-talet, tog sin början spikade man litteraturlistan året ut, precis som tidigare år. Två av medlemmarna, Carina och Agneta, skulle emellertid avsluta sina studier till sommaren och eventuellt också lämna Stenträsk, vilket gjorde bokcirkelns framtid oviss.

Där befann man sig nu, i en tid som oundvikligen innebar förändring.

– DÅ LÅSER DU, Carina, och lägger nyckeln hos vakten efteråt...

Astrid lade den stora bronshästen med vidhängande nyckel i Carinas utsträckta hand, stängde dörren efter sig och vinkade till flickorna genom glasväggen. Carina vinkade tillbaka. Ventilationsaggregatet susade dovt. Luften kändes knastrande sval och stickig, och det berodde inte bara på kylan utanför fönstergluggarna. Alla var här, dessutom nästan i tid. Birgitta hade kommit svängande med sitt blanksvarta hår sist av alla, precis som vanligt. Carina hade hängt upp sina ytterkläder på tamburmajoren borta vid ungdomsavdelningen, men de andra hade tagit med sig alla sakerna in i det lilla sagorummet: väskor, näbbstövlar, halsdukar, täckjackor, benvärmare, lovikkavantar. Det fanns något defensivt i klädhögarna utmed väggarna, tyckte Carina, en känsla som hon också anade i kroppsspråket hos tjejerna på sittkuddarna. Birgitta hade sin stora Adidasbag intill sig, antagligen innehållande hela veckans smutstvätt. Hon såg trött ut, håret lite oborstat. Hon bodde hos sin mamma i Piteå i veckorna för hon gick samhällsvetenskaplig linje på Strömbackaskolan, och sedan åkte hon hem till sin pappa Robotbaschefen på helgerna.

Susanne tuggade Shake så att lukten av lakrits kladdade ner hela rummet, hon drog ut det bruna tuggummit och snurrade det runt fingret i en accelererande rörelse, hur äckligt som helst. Sofia tog ut godisklubban ur munnen, lindade in den i omslagspappret och stoppade tillbaka den i väskan, på tal om äckligt. Sedan delade hon ut stencilerade blad med förra veckans protokoll, fem stencilerade A4-sidor, hophäftade med häftklammer, som vanligt löjligt detaljerade. Alla tog emot utan att läsa dem. Hon drog ihop hästsvansen i nacken, petade fast glasögonen på nasroten och satte sig med sin eviga anteckningsbok. Agneta tittade ut genom en av fönstergluggarna under taket och verkade vara långt borta.

– Okej, ”Lolita”, sa Carina och sjönk ner i barnsoffan, det fanns bara fyra sittkuddar.

Hon lade Sofias prudentligt formulerade protokoll åt sidan, hennes sammanfattning av mars månads diskussion: ”Scruples” av Judith Krantz, herregud.

– Jag vet inte hur mycket ni känner till om Vladimir Nabokov, sa hon. Att han föddes i Ryssland och skrev sina första nio romaner på ryska vet ni säkert, och att han senare emigrerade till USA och bytte språk på sitt författarskap, men visste ni att han var expert på schack och fjärilar också?

Hon såg ut över sina kompisar, Birgitta vred sig irriterat och Agneta kliade sig frånvarande på ena armen.

– Han föddes högadlig, ättling till prins Nabok Murza, hans morfar ägde en guldgruva. Att han började skriva på engelska är kanske inte ett så stort steg som man skulle kunna tro, han växte upp som trespråkig: ryska, franska och engelska …

Intresset bland de övriga var svalt. Hon harklade sig lite.

– Gång på gång tvingades han fly: undan kommunisterna i Ryssland, undan nazisterna i Tyskland. I Berlin gifte han sig med en rysk judinna som hette Vera, de levde ihop livet ut. Han bodde länge i USA men dog i Schweiz för ett par år sedan. När det gäller hans sentida författarskap ...

Ingen av tjejerna verkade lyssna, det kändes trångt i halsen. Uppenbarligen var det noll idé att fortsätta presentationen.

– En kort runda med sammanfattningar, sa hon istället. Sofia, protokoll?

Sofia nickade, de hade slutat turas om med det. Sofia skrev alltid protokollen nuförtiden, men varenda gång var de ändå tvungna att påminna henne. Omständligt vek hon fram en ny sida i sitt block och greppade pennan. Ingen gjorde någon ansats att börja. Trycket ökade i rummet.

– Gitte ...? sa Carina, rösten lät lite rosslig.

Birgitta gned hårmanen ur ansiktet, suckade och rotade upp sitt exemplar av boken ur Adidasväskan, en tubsocka och ett par trosor med flytningar i grenen följde med.

– Jag måste faktiskt ... sa Birgitta och pressade tillbaka smutstvätten. Blev sedan sittande med boken i ett fast grepp mellan händerna, stirrade på den utan att fortsätta.

– Vad? sa Carina till slut.

Birgitta drog ett djupt andetag. Hennes röst var låg och djup när hon talade, med en klangbotten som inte hade funnits där förut. Den tillhörde någon som *visste*, den bodde i en människa som *hade grundmurade insikter*.

– Alltså, varför skulle vi läsa den här boken? Hur kunde du välja den? Det är ju en jävla *skitbok*.

Susanne slutade tugga, Agneta satte sig upp så det rasslade i sittkuddens plastkulor. Carina kände pulsen rusa upp i halsen igen, på samma sätt som när Wiking Stormberg kommit susande förbi henne på isgatan i morse.

Visserligen hade stämningen i bokcirkeln förändrats det senaste året, men under alla år de hållit på och träffats hade de aldrig varit oense om någonting, inte på riktigt. Hon famlade efter ilskan, något att hålla sig i.

– Vad menar du med det?

– Vänta nu, sa Susanne och hasade sig framåt så hon nästan slog knäna i miniatyrsoffbordet. Gitte, säg hur du tänker, varför är det en skitbok?

Carina kände kinderna hetta och såg stint på Birgitta, försökte vara arg men kände sig bara svävande, som om barnsoffan försvunnit under henne.

– Den här Humbert Humbert, huvudpersonen, sa Birgitta, är en äckelgubbe som gifter sig med en kvinna för att han är kåt på hennes lilla dotter. Det är så äckligt att man bara vill spy på hela boken. Man måste vara sjuk i huvet för att tycka att det här är bra.

Det susade i Carinas öron, hon hörde Susannes svar genom ett filter av adrenalin.

– Jag tycker också den är superäcklig, men det där var taskigt sagt. Och det måste ju få finnas vidriga böcker också.

– Det här är ju porr, sa Birgitta. Tycker ni porr är okej?

Det här är inte porr, ville Carina skrika, men det hördes inget.

– Du behövde väl inte läsa den om du tyckte den var så hemsk, sa Susanne.

Birgitta vände sig mot Carina och pekade på henne med boken som hon fortfarande höll i ena handen.

– Jo, sa hon, jag var tvungen att läsa den för att *hon* valde den. En jävla *snuskbok*.

Hon slängde den på golvet, Carina tyckte att den glödde: sprakade och skrek. Förstod inte vad den sa, men det var massivt. Birgitta hade blivit röd i ansiktet, det gjorde henne ful. Agneta böjde sig fram och tog eftertänksamt upp boken, strök över omslaget som om hon borstade av den.

– Jag t-t-tyckte den var bra, sa hon på sitt lågmälda sätt. Ganska jobbig, och jättesorglig. Det var kul att läsa om Amerika på 1950-talet, men alla karaktärerna var så l-l-ledsna, och alla dog …

Det blev tyst i rummet, Carina fick tillbaka andningsförmågan. Ljudet av ventilationen kom tillbaka.

– Och kärleken, sa Agneta och plockade upp sina maskinskrivna kommentarer ur väskan, alltid skrivna med rött färgband. Vem har egentligen rätt att klandra någon annan för vad den k-k-känner? Så länge man inte skadar någon, så har man väl rätt att älska vem man vill?

– Det här handlade väl inte om kärlek, sa Birgitta. Äckelgubben vill ju droga och våldta sin styvdotter, det är ju helt sinnesrubbat. Och han mördar ju en annan människa, vadå *inte skada någon …*

– Jag tycker ändå man ska få läsa vilka böcker man vill, sa Susanne.

– Humbert Humbert är så klart äcklig, sa Agneta. Och g-galen. Fast alla karaktärer i böcker behöver ju inte vara trevliga …

– Man kan visst skada andra genom att älska, sa Birgitta,

eller genom att älska för mycket, eller inte älska alls …

För ett ögonblick gled Wiking Stormbergs ande genom rummet, men alla såg ner på sina händer och låtsades inte om den. Alla visste att Birgitta skurit sig i armarna när Wiking gjorde slut.

– Sofia? sa Carina och lyckades nästan låta som vanligt. Vad tyckte du?

Sofia lade ner pennan på skrivboken och tittade upp.

– Huvudpersonen är ledsen hela livet för att han förlorade en vän när han var liten. Jag tycker det är jättekonstigt. Varför skaffade han inte en ny vän?

Hon tog upp pennan igen och böjde sig över skrivblocket.

Birgitta krånglade sig upp från sittpåsen så att det svarta håret slängde omkring henne, hängde Adidasväskan över axeln och ytterkläderna över vänsterarmen.

– Jag är himla ledsen, sa hon. Jag kom direkt från bussen, har inte varit hemma än, och vi har massor med läxor över helgen. Jag går nu.

Ögon blinkade i misstro. Birgitta stod kvar, trampade på stället. Susanne reste sig först, sedan de andra, alla kramade henne, lite för högt och hjärtligt, åh stackars dig, så himla jobbigt med alla resorna, att du orkar, vi kan väl ses i morgon det är ju match klockan tre, ska du kolla? Nej, det skulle hon så klart inte, martyr martyr. Wiking Stormberg var stjärnan i ishockeylaget, han som praktiskt taget på egen hand tagit Polcirkeln – ja, laget hette så, om nu någon undrade över bokcirkelnamnets ursprung – ända upp till division 3. Stenträsk stod stilla de eftermiddagar hemmamatcherna spelades i Kvarndammsskolans bristfälligt uppvärmda istält.

Carina riktade ögonen mot Birgitta.

– Var det ett riktigt självmordsförsök när du skar dig, eller ville du bara ha uppmärksamhet?

Birgitta flämtade till och blev alldeles blek. Rummet stelnade. Carina kände hur vreden vällde upp ur henne som lava, en ström av het illvilja som förtärde.

– Det måste vara jävla jobbigt att sitta däruppe på Gräddhyllan, sa hon. Stackars dig, klart du måste få komma ner ibland och sparka på oss vanliga dödliga. Kalla oss äckliga och korkade när du egentligen inte fattar vad det handlar om …

Hon drog efter andan, ljudet ekade.

Birgitta vände sig om och flydde mot utgången. Alla stirrade efter henne. Ytterdörren smällde igen. Agnetas och Susannes munnar stod halvöppna i förvånad misstrogenhet. Carinas kinder brände.

Ingen hade förut tagit steget och utmanat sammanhållningen: den sköra gemenskapen som byggde på unison uppväxt och begränsade möjligheter. De stod så, balanserande på klippkanten, tills Susanne beslutade sig för att hoppa hon också. Hon såg på sitt armbandsur, en plastklocka från Schweiz som hon var ohyggligt stolt över, sneglade på Carina. Carina vände sig bort. Susanne gick tillbaka in i sagorummet för att samla ihop sina pastellfärgade benvärmare. Sofia slog ihop sin anteckningsbok och stoppade ner den i ett innerfack i sin skinnväska från Bölebyns garveri, tog upp klubban igen. Omslagspappret hade klistrat fast sig, det sprakade när hon drog lös det. Susanne lindade den hemstickade halsduken varv efter varv runt halsen. Agneta stoppade ner sitt blad med kommentarer i väskan igen. Ventilationen dånade.

Susanne kom fram och ställde sig alldeles intill Carina, halsduken stack upp över halva hennes ansikte. Hon petade ner den och sänkte rösten till en teaterviskning.

– Gitte såg er, väste hon, tillräckligt högt för att de andra skulle höra. Hon såg er, hur ni pratade. Är du kär i Wiking?

Carina öppnade munnen men stängde den igen, fattade inte. Ilskan, som hade kommit av sig, fladdrade till.

– Spela oskyldig, sa Susanne och gick mot utgången. Agneta skyndade med utan att krama hejdå, en sval fläkt av tvål när hon drog förbi. Sofia hastade efter henne som den lydiga valp hon var.

Biblioteket var nedsläckt, förutom barnavdelningen, och fastän Carina inte såg ett skit så visste hon att något hade gått sönder. Hon blev stående i dörröppningen, fötterna kalla och avdomnade. Med fumliga rörelser fick hon med sig skolväskan och släckte lyset i taket. De tjocka skuggorna svalde henne. Bilarna som passerade ute på Föreningsgatan fick fönsterrutorna att skallra, i övrigt var det bara ventilationen som fortfarande mullrade.

Hon drog igen dörren till sagorummet och sprang, med plötslig ängslan, mot tamburmajoren och utgången. Drog igen ytterdörren bakom sig med bara ena ärmen instucken i täckjackan, vred om nyckeln med den klumpiga jävla bronsklumpen och slängde in den hos vakten på polisstationen utan att säga något.

Det blåste iskallt utmed Föreningsgatan. Vinden fräste runt husknutarna, förde med sig sylvassa isbitar från Arktis som fastnade på fastigheternas fasader och blästrade hennes kinder.

Hon drog upp blixtlåset i täckjackan och önskade att hon hade haft en mössa, spela roll att den skulle ha mosat hennes hår, vem bryr sig? Hissade upp axlarna för att få in delar av öronen under kragen, det funkade inget vidare. Hon hade haft jackan sedan hon gick i nian, den var egentligen alldeles för liten. Mamma hade lovat henne en ny i julklapp, men kommunen aviserade nerdragningar i hemtjänsten och det hade inte blivit så många timmar som man hade hoppats. Hemtjänstassistenten skyllde på den nya Socialtjänstlagen som skulle komma, men det var det ingen som trodde på, ingen i Carinas familj i alla fall.

Det fanns fortfarande en sorts grått skymningsljus bakom molnen. De låg tätt ovan taken och tryckte in människor i hus och bilar.

Tanken på att gå hem fick det att brinna till i hennes mellangärde, den trånga jävla fyran utan balkong. Mamma och pappa framför tv:n, Ulrika med telefonluren fastlimmad vid örat, hennes monotona babbel om killar och hembränt. Bilden av Birgitta rann förbi, hennes svarta ögon och bleka kinder, hon satt väl och tyckte synd om sig själv i villan som hade lika många rum som familjen Burstrands lägenhet hade kvadratmeter.

Och hon visste att Susanne ljög. Birgitta hade inte sett hennes och Wikings korta meningsutbyte samma morgon, hon bodde ju nere i Piteå på veckorna och åkte inte med Älvsbybussen. Det var Susanne som hade sett det och skvallrat.

Eller, hade hon pratat med Wiking någon annan gång de senaste veckorna?

Hon drog ett djupt andetag, kylan rev i halsen.

Som om hon skulle ha glömt det.

Hon undrade om Wiking hade någon ny tjej. Kanske hon

kunde fråga Sofia, hon kanske visste. De gick ju i samma klass, naturvetenskaplig linje.

Hennes fötter i skoterskorna var tunga, hon lät dem släpa mot grovgruset tills de stannade, som av sig själva.

Med ens kom hon ihåg att hon inte lämnat tillbaka sin lånebok. Hon skulle ju ställa in "Lolita" på rätt plats i hyllan Hce, utländsk skönlitteratur i svensk översättning.

Skit samma.

En minibuss passerade med knastrande däck och isiga rutor, den saktade ner och stannade längre upp på Storgatan. Motorljudet slocknade, bildörrar öppnades, män som skrattade och pratade engelska. Hon drog efter andan, kisade för att se. Måste vara amerikanerna från Robotbasen som var på väg hem till Stone Swamp Inn, pensionatet med världens fånigaste namn. I folkmun hette det naturligtvis aldrig något annat än Swampen. Hon hörde hur en ytterdörr öppnades och stängdes, de amerikanska rösterna försvann. Alltså för helvete, det allra första hon skulle köpa för sin första riktiga löning var verkligen ett par kontaktlinser. Glasögon skulle hon aldrig sätta på sig, hellre dog hon. Hon skakade ut håret och började gå upp mot Storgatspuckeln.

Det lyste alldeles guldfärgat och sprakande innanför fönsterrutan på Pub Stone Swamp Inn, det enda i fyrfärg i en övrigt svartvit biofilm. Glaset var rimfrostigt på utsidan och immigt på insidan, hon hörde musik därinne.

Just nu, vill jag leva, just nu ...

Tomas Ledin, låten som vann Melodifestivalen för några veckor sedan, den var nästan smärtsamt bra.

Han vill dra iväg,
kanske ner till Paris,
och hitta äventyret på något vis.
Inte sitta här,
på stans konditori,
och låta tankarna bara fladdra förbi...

Hon gick de fyra trappstegen upp till porten och öppnade den.

Lukterna slog emot henne som en knytnäve i ansiktet: fukt, rök, ölrapar. Blött ylle och jordnötter. Hon lät porten gå igen bakom sig med ett rasslande grusknaster och kisade in i dimman. Sorlet var som en skitig ryamatta, äckligt och hemtrevligt samtidigt. Tomas Ledin upphörde i bakgrunden och byttes mot Eddie Meduza, som vrålade att ingen jävel skulle komma och snacka punk med honom. Uppbyggligt.

– Det finns plats i baren, sa en stressad servitris hon inte kände igen och pekade in mot röken och skuggorna.

Hon drog av sig vantarna. Någon busvisslade, hon såg inte vem och tänkte inte ta åt sig. Disken och bartendern kom i fokus, det var den blonda killen, hon kom inte ihåg vad han hette. Där fanns två lediga stolar längst in. Hon satte sig på den inre och placerade skolväskan på den andra, drog ner jackans dragkedja.

– En Coca-cola, sa hon till den blonde. Med is, tack.

– Kolla rattarna, sa en gubbe vid bordet bakom henne. Carina visste inte om det var henne han pratade om, men hon vände sig bort för säkerhets skull. Servitrisen kom flåsande med två pizzor täckta av fläskfilé och bearnaisesås som hon smällde ner framför gubben och hans kompis.

– Två stora stark till, och två sexor renat, sa gubben och servitrisen hivade upp ett block ur bakfickan, upprepade beställningen och försvann.

Carina fick sitt glas med läsk. Eddie Meduza fortsatte att svära i låten som älskades av raggarna på Kyrkparkeringen, alla punkare var jävla svin som kunde fara in i helvete. Hon kisade försiktigt runt men såg ingen hon kände. Dels berodde det på att hon ingenting såg, dels på att det var för mörkt och rökigt, men framför allt på att folk inte hade hunnit gå ut ännu. Benny och hans kompisar satt och grundade någonstans med Taffel och Citronfanta. Mamma lät dem inte sitta hemma hos dem längre, så antingen hängde de hos Ante eller Bobben. Hon var tvungen att gå härifrån innan någon av dem anlände.

– This seat taken?

Hon tittade upp och såg in i ögonen på en skäggig amerikan.

Bingo!

– What? Nej.

Skyndade sig att ta bort skolväskan från barstolen, släppte ner den på golvet intill sig. Märkte med ens hur varmt och klibbigt det var härinne.

Amerikanen var bred om baken och hade fula jeans, sån där fuskdenim som i Domusjeansen. Han beställde jordnötter och öl som han drack direkt ur flaskan. Sträckte fram ett paket cigaretter åt henne, hon tog en, lät honom tända den. Han tände en själv, blåste ut röken.

– So, you live here, or …?

– In this pub? No.

Han skrattade stort.

– You're funny.

Mannen hette Bruce och kom från Arizona. Hon frågade inte vad han gjorde i Stenträsk, för det visste hon. Hennes pappa jobbade i vakten på Robotbasen, men det var inte han som hade skvallrat. Det behövdes inte, alla främmande makter som provade ut sina massförstörelsevapen i Stenträsks utmarker logerade på Stone Swamp Inn. Räckte att passera frukostmatsalen, eller puben, eller titta på vilka minibussar som stannade utanför, för att veta vilka som var där.

När hon druckit upp sin cola frågade han om hon ville ha påfyllning och det ville hon, och han beställde en cola till, fast med rom i. Den var så stark att hon nästan storknade. Hon tog en stor näve av hans jordnötter, ville få honom att känna att de delade något.

Bartendern bytte band i kassettdäcket, Boppers "Number 1", Carina hade skivan. Första låten var *At the Hop*, handlade om hur man kunde svinga och rocka på något ställe som tydligen hette The Hop. Amerikanen sjöng med, hon nynnade lite, visste att hon inte kunde sjunga.

Han frågade vad en snygg tjej som hon gjorde i Stenträsk en fredagskväll som den här, och hon svarade precis som det var: hon hade varit på bokcirkel med sina vänner. Han hade aldrig hört talas om Vladimir Nabokov. Han hade aldrig hört talas om Boppers heller, vilket kanske inte var så konstigt, men han visste med bestämdhet att de var amerikaner. Och Pippi Longstocking var också amerikanska, men Abba var svenskar, han var inte helt dum i huvet, det var ju tur. Han bodde i Tucson, intill en golfbana, nej, hon spelade inte golf. Hon satte nästan i halsen bara av själva frågan.

Han ville dansa, fast det var alldeles för trångt. Hon skrattade och låtsades värja sig, lite halvhjärtat. Han lade sina armar runt hennes midja och drog upp henne från stolen och de rörde sig intill varandra i takt med musiken. Folk knuffades omkring dem, hon snubblade och trampade på sin skolväska. Anade låneboken under skoterskornas klumpiga sulor, jävla Lolita, rätt åt dig. Hon kände tårar stiga upp i ögonen och sträckte sig efter sitt glas, svepte det som var kvar. Nickade när amerikanen frågade om hon ville ha en till.

Det var mycket varmt, nästan olidligt. Boppers hade sjungit sig igenom hela skivan och höll på att säga god natt nu, det passade ju bra. *Goodnight, sweetheart*, trist att behöva lämna dig, men vad gör man? Man kan stanna kvar! Hon skrattade, vad törstig hon var!

Han drog henne intill sig så att hans breda kropp pressades mot hennes, han luktade rök och någon sorts rakvatten. Ena handen gled nedför hennes ryggslut och pressade sig innanför byxlinningen, precis på blåmärket från trottoaren i morse. Hon drack upp resten av drinken.

Ville hon följa med honom upp till hans rum? Han hade mera dricka där. Hon slöt ögonen och nickade. Böjde sig ner för att hämta jackan och väskan och märkte att hon hade lite svårt att hålla balansen. Han ville hålla henne i handen medan de gick genom puben men hon skakade bort den, behövde ju inte berätta för hela stan, hahaha.

Han bodde en trappa upp. Heltäckningsmattan i korridoren

var mörkgrön och nött i mitten. Hon kysste honom medan han fumlade med låset, skägget stacks och han smakade skarpt av öl och jordnötter. Nyckeln åkte i golvet, han tryckte upp henne mot väggen, skrevet som en murbräcka mot hennes venusberg. Det hördes skratt och steg från trappan, hon vred sig lös och fick fatt i nyckeln. Prickade låset och vred runt, fick upp dörren och tumlade in i rummet precis i tid för att amerikanens kollegor skulle se dem och vinka. Skit samma. De hade också en tjej med sig, hade tydligen tänkt sig en rejäl ormgrop. Hon släppte jackan och skolväskan intill dörren och knäppte upp amerikanens skjorta. Han drog av henne polotröjan och stönade högt, hon hade aldrig behå. Hon lade sig ner på sängen och han var över henne innan hon hade fått av sig andra byxbenet. Drog bara ner hennes trosor och körde in den. Det sved som satan, hon stönade högt av smärtan men han tog det som en komplimang. Han pumpade över henne, små snabba juckningar helt utan känsla, hon såg upp mot taket och märkte hur det sakta kantrade, fy fan, hon hade druckit alldeles för snabbt. Hans knän var vassa och skar in i hennes lår, varje stöt sände ett sting av smärta i blåmärket på rumpan. Emellanåt kom han ihåg att hon låg där och pausade för att vrida på hennes vänstra bröstvårta, inte hårt men inte särskilt skönt. Han grymtade när det gick för honom, han landade så tungt över henne att hon fick svårt att andas. Han mumlade något i hennes öra, hon trodde han frågade om det varit bra för henne, men hon var inte säker. Så rullade han av henne och hon kunde dra ett djupt andetag, det rann sädesvätska ur henne och ner på överkastet, hon hoppades verkligen att inte mensen kommit igång. Han stapplade ut i badrummet och drog igång duschen. Hon låg kvar några sekunder, funderade på hur hon skulle bete sig. Bet sig lite i läpparna för att få dem svullna och röda, satte sig sedan upp och puffade till kuddarna. Hon trasslade av sig jeansen och trosorna som hade fastnat en bit upp på låret, lutade sig naken mot sänggaveln och försökte se avslappnad ut. Duschen stängdes av. Han harklade sig och spottade därinne. Kom ut med pitten hängande och handduken i handen, stannade förvånad till när han fick syn på henne, sittande naken och bredbent i sängen. Hon försökte le, men det snurrade lite för mycket i skallen.

– Are you hungry? frågade hon.

– We've had dinner, sa han.

– How about that drink you talked about? frågade hon och särade lite mer på låren.

Han såg ner i golvet och vände sig bort.

– I'm sorry, sa han, but we have some work to do tonight…

Hon svalde, lät insikten landa i magen. Nu hade han dragit över henne och kunde inte bli av med henne fort nog. Hon letade med handen efter trosorna. Han gick in i badrummet igen, stängde dörren efter sig.

Tröjan hade hamnat under sängen, det var fullt av dammtussar där. Hon borstade bort dem, en av tanterna som mamma var hemsamarit åt hade stickat tröjan. Det var hennes favorit, röd med mjukt garn som inte kliade.

– Jag går nu, ropade hon mot badrummet. Amerikanen svarade inte.

Hon tog väskan och jackan och ställde sig i skoterskorna och lämnade rummet. Korridoren var oändlig, hon fick hålla sig i väggen för att stoppa sjögången. Dörren där amerikanens kollegor försvunnit in stod på glänt, lyset var tänt och det var full rulle därinne. Alla tre männen verkade vara igång samtidigt, tjejen stod på alla fyra och hade kukar i alla hål. Scenen fick henne att flämta till och skickade en stöt av upphetsning i hennes skavda underliv. Instinktivt böjde hon sig framåt för att trycka igen dörren, men den gick inte igen, det stod en väska i vägen. Hon sparkade in den i rummet, och det var först när dörren klickat igen som insikten landade i hennes hjärna: Väskan var i skinn, från Bölebyns garveri.

Ute hade det hunnit bli becksvart. Temperaturen hade fallit men vinden mojnat. Det snöade lätt. Mellan benen var det kallt och klibbigt. Ett gäng högstadieungar hängde med sina mopeder utanför Dagges kiosk. Hon hörde på skrattet att en av dem var Håkan, Susannes lillebror. De visslade och ropade efter henne när hon gick förbi, hon orkade inte ens ge dem fingret. Kylan fick hennes huvud att klarna. Hon tittade på sitt armbandsur, Musse visade att klockan var kvart i tio. Det var inte ohemult sent. Hon mådde lite illa, men inte så farligt. Skolväskan var lätt, hon hade lämnat de flesta skolböckerna inlåsta i skåpet, ingen idé att släpa hem dem för att plugga under helgen. Det var bara anteckningarna och ”Lolita” som låg där. Hon stannade till vid busshållplatsen på Kvarndammsvägen och tog upp boken. Bibliotekets förstärkta skyddsomslag hade inte räckt. Ryggen hade knäckts när hon trampat på den. Några sidor som lossnat från bindningen, nu dalade de ner i snön. Hon tog upp dem, torkade bort fukten med vanten, kisade på texten i skenet från gatlyktan.

Hade jag inte på något sätt ingripit i hennes öde genom att förbinda hennes öde med min vällust? Detta är och förblir en källa till stor och förfärlig undran.

Hon kramade ihop sidorna och tryckte ner dem i pappers-korgen, pressade samman Nabokovs ord med Jenkapapper och använda bussbiljetter. Hon höll boken i handen några sekunder, sedan slängde hon den också.

De hade inte sandat trottoaren utanför hennes hus. Puder-snön som fallit hade gjorde den ännu halare. Hon gick med myrsteg över isbeläggningen men halkade ändå, slog i knät och höften. Smärtan fick tårar att tränga upp i ögonen, skit skit skit. Hon satt kvar ett tag. Kylan och vätan trängde igenom brallorna och fick huden att domna, det fanns något lockande och löftesrikt i känslan. Membranet mot galenskapen var tunt och spänt som ett trumskinn, fanns alltid där som en utväg.

Insikten gjorde henne rädd. Hon kom på benen, fort.

Glödlampan på deras våningsplan i trapphuset hade gått, men det gjorde inget. Hon kände varje vrå i hyreshuset, hitta-de nyckelhålet direkt. Fläskoset slog emot henne när hon steg in i hallen, det vred om i magsäcken. Hon hade hoppat över skollunchen också.

– Carina, är det du?

Från vardagsrummet hörde hon klirret när mamma ställde ner groggen med isbitar på sidobordet.

– Mmm, sa hon och sparkade av sig skorna, hängde upp jack-an. Ställde sig i dörröppningen med skolväskan över axeln.

– Vad ser ni?

Pappa fnös.

– Ingemar Bergman, sa han. En fredagskväll?

– Ingmar, sa Carina. Han heter Ingmar.

– Var har du varit? frågade mamma.

– Bokcirkeln, sa Carina. Vi satt och pratade efteråt. Nabokovs författarskap, hur det skiljer sig från Brodskys …

– Har du ätit?

– Mmm, sa Carina, men jag tror jag tar en macka.

– Det finns palt kvar. Hur gick skrivningen?

– Bra.

Hon gick in på rummet hon delade med sin lillasyster, lade skolväskan på skrivbordet och stoppade ner protokollet i skokartongen tillsammans med de andra. Syrran låg på sängen och läste en av hennes Kittyböcker.

– Vem har sagt att du får låna den där?

– Gå och dö, sa Ulrika.

Carina gick tillbaka ut i köket. Matresterna stod i kylskåpet, hon skar en flatpalt i skivor. Bredde smör på och åt direkt vid diskbänken. Pappa kom in och satte sig vid köksbordet, såg oavvänt på henne.

– Har du supit?

Hon slog ut med händerna i en gest som visade hur idiotisk frågan var.

– Benny åkte för fylla igår, sa pappa.

– Jag vet, sa Carina.

– Hur vet du det?

– Alla vet.

Hon skar upp en palt till, en med fläsk i den här gången. Fokuserade på att göra rörelserna nyktra och stringenta.

– Hasse har fått jobb, sa pappa. I Stockholm.

Hon stannade med palten halvvägs upp till munnen, en våg av adrenalin genom kroppen. Hasse var hennes andra bror, han som inte söp.

– På något dårhus, sa pappa med en röst som var tjock. Mentalskötare.

– Beckomberga? frågade Carina. Ska han flytta? Var ska han bo?

Pappa såg ner på sina händer.

– Vad ska han dit ner och göra?

Så reste han sig, lutade sig in i vardagsrummet där Ingmar blivit utbytt mot någon konsert med klassisk musik.

– Jag går och lägger mig.

Mamma svarade inte. Isbitarna klirrade.

Beckomberga, det måste vara dit han skulle. Hon hade läst i Platsjournalen att de sökte folk. De hade personalbostäder! Hon skulle kunna flytta med!

– Hasse?

Hon stack in huvudet i brödernas rum, drivor med smutstvätt och motortidningar på golvet. Inga bröder.

Hon gick ut i badrummet, borstade tänderna, tvättade bort sminket och sköljde av sig mellan benen. Gick raka vägen till sin säng utan att se på Ulrika och tog upp Bergvalls Atlas som låg på nattduksbordet. Slog upp registret längst bak.

Tucson, Arizona.

Letade upp rätt sida, södra USA, ökenlandskap, ganska nära den mexikanska gränsen. Lät fingret vila på ortsnamnet.

Blundade, lät kartpricken bränna fingret.

Hur skulle det vara att leva där? På en plats där det aldrig blev minusgrader, i ett samhälle som inte satte några begränsningar kring människans möjligheter?

Amerikanerna skulle komma tillbaka. Det visste hon. Det var därför de byggde den nya bron över Piteälven.

Jänkarna behövde kunna forsla sina dödsmaskiner i säkerhet över forsarna.

FREDAG 20 DECEMBER 2019

DET FANNS EN stolthet hos medborgarna i Stenträsk kring detta med storleken.

Inte bara forsarna och Robotbasen utan också bron över älven: den allra bredaste i hela Pite älvdal. Nästan metern vidare än den som bar väg 94 in mot Älvsbyn, för den hade bara cykelbana på ena sidan. I fyrtio år hade bron förbundit samhället med paradoxen som fanns där på andra sidan vattnet: den högteknologiska vildmarken.

Sprickorna i kantbalken på södra sidan upptäcktes i slutet av oktober 2019, och de var rejäla. På Robotbasen pågick intensiv aktivitet hela denna höst, och bron var helt avgörande för att verksamheten skulle kunna fortgå. Den offentliga upphandlingen av brons restaurering tvingades därför genomföras i rekordfart, det fanns kritiker som hävdade att den inte skötts på ett korrekt sätt.

Fyndet av flickkroppen satte dock effektivt stopp för den typen av diskussioner.

Man får komma ihåg att förutsättningarna för själva projektet inte var optimala, för att uttrycka sig försiktigt. Kylan och mörkret försvårade arbetet. Några alternativ till att utföra reparationerna omgående var dock inte möjliga, av säkerhetsskäl.

Bron byggdes en gång i världen för att klara de tunga transporterna upp till basen: stridsvagnar, olika typer av pansarfordon, missiler som ibland fraktades landvägen, kort sagt alla de typer av vapen och materiel som krävdes för verksamheten. Dock visade det sig att konstruktionen, i längden, inte var tillräckligt bärkraftig.

Just renovering av kantbalkar är för övrigt en klassisk reparationsåtgärd för att säkerställa bärighet och säkerhet, och här fick den alltså ske under komplicerade förhållanden. Bland annat tvingades man använda olika typer av accelererande och frostskyddande tillsatser för gjutning och murning i minusgrader, produkter baserade på natriumnitrater i lösning, liksom fryspunktsnedsättande produkter. Kloridfritt tösalt för borttagning av is och snö på betongytor, produkter som varken skadade betong eller armering. Man utnyttjade expanderande bruk för gjutning av bergbultar som också fungerade på kamstålsbult, rörbult, CT-bult med mera. Värmare och strålkastare, ena körfältet på bron avspärrat åt gången. Byggbarack för värme och sanitet för gubbarna. Företaget som vunnit upphandlingen kom söderifrån och var inte särskilt vana vid förutsättningarna, vilket inte gjorde saken lättare.

Kort sagt: det var kallt och mörkt och jävligt, svårjobbat som satan. Och det var inte bara detta med den extra bärigheten: djupt under konstruktionen rasade dessutom älven ner mot Storforsen, Europas största oreglerade fors.

Själva byggnadsverket vilade på fyra stora fundament, fyra ben som sträckte sig från brinken på var sida om älven och stöttade hela strukturen. De framstod som massiva när man såg på dem utifrån, men var i själva verket delvis ihåliga.

Denna fredag i fråga var man framme vid renoveringen av östra brofundamentet på Stenträsksidan. Det hade bildats små sprickor högst upp på fundamentet, vilket gjorde att man öppnade upp vägbanan för att frilägga betongen under. På förmiddagen hade man bilat upp förseglingen, efter lunchrasten satte man igång att tömma gruset i håligheten för att komma åt att förstärka och isolera.

Och där låg hon.

Eller rättare sagt, där låg hennes kläder och väska.

Karln som körde bilningshammaren var från Ånge och av den tåliga och erfarna sorten. Han såg direkt att det fanns något i fundamentet som inte borde vara där, så han kallade på arbetsledaren. Utrymmet i fråga var inte någon större hålighet, en dryg kubikmeters betongkista, rektangulär och grusfylld, så man hämtade spadar och satte igång att gräva.

Det var när handen och ena axeln kom i dagen som man avbröt arbetet och ringde polisen.

Efter diverse väntan och felkopplingar hamnade man till slut hos receptionisten på stationen i Stenträsk. Arbetsledaren var vid det här laget så skärrad att det blev karln från Ånge som fick tala med receptionisten och förklara läget: att det låg kläder i brofundamentet, en skinnväska med spännen och en kropp som inte verkade ha något huvud. Kvinnan i receptionen på polisstationen i Stenträsk reagerade nyktert och sakligt, ställde relevanta följdfrågor, instruerade arbetslaget att inte röra någonting mer av fynden, att spärra av platsen och vänta på patrull.

Därefter avslutades samtalet, och karln från Ånge insåg att han skulle få gå på tidig ledighet i jul.

CARINA BURSTRAND GICK raka vägen in till Wiking Stormberg som satt i koket och åt sin matlåda tillsammans med aspiranten från Dalarna.

– Jag måste prata med dig, sa hon.

Wiking såg upp på henne, tuggande.

– Vad är det?

Hon kastade en blick ut i korridoren där Ahmed passerade med sin städvagn.

– Kan vi ta det på ditt rum?

Aspiranten, en mörkhårig dalkulla vid namn Fatima Al-Aziz, såg för första gången någonsin med intresse på henne. Wiking höjde på ögonbrynen.

– De har hittat Sofia, sa Carina, vände på klacken och gick bort genom korridoren.

Wiking kom efter henne, fortfarande med gaffeln i handen.

– Vad fan är det du säger?

Carina gick in på kontoret och stängde dörren efter dem. En skrivbordslampa lyste upp högarna med papper på bordsskivan men lämnade resten av rummet åt skuggorna.

– Byggarna som renoverar bron upp till Robotbasen har tydligen hittat en hoptorkad kropp i östra fundamentet, sa hon. Det låg en väska i skinn där också, med lock och ficka, remmar och spännen. Bölebyns garveri. Sofia hade en sådan.

Carina svalde.

– De har inte hittat något huvud. Det finns ingen skalle.

Wiking stirrade på henne i flera långa sekunder, hon såg hur tankarna rusade.

– Kläderna? Hur är hon klädd?

– De låg ovanpå.

Polischefen lade bägge händerna över ansiktet några sekunder, mumlade något som lät som herre jävlar.

– Och det kom nu? frågade han i en utandning samtidigt som händerna sänktes.

Hon nickade ut mot växeln där ljudsignalerna brakat igång på full volym eftersom ingen behagade svara.

– En karl från Trafikverket som ringde, eller från det där företaget som fick entreprenaden. Vem kontaktar vi, LOKUS? Krim i Luleå?

– Båda, sa Wiking. Och stationsbefälet i Gällivare.

Han stegade ut i korridoren igen men stannade med ryggen mot henne, hans långsträckta kropp som en siluett mot lysrörsljuset ute i receptionen. Stannade utan att vända sig om.

– När var det? När försvann hon?

Han frågade, fastän han måste veta. Allt annat var orimligt.

– 1980, sa Carina. Augusti 1980. Den andra. En lördag. Det åskade.

Han fortsatte ut mot köket, fick med sig aspiranten och gick ut på parkeringen.

Växeln hade tystnat, medborgarna som velat komma i kontakt med ordningsmakten hade givit upp. Hennes 12.30 kom in i väntsalen samtidigt som patrullbilen rullade iväg, en hårdsminkad mamma med två söner i skolåldern som bråkade om en Batmanfigur.

– Jag måste tyvärr be dig vänta några minuter, sa Carina och kvinnan suckade demonstrativt.

Hon gick in i rummet bakom receptionen och ringde Roland Larsson som var Stenträsks LOKUS, lokala brottsplatsundersökare. Han hade egentligen redan gått på ledighet, men hon nådde honom inne på köpcentrumet Småstaden i Piteå dit han åkt för att fira jul med hustruns släkt.

– Jag kommer direkt, sa han med julmusiken skvalande i bakgrunden. Carina tyckte det nästan lät som om han var lättad.

Sedan slog hon numret ner till Krim i Luleå. Signalerna ekade, hon vände ryggen mot glasväggen och receptionen och såg ut över parkeringen. Polarljuset flämtade därute, det magiskt obefintliga som glimmade någon timme mitt på dagen. Solen var under horisonten, ett stråk av röd himmel i söder. Tveksam gryning som övergick i skymning utan att egentligen födas.

Det svarade i andra ändan, en ung kvinna som tydligen uppbar någon typ av operativt ansvar. Hon var tveksam att skicka folk, fredagseftermiddag före jul som det var. Kunde inte den lokala brottsplatsundersökaren ta detta? Var man verkligen säker på att det var mänskliga kvarlevor? Och att det fanns misstanke om brott?

Carina avstod från att upplysa tjejen i Luleå om sannolikheten att en halshuggen människa i ett brofundament a) råkat ut för en olycka eller b) begått självmord. Dessutom kände tjejen garanterat inte till Sofia Hellstens försvinnande, var antagligen inte född när det inträffade, och av dialekten att döma var hon inte heller från Norrbotten. Istället förklarade Carina mycket sakta och tydligt vilket politiskt självmord det skulle innebära för polismyndigheten i länet om man inte tog fyndet av döda unga kvinnor på allvar, särskilt om den döda i fråga var kommunalrådets saknade tonårsdotter. Tjejen var inte stendum utan fattade läget och beslutade att skicka en kriminaltekniker, jadå, omgående.

Stationsbefälet i Gällivare var ute och köpte julskinka så Carina informerade inspektör Paananen om vad som skett. Sedan återvände hon till receptionen och disken för passansökan. I bakgrunden hörde hon hur Ahmed startade diskmaskinen ute i köket.

Kvinnan ute i väntsalen var från Älvsbyn. Hon var irriterad, både över att hon fått vänta och att hon tvingats köra ända upp till Stenträsk för att förnya passet. Så var det ju i glesbygd nuförtiden, skatten höjdes och servicen slaktades. Alla pengar från skogen och järnet och vattenkraften skickades till Stockholm och häruppe satt de, plundrade och grundlurade. Carina kunde inte annat än hålla med.

Med mekaniska rörelser instruerade hon kvinnan att ta sin porträttbild i automaten på utsidan av plexiglaset. Barnen hade börjat slåss på golvet. Kvinnan pudrade sig ännu mer och målade på rikligt med läppglans innan hon ställde sig framför apparaten men blev missnöjd ändå, tyckte hon såg för gammal ut. Frågade om hon fick ta om bilden. Det fick hon, men var fortfarande inte nöjd.

– Det här är en polisstation, sa Carina högt till pojkarna. Det finns celler här för bråkstakar.

Barnen tystnade som om någon dragit ur kontakten. Såg

förbluffat på henne, satte sig upp och rätade till sina mössor. Mamman gjorde ett tredje försök.

– Okej, sa Carina och plockade upp bilden i sin dator innan kvinnan hann protestera. Vi skickar ett sms när passet är klart, det kan ta upp till fem arbetsdagar, eventuellt något längre nu under helgerna. Du betalar vid upphämtningen. Ville du ha ett nationellt id-kort också?

– Vad ska jag med det till?

Carina ryckte på axlarna. Pojkarna hade börjat tjafsa om leksaksfiguren igen, men med viskande röster.

– Oscar, Liam, kom igen, sa mamman och samlade ihop puder och läppglans. Växeln blinkade på nytt. Det var en reporter från Norrbottens-Kuriren.

– Vi har nåtts av uppgiften att Sofia Hellsten har hittats, finns det någon sanning i detta?

Det var då själva fan. Wiking kunde knappt ha hunnit upp till brobygget.

– Du har kommit till växeln. Det finns inga upphittade personer här, sa hon.

– Kan jag få tala med vakthavande?

– Han sitter i Gällivare.

Carina kunde känna journalistens frustration och utgick från att hon blev inspelad.

– Vem är lokalpolischef däruppe? Stormberg?

– Wiking Stormberg är LOPO, det stämmer, sa hon vänligt. Han är utgången just nu, bör vara tillbaka om någon timme. Kan du återkomma då, tror du?

Hon avslutade samtalet och ringde upp Wiking på hans mobiltelefon. Han svarade direkt.

– Det är ute redan, sa hon. Kuriren har hört av sig. Hur ser det ut?

– Måste vara en människa. Kläder också, tror jag, en kofta, och något som måste ha varit ett par jeans.

– Larsson och någon från Krim i Luleå är på väg, sa Carina.

– Finns akten på Sofia Hellsten kvar? frågade Wiking. Den borde ligga i arkivet bakom pannrummet.

Ett stråk av ren panik drog genom hennes mage. Akten, med alla uppgifter, spaningsuppslag och förhör. Sommaren 1980, den förfärliga.

– Jag kollar.

– Och ring Söderlund på Bevakningsassistans, be honom skicka två väktare. Har du kollat på vädret? Det var någon som sa att det kan bli storm.

Hon klickade upp SMHI på datorn.

– Klass två-varning i natt, sa hon. Snöfall och kuling i vindbyarna på kalfjället.

Han stönade högt. Hon väntade tyst medan vinden blåste i hans telefon.

– Vi gick i samma klass, sa han sedan, lågt. Jag tror hon var lite kär i mig.

– Alla var kära i dig, Wiking, sa Carina. Inte bara de du var ihop med.

Hon lade på. Ahmed stack in huvudet i receptionen.

– Jag går nu.

– God jul, Ahmed! Hälsa familjen!

Han log och försvann. Sa man förresten god jul till muslimer? Hon var inte säker. Det smällde till när bakdörren gick igen efter honom.

Vaktbolagets växel informerade om företagets öppettider. Som tur var hade hon Rickard Söderlunds privata mobilnummer i sin telefonlista, han svarade direkt.

– Två man till bron? Vad är det som har hänt?

Hon såg ut genom fönstren, lätta snöflingor dansade därute.

Akten, med alla förhör. Alla uppgifter om det som hände, vad alla gjort. Vad hon gjort.

– Kom förbi här på stationen och hämta upp tält och strålkastare först, sa hon. Byggarna har säkert lampor, men vi vill ha våra egna.

– Du får två gubbar till klockan 20, sen kan jag sätta Pekka där.

– Taget.

Det skulle inte gå att hålla detta borta från offentligheten ens fem minuter till.

Hon stoppade mobiltelefonen i bakfickan och grävde fram nyckelknippan till källarvåningen, lämnade sin plats bakom disken och låste ytterdörren. Visserligen stängde de formellt inte förrän klockan 15 på fredagar, men hon kunde inte ha folk springande i väntsalen i det här läget. Hon släckte i taket. Ljusslingan på julgranen blinkade rytmiskt över väggarna.

Mullret från oljepannan slog emot henne när hon öppnade dörren till undervåningen. Miljömässigt var det så klart fullkomligt vansinnigt att värma upp den här dragiga betongkåken med eldningsolja, klimatmupparna skulle ha fått tuppjuck om de vetat om det.

Källartrappan var smal och brant. Hjärtat dunkade i halsen på henne. Hon fick leta innan hon hittade rätt nyckel till arkivet. Luften därinne var torr och sval, med en vag aning av obehag. Som en gravkammare, tänkte hon, utan att veta hur en sådan kändes. Lysröret i taket trilskades och blinkade flera gånger innan det beslutade sig för att samarbeta.

Arkivskåpen av metall var staplade på varandra, i täta rader. Herregud, det var evigheter sedan hon var härnere. Drog prövande i en av lådorna, den var inte låst. Var skulle hon börja leta?

Akterna var sorterade i någon sorts tidsordning från dagen för anmälan, så mycket visste hon. Men var i labyrinten var själva ingången? Hon hittade 2010 och lät fingret följa lådmarkeringarna, letade sig bakåt i tiden: 2009, 2008, 2007 ... Det knastrade av grus under hennes inneskor, länge sedan någon städade här. Mörkret tätnade när hon kom till 1990-talet. Lysröret ovanför 1980-talet hade slocknat helt. Hon tog upp mobilen ur bakfickan och slog på ficklampsfunktionen, 1985, 1984, 1983 ...

1980, Juli-Aug.

Djupt andetag, drog ut lådan.

En brun kartong med lock.

Försvinnande
Sofia Hellsten
2 aug -80

Kartongen var dammig och tung som en sten. Hon tog upp den och sköt igen lådan med armbågen. Placerade kartongen ovanpå arkivskåpet. Lade bägge händerna på locket. Hjärtat dunkade i halsen. Genom pappkartongen kände hon hemligheterna bränna.

Vem visste vad? Vilka uppgifter låg begravda bland förhören?

Hon lyfte på locket, en pust av damm och trycksvärta. Höll upp mobiltelefonen, lyste på översta pappret.

Försvinnandeanmälan, upprättad måndagen den 4 augusti 1980 av polischef Gustav Stormberg.

I samma stund bankade det på bakdörren däruppe, satan, väktarna.

Hon tryckte tillbaka locket på akten, tog den under armen och stolpade uppför trappan.

– Jag kommer, ropade hon och ställde kartongen på diskbänken i köket.

Skyndade bort till bakdörren för att släppa in väktarna, en man och en kvinna. Tog emot dem så som hon brukade, rörde sig med sparsamma rörelser och få ord.

Väktarna var så unga, eller var det hon som hade blivit gammal? Hon visade dem till förrådet där tältdukarna och belysningsutrustningen fanns. De fick fälla ner baksätet i bilen och kånka några gånger fram och tillbaka innan de fick med sig allt.

– Det kommer att bli ett jävla väder, sa den unge mannen.

När väktarbilen försvunnit bakom plogvallarna gick hon tillbaka till diskbänken, tog med sig lådan med Sofia Hellstens akt in i rummet bakom receptionen och drog för gardinerna. Med händer som darrade en aning lyfte hon undan locket och tog upp det översta dokumentet i traven.

Försvunnen: Sofia Elisabeth Hellsten
Född: 19620909
Adress: Backåsvägen 11
Postadress: 975 90 Stenträsk
Signalement: Brunt hår. Blåa ögon.
Längd: 163 cm

Hennes mobil ringde, hon flög upp som om någon skrikit i hennes öra.

Snabbt lade hon tillbaka pappersarket och tryckte på locket igen.

Det var Håkan.

– Kan du gå förbi Systemet? Jag kommer att bli sen.

Hon andades ytligt med öppen mun så att Håkan inte skulle uppfatta hennes skenande puls. Visste att schweizarna var däruppe just nu, fjärde gången på lika många år. Hon såg sedan på sitt armbandsur.

– Det kan bli svårt, sa hon. Jag vet inte hur länge jag blir kvar här.

– Har det hänt nåt?

Hon blundade hårt i två sekunder.

– Jag tar Systemet, sa hon. Inga problem.

Han tystnade i luren, på det sätt han brukade göra när han drog på något.

– Vad är det? frågade hon.

– Karolina ringde, de kommer inte.

Besvikelsen tog nästan andan ur henne.

– Men, sa hon, vi har ju handlat julmaten! Allt är ju förberett!

– Jo, ja …

– Vad hade hon för svepskäl nu då?

– Dåligt väder, ont i foten, du vet hur hon är …

Jävla skit, hon borde inte bli så påverkad. Bet ihop.

– Nå, sa Carina, desto mer mat åt oss andra.

– Älskar dig, sa Håkan.

– Älskar dig också.

De lade på. Hur hade de misslyckats så kapitalt med äldsta barnet? Karolina hade anammat allt som hon och Håkan föraktade. Fanns det en gen som fick folk att vilja smälta in i tapeten till vilket pris som helst?

Hennes ältande avbröts av vitt strålkastarljus som svepte över väggarna genom gardinerna, hon gick fram till fönstret och kikade ut mot parkeringen. Patrullbilen rullade in, aj fan. Hon släppte gardinerna och stirrade på kartongen, obehaget kring dess innehåll vibrerade i rummet. Utan att tänka mer ställde hon ner hela lådan med Sofias akt på sin kontorsstol och sköt in den under skrivbordet. Motorljudet och strålkastarna dog därute, bakdörren låstes upp. Hon gick ut i receptionen och lyssnade av de meddelanden som spelats in den senaste timmen. Alla nyhetsmedier i länet hade hört av sig, plus en av kvällstidningarna.

– Vi måste väl gå ut med någon sorts pressmeddelande, sa hon när Wiking och aspiranten stampat av sig snön i farstun.

– Bäst att vänta in Krim och LOKUS, sa Wiking. Bra tänkt med tältet och lamporna.

Hon vände sig bort. Poliserna försvann in på chefens kontor. Aspiranten tryckte demonstrativt igen dörren bakom dem, mallgroda.

Hon var tvungen att köpa julsprit, och hon var tvungen att se vad som stod i akten. Skit också.

– Jag går ut och gör några ärenden, sa Carina högt mot den stängda dörren.

Hon gick tillbaka till rummet bakom receptionen, i en av skrivbordslådorna hade hon en tygpåse från Ica. Drog ut kontorsstolen igen och stoppade ner Sofias akt i tygkassen. Den rymdes nätt och jämnt. Bytte skor, slet på sig ytterkläderna, hängde handväskan över axeln och stoppade Icapåsen under armen.

Hon tog bakvägen ut till parkeringen. Kastade en blick över axeln när dörren gick igen bakom henne. Det lyste borta i Wikings kontor, en guldfärgad rektangel som letade sig ut på isbeläggningen utanför, men hon såg varken till honom eller aspiranten. Bilnyckeln låg inte där den borde i hennes handväska, hon var tvungen att lägga ner Icapåsen på snögruset för att leta reda på den. Det blippande ljudet när hon låste upp bilen ekade mellan tegelväggarna. Öppnade dörren på passagerarsidan och lade in Icakassen på sätet. Stängde och låste. Såg bort mot bakdörren och Wikings fönster, ingen reaktion. Andades ut, såg upp mot stjärnorna.

Den djupblå färg som sprakade till över himlen precis innan polarljuset dog hade kommit och gått, nu härskade mörkret. Hon hissade upp handväskan på axeln och gick bort mot Storgatan.

Julhandelns adrenalinstinna crescendo överföll henne. Allt var således som det skulle. Hon var en byråkrat på väg att handla julsprit, en folkvald representant som såg fram emot att fira jul med familjen, de delar som nu behagade dyka upp.

Bjällerklangen skrällde i de usla högtalarna, hon borde motionera om nya nästa fullmäktige. Pulsen lugnade ner sig, det var säkert ingen fara. Vad skulle kunna hända, fyrtio år senare?

Hon vadade vidare i snöslasket. Påsar och paket och barnvagnar slogs om utrymmet mellan isdrivorna. Den nya, feministiska snöskottningen hade inte sträckt sig så långt som till affärsstråken. Kapitalism och konsumtion ansågs förmodligen för manligt.

– Hej hej, gåd jol, sa tiggaren utanför ingången till köpcentrumet.

Systembolaget hade inga kundvagnar kvar, hon norpade åt sig en av de sista dragkorgarna. Tryckte sig mellan kroppar som ångade i sina täckjackor fram till rödvinet och ölflaken. Det var julmusik i högtalarna här också. Hittade någon shiraz från Sydafrika, tog de sju som fanns kvar på hyllan. Det var ohyggligt varmt i lokalen. Ursäktade sig sedan bort till det spanska bubblet, plockade på sig fyra cava av märket Anna, det fick räcka över nyår. Hon studerade korgen, den hade blivit rätt full. Beslutade sig för att försöka trycka ner några burkar Norrlands Guld högst upp. Håkan fick gå och handla mer i mellandagarna, om han ville ha, det var bara han som drack öl. Svetten hade börjat rinna under brösten, det skulle bli fläckar på skjortan. Hon var glad att hon hade satt på sig kavaj idag, och att de värsta åren av vallningar var över. Till sist fiskade hon upp en hela Absolut på sprithyllan, förmådde inte ge sig in och botanisera i djungeln av kryddbrännvin. Den som ville ha snaps till julsillen fick stå ut med vodka. Det gick att blanda med allt annat också, såvitt hon förstått. Hennes mamma ville fortfarande ha sin grogg framför tv:n. Personligen begrep hon sig inte på starksprit, tyckte allting smakade fotogen. Kanske var det tankarna på Sofia Hellsten som väckt smaken av tonårens alla drinkspyor längst bak i svalget, fy fan.

– Känns bra att ni politiker verkligen är föredömen för oss andra, sa en karl i kamelhårsfärgad yllerock och nickade ner mot hennes överfulla alkoholkorg. Föraktet i hans röst dröp värre än svetten på hennes rygg. Carina tog sats och log.

– God jul på dig också.

– Hur kan du leva med dig själv? Va? Hur står du ut med din egen spegelbild? Fet är du också!

Det sista sa han så högt att folk stannade upp och glodde.

– Ser ni vem det är? sa kamelhårsmannen och såg sig omkring med blossande ansikte. Pekade på henne, självutnämnd Rättfärdighet personifierad.

– Carina Burstrand! Alla ni som röstade på henne borde *skämmas*!

Samtliga kassor var öppna, hon tog sats mot den med kortast kö och började packa upp sina flaskor på rullbandet.

– Rasist!

Väsningen kom från höger, en kvinna i hennes egen ålder som ställt sig efter henne i kön. Kvinnan var vackert sminkad och bar ett designat halssmycke, den sort som kunde rinna förbi hos influencers på Instagram.

– God jul, sa Carina.

– Den tror ni väl också är svensk, ni inskränkta människor, sa kvinnan.

Hon talade lite högre nu, lite rödare om kinderna.

– Att tomten var turk och att julgranen kommer från Tyskland, sa kvinnan, sådant har ni ingen aning om.

Carina kände människors blickar i ryggen när hon betalade och packade ner flaskorna i plastkassar. Det var ovanligt att folk gick till angrepp när de träffade henne personligen, i normala fall hatade de henne bara på internet.

Fem kassar blev det, kanske hade hon tagit i i överkant. Blev så tungt att det knappt gick att bära. Redan något tiotal meter utanför butiken tvingades hon ställa ner kassarna och vila. Bjällerklangen var utbytt mot *Å jänta å ja'*. Folk strömmade förbi henne på bägge sidor. Sorlet av deras röster blandades med musiken och knastret från grus och slask till en matta av mänsklighet.

Hon fick vara med om detta. Sofia fick det inte.

Hon grabbade tag i plasthandtagen och hasade sig bort mot parkeringen bakom stationen.

Snöfallet hade tilltagit, och vinden också. Hon körde hemåt med visionen av att åka rakt in i en kvast.

Fan fan fan, hon trodde att sommaren 1980 var borta, för alltid, saligt nedsjunken i en barmhärtighetens kallmyr men nu flöt den upp, stinkande som en otömd latrin. Hon kramade händerna hårt om ratten när hon körde.

Familjens Älvsbyhus låg i utkanten av stan, på den utdikade myr som exploaterades och bebyggdes med likadana enplansvillor i början av 1970-talet. Deras var grönt, det enda i hela längan. Karolina skämdes alltid över detta: att de inte var som alla andra.

Karolina hade lovat att komma hem till jul. Ifjol var hon och maken i Thailand, året dessförinnan i Sydafrika, och 2016 firade de med makens föräldrar i Bollnäs. Det var politiken som var problemet, Carinas engagemang i Sverigedemokraterna. Hon var inte rumsren i Stockholms innerstad, och inte inne på Systembolaget i Stenträsk heller, tydligen. Karolina ville visa omgivningen att hon höll distansen, och det var väl egentligen i sin ordning. Carina visste det. När hon kandiderade till fullmäktige riskerade hon att Karolina slog bakut, och så blev det. Frågan var om hon skulle avstå från att kämpa för det hon trodde på för att inte stöta sig med dottern, tusen kilometer söderut.

Nu var det som det var. Fegheten var ett faktum. Sitt och sug på DN i din svindyra lägenhet med kakelugn.

Fast hon hade kunnat säga till tidigare, jävligt respektlöst.

Linnea skulle komma i alla fall, och lilla Alicia. Sergei var kvar ute på oljeplattformen, tydligen fick han mer betalt under storhelger.

Hon svängde in på deras gata, Bredvägen, som var allt annat än just det. Fönstrens gulvarma ljus flimrade bakom snöfallet när hon gled fram mot nummer 43. Hon närmade sig med en varm känsla i magen, hon tyckte om julen. Människorna fick en anledning att vila i mörkret och med varandra, det var en fin högtid. Det sades att folk söp för mycket på grund av mörkret, blev deprimerade och gick in i väggen.

Själv märkte hon inte av något sådant. Inte nu längre.

Adam satt med hörlurar och spelade dataspel i sitt rum, han sjasade bort henne när hon ville kramas. Hon ställde in två öl och en flaska bubbel i kylen, lade vodkan i frysen och tryckte in resten av alkoholen längst ner i skafferiet. Tog fram mobilen och textade ”Julspriten fixad” till Håkan. Gick tillbaka till Adams rum och lyfte på ena hörluren.

– Det är fredag, du vet vad som gäller, sa hon i hans öra. Plocka ihop dina skitiga kalsonger.

– Men aah, nu dog jag!

Hon gick ut till bilen, hämtade Icakassen med Sofias akt, gick tillbaka in i villan. Adam satt med ryggen mot dörren och hörlurarna på plats, hysteriskt knapprande på tangentbordet. Hon gick in i sovrummet och stängde dörren efter sig, ljudlöst. Placerade lådan på överkastet, drog för gardinerna även här, tände sänglampan. Satte sig på sängkanten med ytterkläderna på, lådan började luta lite av hennes kroppstyngd. Lyfte på locket.

Knöt händerna hårt några sekunder, ett djupt andetag.

Det var flickans far, Hilding Hellsten, som anmält dottern försvunnen.

Sofia Hellsten hade gått till biblioteket för att låna böcker på lördagseftermiddagen den 2 augusti, men hon kom inte hem efteråt. Han och hustrun hade väntat uppe hela natten. Flickan var antagligen iklädd jeans och sandaler, tröja och en stickad kofta. Fadern var osäker på märken och färger.

Hon lade anmälan åt sidan, upp och ner på överkastet. Måste hålla koll på ordningsföljden.

Därefter kom några listor och annan formalia kring utredningen, sedan började förhören. Utskrifterna verkade ligga i den ordning de hade genomförts. Astrid, bibliotekarien, var den sista som sett Sofia innan hon försvann. Förhöret var upprättat och utskrivet på maskin tisdagen den 5 augusti. Tydligen gjorde man ingenting åt försvinnandet den första dagen, hon ville minnas att det varit någon kontrovers om det i efterhand. Kritik mot polismyndigheten för att man inte tog anmälan på allvar. Värdefull tid hade gått förlorad och allt det där.

Hon ögnade igenom förhöret snabbt.

Sofia Hellsten hade besökt biblioteket vid Kvarndammsskolan och både lånat och lämnat tillbaka böcker lördagen den 2 augusti. Böcker hon lämnat tillbaka var:

På andra sidan midnatt av Sidney Sheldon
Scruples av Judith Krantz
Törnfåglarna av Colleen McCollough.

Carina svalde. Det var den de hade diskuterat på sin sista bokcirkel, kvällen innan Sofia försvann.

Böckerna hon lånat var:

Miss Marples sista fall av Agatha Christie
Spegeln sprack från kant till kant, också av Agatha Christie
Krigets vindar, del 1 och del 2, av Herman Wouk.

Säga vad man ville om Sofias litterära preferenser, särskilt sofistikerade var de inte.

Astrid Berglund trodde att Sofia varit klädd i byxor, jeans kanske, och en kofta. Kanske hade den varit blå. Väskor eller påsar mindes hon inte. Flickan hade lämnat biblioteket strax innan det stängde, precis före åskan. Astrid hade uppmanat henne att skynda sig hem innan regnet började. Såvitt bibliotekarien kunde förstå betedde Sofia Hellsten sig precis som vanligt. Hon hade inte varit stressad eller ledsen eller, å andra sidan, inte särskilt glad heller. ”Jag uppfattade henne alltid som en stillsam flicka.”

”Stillsam”, ja, så kunde man ju uttrycka det. Sofia var egentligen lite bakom flötet, det hade Carina alltid tyckt. Det måste ha varit något fel på henne, någon bokstavskombination som man inte hade koll på på den tiden. Och hon gick ju regelbundet hos någon doktor nere i Boden, oklart varför.

Hon bläddrade snabbt bland dokumenten. Där fanns en del tipslappar och tidningsurklipp, men inga hon bedömde som särskilt alarmerande. Sofias försvinnande hade fått nationell uppmärksamhet några dagar i augusti 1980, nyhetsmässig sommartorka som det var. Men efter bara någon vecka rullade livet igång ute i världen, en nattklubb som brann och en vulkan som fick ett utbrott, och en tonåring som inte kom hem förpassades till lokalpressens insidor.

Hon bläddrade vidare bland förhören istället, förhör med Carina Burstrand, 6 augusti 1980.

Hjärtat stannade nästan. Hon fattade tag i dokumentet med bägge händerna. Mindes detta, ja jävlar. Andlösheten, handsvetten, paniken som brände i magen. Hon visste att någon skulle komma, hade tänkt igenom vad hon skulle säga. Det blev Lars-Ivar. Han kom hem till Håkans föräldrars hus där hon hade flyttat in, hennes första arbetslösa vecka efter det misslyckade sommarjobbet i kommunens telefonväxel. Frågat om han fick tala med henne om Sofia. Hon hade bara nickat, kunde inte svara. De hade suttit inne på hennes och Håkans rum. Håkan hade väntat ute i köket. Lars-Ivar, civilklädd, på stolen vid skrivbordet och hon på sängen. Sista gången hon sett Sofia, vad kunde hon berätta?

Hon hade sett rakt på honom, inte blinkat eller darrat.

Nu läste hon vad hon hade sagt, insåg att hon mindes alltsammans ordagrant.

De hade haft bokcirkel, som vanligt, en fredagskväll i början av månaden. Man hade läst en bok som Sofia hade valt, ”Törnfåglarna” av Colleen McCullough, och diskuterade den som man brukade. Sofia skrev protokoll. Det gjorde hon alltid, men det var egentligen ingen som läste dem i efterhand, inte nuförtiden. Inget särskilt hade hänt, man pratade om McCulloughs författarskap.

Hade Sofia sagt något utöver det vanliga, något om att hon var på väg att åka bort?

Nej, inte alls.

Nej, de träffades inte på lördagen.

Så sista gången du såg Sofia var när ni avslutade bokcirkeln för kvällen?

Ja, sa artonåriga Carina i förhöret.

Femtiosjuåriga Carina blundade, minnena kom tillbaka som ett vattenfall. Den där kvällen, den där cirkeln, som de hade grälat. Susanne jämförde Colleen McCullough med Vladimir Nabokov, till McCulloughs fördel, och hon hade blivit tokig. Sofia, som vanligtvis var så tyst och kortfattad, hade skrikit åt dem. Agneta hade gråtit. Birgitta hade suttit på sina höga jävla hästar precis som vanligt och studerat dem, och sedan rest sig upp och gått hem först av alla. Fitta. Och sedan, sista gången. Minnet brände som en brasa. Mannen som aldrig kom tillbaka. Som åkte och lämnade henne. Hörde aldrig av sig igen, och hon visste inte var hon skulle leta.

– Yes!! skrek Adam därute, ett tecken på att han framgångsrikt massakrerat ett stort antal människor.

Carina lade tillbaka förhöret med sig själv. Blundade några

ögonblick innan hon bläddrade vidare bland utfrågningarna av de andra i Polcirkeln.

Ingen av dem hade någonsin pratat om vad de sagt till polisen.

Faktum var att de aldrig mer hade träffats. Aldrig som grupp.

När hon nu skummade utskrifterna insåg Carina att deras utsagor varit samstämmiga. Alla sa att de hade talat om boken ”Törnfåglarna” och författaren Colleen McCullough, inget speciellt hade hänt. Sofia hade inte sagt något om att åka iväg, om att hon varit hotad, inget om någon pojkvän. Carinas fingrar fladdrade, ögonen flög. Mest hade Susanne pratat, förstås, förhöret med henne upptog åtta sidor. Kortast var Agnetas, upptaget via telefon från Karlstad.

Därefter kom förhör med personalen på Robotbasen.

Carina ögnade snabbt igenom det första. Det var med chefen för verksamheten, Evert Landén. Birgittas pappa.

Amerikanska marinen var uppe och mätte åverkan på infrastruktur de där veckorna. Man hade konstruerat byggnader och broar och viadukter uppe runt Nausta för detta syfte. Evert Landén kunde, rent generellt, inte kommentera det arbete som utförts på basen den aktuella helgen. Vad gäller den svenska personalen så hade han tjänstgöringslistor, det fanns inget som hindrade att polisen kontaktade den delen av personalen. När det gällde den tillresta styrkan hade han dessvärre ingen information att bidra med. Inte vilka som deltagit i arbetet. Inte hur många de varit, några namnlistor fanns överhuvudtaget inte tillgängliga, och hade aldrig funnits.

Carina svalde hårt.

Hon bläddrade snabbt igenom utskrifterna från folket

uppe på Basen. Därefter kom hon till förhöret med Kerstin Lindgren, dåvarande ägare till pensionatet Stone Swamp Inn. Det var daterat den 18 augusti 1980, drygt två veckor efter Sofias försvinnande.

Hon upphörde att andas ett par sekunder. Hur farligt kunde det vara? Om något hade kommit fram så skulle väl polisen ha tagit kontakt med henne tidigare?

Hon läste fort och hårt.

Det hade bott ett tiotal amerikaner på Stone Swamp Inn den aktuella helgen. Elva rum hade varit uthyrda åt amerikanska Försvarsmakten, men minst ett av rummen användes till att förvara avancerad utrustning, det var Kerstin Lindgren säker på.

Hon visste följaktligen inte exakt hur många personer som bott på hotellet, och hon kände inte till deras namn. Folket från Robotbasen skrev aldrig in sig i liggaren. Det var standard, så gjorde man alltid.

Något ovanligt som noterats, något som bröt normen?

Jo, ett par av rummen hade stått oanvända de sista tio dagarna. Tre eller fyra av männen måste ha lämnat pensionatet på natten mellan tisdagen den 5 och onsdagen den 6 augusti. Det handlade om rum nummer 5, 7, 10 och 11. Rummen betalades naturligtvis den avtalade tiden ut, fram till den 16 augusti, som överenskommet, så för henne spelade det egentligen ingen roll. Hon hade bara noterat detta.

Helt utanför vad som kunde beläggas: Visste hon vilka dessa män var?

Jo, hon kände igen dem. De hade varit uppe på Basen upprepade gånger under våren och sommaren. Deras uppdrag sträckte sig in på vintern, men just de här fyra männen återkom inte.

Var hennes intryck att de hade skickats hem i förtid?

Kerstin Lindgren ville inte spekulera i det. Hon kunde bara konstatera att de varit i Stenträsk fyra gånger, var bokade för ytterligare tre tillfällen men ersattes av annan personal.

Förekom det vanligtvis någon kontakt mellan de tillresta försvarsanställda och lokalbefolkningen?

Inte alls, utom med ett par enstaka undantag. Det gällde vissa element bland den yngre kvinnliga delen.

Carina började svettas över hela kroppen, gode Gud.

Kunde hon nämna några namn? Några flickor som brukade umgås med de tillresta? Just den här helgen?

Det hade varit oerhört mycket att göra, hade Kerstin Lindgren svarat. Semestertider för lokalbefolkningen, turister som skulle titta på midnattssolen, plus amerikanerna, men hon hade noterat visst spring på övervåningen.

”Spring på övervåningen”, så det var så det hette, alltså. Carina lade bort pappret. Förhöret fortsatte på följande sida.

Kerstin Lindgren uppmanades att lista de kvinnor hon sett springa på övervåningen de aktuella datumen. Ett enda namn följde.

Carina Burstrand.

Sofia Hellsten fanns inte med.

Hon blev alldeles yr, trodde hon skulle svimma.

Tvekade några sekunder, sedan tog hon upp pappret, knycklade ihop det till en hård liten boll och stoppade det i kappfickan. Andades en hel minut. Adam skrek ”jävla jävla piss och skit” därute, någon måste ha skjutit honom. Hon tittade på klockan, var verkligen tvungen att åka tillbaka. Bläddrade snabbt igenom de följande tjugo, trettio sidorna, men det var lönlöst, hon förmådde inte ta in vad som stod.

Packade in dokumenten i rätt ordning i lådan, stängde locket. Stoppade tillbaka den i tygpåsen.

Gick ut i hallen och krockade med Adam.

– Är du hemma än? sa han förvånat.

Lådan under hennes arm var tung och hotade glida ur hennes grepp.

– Jag har packat in pappas julsprit i kylen och skafferiet, sa hon. Drick inte upp allt nu.

Hon pussade honom på håret och lämnade huset.

Busshållplatsen bakom skolan var tom och övergiven, hon stannade precis intill papperskorgen men tvekade. Tänk om någon rotade efter tomflaskor i juletid? Minnet av tiggaren utanför ingången till köpcentrumet flöt förbi, hej hej, gåd jol.

Hon behöll pappret i fickan och körde vidare.

Hade precis klivit ur bilen på parkeringen när Roland Larsson anlände. Han kunde inte ha hållit många hastighetsbegränsningar på de snorhala vägarna upp från Piteå.

Hon skulle bli tvungen att lämna kvar akten i bilen.

De hälsade snabbt, hon låste upp bakdörren, de gick in tillsammans. Han drog av sig mössan, den rakade flinten blänkte i lampskenet.

– Kaffe? frågade hon.

– Hemskt gärna.

Hon pekade bort mot Wikings rum, han gick in utan att stänga efter sig. Hörde deras röster bakom surret från kaffemaskinen. Det hopknycklade förhörspappret brände i kappfickan.

– Vi har spärrat av större delen av vägbanan, sa Wiking. Det går att krypa förbi på västra sidan. Schweizarna är däruppe, det är en del trafik.

– Är ni säkra på att det är en kropp?

– Kan inte vara något annat. Det sticker upp en hand ur gruset, och en axel. Finns en del skador på kroppen, men det ser ut som om de har uppkommit nu, när man bilade upp betongen på ovansidan.

– Och huvudet saknas?

– Det sitter inte fast på axlarna i alla fall.

– Kan något djur ha släpat iväg med det?

Carina gick bort till rummet bakom receptionen och hängde av sig kläderna. Tog på sig inneskorna. Tillbaka i köket gjorde hon i ordning två kaffemuggar och ett glas saft, skummad mjölk i en liten tillbringare bredvid.

– Ska jag gå och köpa något att äta åt er? frågade hon samtidigt som hon dukade fram.

– Tack, det är bra för min del, sa Wiking, och då sa inte de andra något heller.

De väntade tills hon var klar innan de fortsatte att tala.

– Vad är det för typ av utrymme vi pratar om?

Carina gick igenom korridoren, in i köket, tog en mugg ur köksskåpet och tryckte på kaffemaskinen. Sedan ställde hon sig precis invid dörren ut till korridoren, kände blodet susa genom kroppen.

– Högst upp i brofundamentet på östra sidan, under vägbanan …

– Eller cykelbanan egentligen, avbröt aspiranten.

– … under cykelbanan …

– Där betongen har spruckit, sa aspiranten.

– Det är ett ganska grunt utrymme, sa Wiking. Grusfyllt. Det kom i dagen när man bilade bort ett betonglager …

– Och ett asfaltslager, sa aspiranten.

Det blev tyst därinne, en tystnad som fortplantade sig och svävade ut i korridoren. Carina kom på sig med att hålla andan.

– Nå, men fortsätt, sa Wiking till slut. Informera LOKUS, varsågod.

– Nej, förlåt, sa aspiranten. Jag … Förlåt.

Carina bet sig i läppen, med ens skadeglad. Drack lite kaffe.

– Man skulle komma åt några sprickor, det är något med en kantbalk. Hela fundamentet måste förstärkas.

– Hm, sa Roland Larsson. Vilket skick är det på kroppen?

– Både skinn och vävnad finns kvar på handen som sticker upp i alla fall.

– Hm, sa den lokale platsundersökaren igen, kanske antecknade han.

– Arbetarna hade tyvärr flyttat på objekten som hittades i utrymmet, sa Wiking. Förhoppningsvis har de inte kontaminerat alltför jävligt.

– Kläder och en väska? frågade Roland Larsson.

– Och en plånbok.

– Vilket skick var prylarna i?

– Hyfsat ok. Koftan såg nästan intakt ut. Jeansen var mögliga och missfärgade, väskan också. Vi undersökte dem inte, väntade in dig och Krim.

– Det måste ha varit torrt i utrymmet, sa Roland Larsson.

Åtminstone fram till ganska nyligen … Inget organiskt material runt omkring som kunnat bryta ner vävnad eller föremål … När förseglades utrymmet?

Wiking suckade högt.

– Hur länge har bron stått där? Fyrtio år?

– Det här är viktigt, sa Mallgrodan. Alla mord som inträffade före 1 juli 1985 är preskriberade.

– Fanns det några …? började Roland, men Mallgrodan var inte klar.

– Det beror på Palmemordet, fortsatte hon oförtrutet. Lagstiftningen ändrades 2010. Mord som begicks efter det preskriberas aldrig. Men alla mord dessförinnan är avskrivna.

Herregud, Carina kunde inte låta bli att himla med ögonen. Som om inte alla här visste det.

– Fingeravtryck? frågade Roland. Fanns det några bevarade? Från tiden vid försvinnandet?

– Vet inte, sa Wiking, jag har inte hunnit kolla akten.

Carina höll på att sätta kaffet i halsen.

– Hur gör vi med vädret? frågade Roland.

– Åk upp och gör en bedömning, sa Wiking. Blir det för jävligt får ni stänga ner och säkra platsen. Vi har väktare däruppe.

Skrap av stolar, det lät som om de reste sig därinne.

– Vi måste få henne identifierad, sa Wiking. Fatima, försök få tag på den där människan nere på NOA som håller i försvinnanderegistret. Du får gå igenom alla personer som försvunnit i länet från, säg, 1975 och framåt. Antagligen får vi kolla med Interpol också, men det får bli nästa steg. Om det behövs.

Carina skyndade bort till receptionen och lyssnade av de

meddelanden som lämnats i växeln. Skrev en snabb lista på de medier som ville ha information om fyndet i bron, räckte över den till Wiking när han var på väg att lämna stationen.

– Fan, sa han och rev sig i håret. Kan du skissa på ett pressmeddelande?

– Jag mejlar dig innan jag skickar ut det, sa Carina.

– Och akten, var satte du den?

I baksätet på min bil.

– Jag ställer den på ditt bord, sa Carina.

– Vet du om Sofia hade några släktingar i stan? frågade han.

– Jag vet inte, sa Carina. Jag tror inte det.

– Det måste finnas någon brylling någonstans. Kan du gräva upp någon sådan?

Hon antecknade snabbt: pressmeddelande, hitta släkting för dna-matchning.

– Be Krim komma upp till oss direkt när han anländer, sa Wiking.

Roland Larsson och Wiking försvann ut. Fatima satt kvar i ett av de inre rummen och ringde NOA med dörren stängd, jävla viktigpetter. Carina väntade tills patrullbilen försvunnit ut på Kyrkogatan, sedan gick hon ut och hämtade Icakassen. Snön slog henne i ansiktet. Innanför dörren drog hon bort påsen och bar in kartongen till Wikings rum. Det var släckt i taket, bara skrivbordslampan lyste. Hon placerade lådan mitt på bordet, strax intill ett halvt urdrucket saftglas.

Sedan satte hon sig i rummet bakom receptionen, bokade rum och printade ut kartor och hänvisningar. Därefter skissade hon på ett kort pressmeddelande. Sådana brukade publiceras på polismyndighetens hemsida under rubriken Nyheter och händelser, där fick media gå in och läsa. Hon knöt händerna hårt för att fokusera. Bilstrålkastare kom och gick över väggarna, hon vred sig på stolen, det här var ingen favoritsysselsättning ens i normala fall. Hon hade aldrig varit särskilt bra på att formulera sig i skrift. Det var Agneta som var duktig på sådant, hon som var författaren i gruppen. Agneta hade den där ljusblå reseskrivmaskinen, en Facit, som hon skapade noveller på till Ung&Kär och Starlet och Mitt Livs Novell. Hon använde den också när hon skrev sina kommentarer till bokcirkeln. Ingen annan dokumenterade sina reflektioner på det sättet, men Agneta hade ett behov av att hålla sig i något, kanske för att hon stammade litegrann ... Susanne var inte alls lika mycket skribent, så frilansjournalist hon var. Arbetslös hette det på vanlig svenska, för övrigt. Sussi hade alltid tyckt bättre om att snacka än att skriva, och att tänka.

– Det är ingen som svarar på NOA, sa Fatima i dörren. Har du någon bra telefonlista?

Nämen, hade man sett på själva fan, Mallgrodan hade stött på patrull och sänkt sig ner till de civilanställdas nivå.

Carina tittade upp på aspiranten som stod och trampade i dörröppningen. Kunde nog bli lite knöligt för henne, detta. Till och med högdjuren på Nationella Operativa Avdelningen hade annat att göra än att häcka på sina arbetsrum den sista fredagskvällen före jul. Klart ingen svarade på kontorstelefonerna.

Hon måste komma ihåg att göra sig av med pappret i kappfickan.

– Vi växeltelefonister har tyvärr ingen hemlig klubb där vi byter hemliga telefonnummer, sa hon.

Hon satte sig lite bättre tillrätta på kontorsstolen, Mallgrodan såg ut som om hon skulle krevera.

– Men om du verkligen inte får tag i någon i Stockholm, fortsatte Carina, så kan du alltid ringa pressjouren. De svarar alltid. Jag har mobilnumret till Stockholmspolisens presschef, han får tag i alla hela tiden. Ring honom och hälsa från mig, jag sms:ar hans uppgifter.

Carina tog upp sin mobiltelefon, letade upp mannen i fråga i sin telefonlista och skickade iväg ett meddelande till aspiranten. Sedan återgick hon till pressmeddelandet.

Fatima stod kvar några sekunder, rådvill och tillplattad. När det plingat till i hennes telefon som låg kvar inne på rummet dröp hon iväg.

Stockholmspolisens presschef skrev kriminalromaner, Carina hade arrangerat ett uppskattat biblioteksbesök med honom förra våren. Presschefen hade antagligen glömt bort henne vid det här laget, men strofen ”hälsa från mig” var ändå helt riskfri. Mallgrodan skulle hellre dö än att hälsa från receptionisten. Och han hade faktiskt hjälpt henne att få fatt i folk ett par gånger.

Pressmeddelande från Polismyndigheten Stenträsk

Fynd utanför Stenträsk kan vara mänskliga kvarlevor

Polis har klockan 12.15 på fredagen informerats om att eventuellt mänskliga kvarlevor anträffats vid en byggarbetsplats i kommunen.

Platsen är belägen vid Piteälven intill väg 374. Avspärrningar kan innebära begränsad framkomlighet för trafik till och från Gransel.

Polis och tekniker finns på plats för att utreda huruvida vidare undersökning ska inledas.

Nyhet från
Polisen
Publicerad 20 december 2019 klockan 18.23

Det var väl inget Nobelpris direkt, men hon skickade iväg det till Wiking på Whatsapp för översyn. Fick svar med vändande post.

Ska vi inte skriva "trafik till och från Robotbasen"?

Hon hade tänkt på det.

Kändes onödigt att skicka ut en vägbeskrivning dit. Gransel är mer neutralt. Alla som vet fattar ju ändå.

Hon väntade en halv minut.

Sant. Kör.

Hon lade ut meddelandet. Det sa ju ingenting egentligen, förutom det mest uppenbara: att man spärrat av en större del av vägbanan över bron. Alla skulle ringa ändå. Hon hörde aspiranten tala med någon på telefon innanför sin stängda dörr. Kanske hade hon fått tag på presschefen.

Hennes egen mobil ringde. Håkan igen. Hon hörde på ljudet att han hade högtalarfunktionen på i bilen.

– Susanne ringde, sa han. Hon säger att man har hittat Sofia. Är det sant?

Hon reste sig upp och stängde dörren ut till receptionen. Blev stående intill skrivbordet, såg ut i mörkret.

– Är du ensam?

– Japp.

– Man har hittat en död kvinna i ett fundament på Granselsbron. Det kan vara hon.

– Åh fan. Jag passerade precis där, det var ett jävla pådrag.

Han blev tyst. Fyrtio år var en lång tid. Håkan var bara femton år när det hände, men han kom ihåg.

– Så det är redan ute i Stockholmstidningarna, sa Carina.

– Båda kvällstidningarna har det, och det finns en ganska lång tråd på Flashback. Susanne sa att hon kommer upp tidigare, första planet i morgon bitti. Hon ska göra en podcast.

– Åh herregud, sa Carina och sjönk ihop på kontorsstolen.

– Jag vet, sa Håkan. Fast det kanske är bra att hon har något att fokusera på. Första julen utan Krister, hon kommer att vara ett helsike hur som helst.

Carina såg krimbilen från Luleå svänga in på parkeringen.

– Krim kom precis, jag blir kvar här en stund till.

– Jag pratade med Adam, bad honom sätta på potatisen.

– Hade han hört om liket?

– Han frågade inget i alla fall. Ses snart.

Carina gick till bakdörren och låste upp för kriminalteknikern. Det var en ung kvinna, en som hon aldrig sett förut.

– Sandra Hammarlund, sa teknikern och tog i hand, ett grepp som var lite för hårt. Hon hade det nog inte så lätt.

Carina presenterade sig och visade Sandra Hammarlund in till receptionen. Egentligen skulle hon väl ha skickat in henne till aspiranten, men Mallgrodan pratade fortfarande därinne bakom sin stängda dörr.

– Chefen och lokala undersökaren är på platsen, sa Carina och gav teknikern två kartor som hon printat ut, en översikt och en mer detaljerad, med koordinater. Det är avspärrat och riggat med tält och lampor. Om vädret blir sämre får ni stänga ner. Vi har en väktare på plats under natten. Jag har bokat rum åt dig på Swampen, det är pensionatet mitt i stan. Där, den röda ringen …

Hon pekade på översiktskartan.

– Om jag får ditt mobilnummer så kan jag messa dig kontaktuppgifter till samtliga inblandade.

Sandra Hammarlund fiskade upp ett visitkort ur innerfickan på jackan och räckte över det.

– Hur långt är det upp till bron?

Carina såg ut över den upplysta parkeringen.

– Inte långt alls. En kilometer kanske, om man går. Ett par tre med bil, fyra kanske.

– Om jag förstått saken rätt så har ni ett ouppklarat försvinnande här i byn sedan ganska lång tid tillbaka …?

Byn?

– Chefen har akten på sitt bord, sa Carina och lyckades låta helt normal.

Aspiranten kom ut ur sitt rum, utlockad av rösterna. Ville väl inte försitta chansen att visa upp sig. Hälsade hjärtligt på kollegan från Luleå, visade sig att de kände varandra. Så klart.

Carina log.

– Fick du tag i NOA?

Hon kunde inte låta bli. Fatima mulnade.

– Nej, men presschefen skulle höra av sig.

– Utmärkt, sa Carina och gick mot rummet bakom receptionen. Kände Mallgrodans giftblickar i ryggen. Messade över alla uppgifter som Sandra Hammarlund kunde tänkas behöva, inklusive telefonnumret till Stone Swamp Inn och det privata mobilnumret till Britt-Marie, nuvarande ägaren.

Såg ut över parkeringen, bort mot älven.

Det kanske inte var en kilometer dit upp. Snarare en halv. Om man tog gångvägen bakom skolan.

Själv gick hon aldrig där. Stigen var brant och mörk och hal. Barrträd stod tätt mot gångbanan och sträckte sina armar mot dem som passerade. Någon sa en gång att buerna bodde där, de som åt små barn. Vem var det som sa det? Var det Sofia?

Hon mindes inte.

Skilde inte längre mellan vad som var minnen och vad som var skam.

Sandra Hammarlund körde iväg upp mot fyndplatsen. Mallgrodan häckade inne på sitt rum.

Carina satt i halvmörkret och försökte reda ut Sofias släktförhållanden. SPAR, Statens Person- och Adressregister, kunde inte bidra. Fanns över tolvhundra nu levande personer som hette Hellsten i Sverige, inklusive de som stavade med ä.

Hon hämtade en kopp kaffe ute i köket.

Visst brukade Sofia fira jul med någon kusin? Någonstans i länet? Mamman var söderifrån, vad hette hon i efternamn som ogift? Carina hade ingen aning. Fast pappan var väl från Malmfälten?

Patrullbilen kom tillbaka, Wiking var ensam. Hon hörde bakdörren smälla, han gick raka vägen in på sitt rum.

Hon gjorde sökningen snävare och fokuserade på norra delarna av länet. Sammanställde en lista över Hellstenare från Norrbotten, sökte i olika öppna källor efter deras adresser och telefonnummer. Printade ut namnen och gick bort till Wikings kontor och knackade på.

Han satt med akten i högar framför sig, kartongen på ett sidobord. Locket hade trillat ner på golvet.

– Finns tjugofyra personer som heter Hellsten i Norrbotten idag, sa hon och lade listan i hörnet på hans skrivbord.

– Sätt dig, sa han och pekade på besöksstolen på andra sidan.

Hon slog sig ner, tvingade sig att andas med magen. Skrivbordslampan reflekterades i hans läsglasögon.

– Ni var bland de allra sista som såg henne, sa Wiking. Du och de andra, i er bokcirkel på fredagskvällen.

Carina tvekade, jo, så var det kanske.

– Hände det något särskilt den där kvällen? Något som du minns såhär i efterhand?

Hon bet sig i läppen, funderade lite.

– Det är fyrtio år sedan, sa hon. Vad får dig att tro att …?

– Jag tror inte, jag frågar, sa Wiking.

Han tog av sig glasögonen. Blicken var skarp. Hon såg på sitt armbandsur.

– Susanne kommer upp i morgon förmiddag, sa hon. Hon

kanske minns mer än jag.

– Så inget speciellt? Inget alls? Inget som på något sätt skilde ut den här kvällen från det normala?

– Faktiskt inte. Förutom att det var en osedvanligt tråkig bok vi pratade om.

– Hur menar du då?

Fan också, att hon inte kunde hålla käften. Hon suckade.

– Det var Sofia som valde. Hon gillade bestsellers. De är inte min kopp te.

Han antecknade något på ett block bredvid sig.

– Har du någon kontakt med Agneta och Birgitta nuförtiden?

– Jo, ibland, sa Carina. Vi har en grupp på Facebook.

Han såg på henne några sekunder. Hon mötte hans blick utan att blinka.

– Jag kommer att behöva prata med er allesammans, sa han och böjde sig över akten igen.

Hon reste sig. Sköt tillbaka stolen. Lämnade rummet, lugnt och stilla.

Stenträsk är en kommun i Norrbottens län i landskapet Lappland. Centralort är Stenträsk. Staden har kallats *Porten till Isforsarna*, ett uttryck som finns belagt sedan Carl von Linnés resa i Lappland år 1732.

Stenträsk är beläget vid Pite älv i Norrbottens län och gränsar till Älvsbyn och Arvidsjaur i söder, Boden i öster samt Jokkmokk i norr.

I kyrkligt hänseende har orten sedan 1809 hört till Stenträsk församling, dessförinnan till Nederluleå landsförsamling.

Orten ingick till 1893 i Jokkmokk lappmarks tingslag, därefter till 1928 i Stenträsk tingslag. Från 1971 till 2002 ingick Stenträsk i Bodens domsaga och från 2002 ingår orten i Luleå domkrets.

Kommunen har 9 031 invånare.

Befolkningsutvecklingen har under fyra decennier varit svagt negativ.

(Ur "Fakta över Sveriges kommuner")

RÖTTER

AV

ALEX HALEY

VALD AV

SUSANNE JOHANSSON

MAJ I STENTRÄSK. Mörkret hade definitivt kapitulerat, även om kylan aldrig riktigt gjorde det. Skitiga drivor av smältsnö låg döende utmed husfasaderna, dagarna räknade. Purpurbräckan hade forcerat sig upp ur den tjälfrusna marken och spände kronbladen mot ljuset. Älven var på väg att bryta isbojorna, inte bara de rasande forsarna som aldrig frös, utan nedströms hela vägen till havet. Fastisen nere i Bottenviken ruttnade, de sista flaken på finska sidan gav upp.

Hänryckningens tid var här.

FREDAG 2 MAJ 1980

TANKEN PÅ POLCIRKELN var den första som fanns i Susannes huvud när hon vaknade. Kanske hade hon drömt något, hon mindes inte, men situationen var oerhört påtaglig. Hon var där, i sagorummet: lukten, ljudet, de små fönstren under taket. Carina satt precis bredvid henne, nerhasad på sittkudden, hon kunde känna värmen från Carinas lår bränna mot sitt eget. Hon var torr i munnen av fruktan och längtan, av faran hon utsatte sig för.

De träffades nästan aldrig numera, bara på Polcirkeln. De skulle kramas när de träffades, sitta bredvid varandra, se varandra djupt i ögonen när de diskuterade något.

Rädslan och förväntan vred om i magen, och kanske morgonhungern.

Tänk om någon förstod.

Hon måste hålla distansen, inte låt någon få veta. Alla mindes hur det gick för Bög-Bengt som fick tänderna utslagna på Tempoparkeringen. Blodet som frös fast i isen och glödde genom snötäcket vintern igenom. Ingen hade sett något, fast alla visste. Diskussionerna om tolerans som följde, dem gav hon inte mycket för.

Hon sträckte ut handen och slog på transistorradion på nattduksbordet, rattade in P1. Naturligtvis hade hon precis missat morgonekot, nu var hon tvungen att lyssna på den tröttsamma musikradion ända till nästa väder- och sjörapport.

Hon låg kvar någon minut, lät tanken på Carina och Polcirkeln tona bort och upplösas. Lyssnade till mammas stök nere i köket, pappa hade redan åkt iväg. På andra sidan väggen var det knäpptyst, hennes lillebror var garanterat inte uppe.

Så tog hon sats och hävde sig upp ur sängvärmen. Trippade på tå ut och pinkade i den lilla toan mellan hennes och broderns rum, ajajaj vad golvkallt det var. Drack några munfullar vatten ur tandborstglaset. Skyndade tillbaka in på sitt rum och ställde sig på trasmattan, öppnade klädkammardörren. Var så innerligt less på yllebyxor och långkalsonger. Visserligen var det inne med lager-på-lager, det lät så bohemiskt, sådär som att vakna på morgonen och håret bara faller i stora jättelockar över hela ryggen, sorglöst och spontant, lockarna bara guppar upp och ner när man går i skolkorridoren, men själv är man helt omedveten om sin egen grace och fräschör, man är bara närvarande i sig själv och i nuet, sådan skulle hon vilja vara. Smal, lite lealöst slängig, naglar med silverlack, man tuggar tuggummi obetänksamt...

Hon lät ögonen granska kroppen i spegeln på insidan av klädkammardörren, trosor och sov-t-shirt. Längden var inte mycket att göra åt, det var ju svårt att krympa, och smalare kunde hon just inte bli. Håret tvättade hon med Timotej, men det blev aldrig lika stort och lockigt som Carinas...

Det brände till i mellangärdet. Hon vände sig från spegeln och tittade bort mot skolfotot från nian som var uppsatt på anslagstavlan, strax ovanför det lilla fotot av Carina som var inkilat under kanten. Kortet var av den minsta sorten av de individuella skolfotona, de som man bytte med sina kompisar. Carina hade fått ett av hennes också.

Hon lade handen på skötet, kände värmen genom bomullstrosorna. Visste inte riktigt hur kvinnor älskade med varandra, men om viljan fanns gick det säkert att experimentera sig fram.

Signaturen till väderleksrapporten drog igång på radion, hon stängde dörren till klädkammaren. Än behövde hon inte lyssna. Det tog alltid en evighet innan de kom till Norrbotten.

... mycket moln och avtagande regn som under dagen följs av ...

Hon gick fram till anslagstavlan, klassfotot var taget på våren 1978, klass 9A i Kvarndammsskolan. Många av killarna hade spexat till det och klätt ut sig, kepsar och solbrillor, hängde på varandra och såg coola ut. Hon och Carina bredvid varandra, Wiking och Krister precis bakom dem, Carina med händerna nonchalant knäppta på hennes ena axel, hon med armen om Carinas midja. Själv log hon blixtrande brett mot kameran, men Carina var allvarlig och hennes blick besynnerligt beslöjad. Höften stack ut, liksom de makalösa brösten. Agneta och Sofia som kramades bredvid dem, båda lika glada. Birgitta var den enda på fotot som inte tittade in i kameran, hon stod längst ut till höger och tittade åt sidan, man såg bara hennes svarta hår och skarpa profil. Det lilla fotot på Carina nedanför var gudomligt trots sin storlek: håret, munnen, ögonen ...

Susanne skärpte uppmärksamheten på radion, meteorologen lät som en zombie men nu hade han betat av Svealand och Mälardalen. Hon släppte fotona och gick tillbaka till klädkammaren igen, valde ut ett par olika jeans.

Hon var för lång och hade för små bröst och för breda höfter, men det mesta gick att kompensera om man klädde sig rätt. Det handlade om att vara medveten om sina förutsättningar och skapa ett okej intryck. Hon visste hur man gjorde, snygga nätta skor med låga klackar, undvika ränder på tvären som accentuerade höfterna, alla sådana självklarheter, och så löst sittande toppar med fina urringningar, hennes favoriter just nu var en ljusgul Fruit of the Loom och en mintgrön collegetröja från UCLA, trendiga märken i sköna material.

... under dagen spricker molntäcket upp ...

Varför kom alltid norra Norrland sist i prognosen? Av vilken anledning gick man alltid nerifrån och upp, från Skåne och norrut? Vore det inte rimligare att börja uppifrån och gå nedåt? Det gjorde man ju överallt i resten av samhället. Ingen började ju läsa en boksida nerifrån.

Hon slängde jeansen på sängen och gick fram till fönstret, solen hade varit uppe i ett par timmar och spred ett tveksamt och svårbedömt ljus. Termometern som Grisen hjälpt henne att skruva fast på fönsterkarmen stod på plusgrader, bara en enda visserligen men ändå. Lovande!

... norra Norrlands kust- och inland. Växlande molnighet, främst i södra Lappland kan snöbyar förekomma. Plus en till plus nio grader. Ikväll och i natt en del klara områden ...

Nio grader varmt, så skulle det låta! Inga långkalsonger, ingen halsduk, det skulle räcka med pannband.

Hon gick bort till sängen där hon lagt fram jeansen, hon kunde välja ett par riktigt ljusa, ett par som andades sommar och skira björkstammar, porlande fjällbäckar och midnattssol. Skit också att hennes ljusaste par var ganska små. Det skulle inte bli bekvämt, men vad gör man? Nio grader! Här blev det pasteller från topp till tå, linne och tröja.

Hon skyndade på tå ut till toaletten, golvdraget igen, tvättade av sig i ansiktet och under armarna. Det skvätte utanför tvättstället och blev lite blött på golvet, hon torkade upp det med en handduk. Mamma hade sagt att hon inte fick göra det – Handdukarna är inga skurtrasor! – men vem orkade bry sig om en frottéhandduk från Domus? Som var missfärgad efter att ha tvättats med svart sportstrumpa? Jajaja, det var hon som tvättat, men det var inte hon som lämnat kvar den svarta strumpan i maskinen, hallå Grisen! Dessutom var det faktiskt inte smutsigt på golvet. Hon rollade rosa Mum i armhålorna, blomdoft, och viftade med armbågarna för att få kladdet att torka. Mamma slamrade och gick an med frukosten nere i köket, stegen skvallrade om att hon laddade inför morgonropet.

– Håkan, är du uppe?

Det var han så klart inte. Vad trodde någon? Hon skyndade ut från toaletten, knöt handen till en näve och slog den i pojkrumsdörren.

– Grisen, upp med dig!

Mummel därinne, sängbotten som jämrade sig.

Hon hastade tillbaka till sitt rum, sjönk ner framför pigtittaren. På med sockar, inga gräsliga tubmodeller utan riktiga, med häl. Kom på sig själv med att sitta hopsjunken som en säck, det gick inte an. Hon rätade på ryggen, hållning var a och o när man var lång. Inte försöka krypa ihop, det inbjöd bara till förakt.

Hon mötte sin egen blick i spegeln, och rädslan slog klorna i henne igen. Rummet omkring henne hade hon vuxit ur för länge sedan, Abbaaffischerna och Viggenplanet i solnedgång, travarna av Starlet, Kittyböckerna i hyllan och skivsamlingen med musik och berättelser från Disneyfilmerna. Mamma förstod inte varför hon inte ville plocka ner och stoppa undan alla gamla småflicksaker, hade frågat om hon skulle hjälpa henne flera gånger.

Hon kunde inte förklara för mamma. Att problemet var att hon inte kunde visa vem hon var, eller den hon var på väg att bli. Att hennes enda chans att ha något att hålla sig i var det gamla. Hon ville inte ljuga, inte låtsas vara någon annan, men hon kunde inte heller vara uppriktig.

Blundade hårt. Det var ingen som visste, så det spelade ingen roll.

Öppnade blicken stort och mötte sina ögon igen, djupt andetag.

Kärlek syntes inte utanpå, och inte tankar heller.

Mamma smällde i skafferidörren nere i köket.

– Sussi, vill du ha O'boy?

– Nej tack.

Hon letade upp mascaran, Max Factor, vattenfast, det var den bästa. Borstade på rätt mycket men inte så att det blev klumpigt. Eyeliner, grå penna, svart blev alldeles för hårt mot den skandinaviska hyn, en snabb marinblå linje på insidan av nedre ögonlocket med kajalen. Ögonbrynen, lite grå kakmascara, bara för att accentuera. Blinkade mot spegeln. Hennes ögon såg ljusare ut i allt det mörka, mera gröna än bruna. Till sist en rejäl korv ur tuben med Clearasil som hon masserade in på kvisslorna i pannan. Inte för tjockt, men samtidigt hållbart. Andades ut och väntade medan krämen torkade in, radion körde igång sina eviga nyheter igen. Det var någon stor strejk eller lockout och folk fick inte gå till jobbet, det var medlare och fackförbund och hon stängde av. Sedan pudrade hon. Inte så tjockt så att det blev ett pansar av alltihopa, men tillräckligt för att den röda finnen i tinningen skulle mattas.

– Sussi, vill du ha rostat bröd?

Mamma visste att man blev fet av bröd.

– Nej tack, mamma, jag kommer snart.

Ljusrött läppglans med jordgubbssmak som fick läpparna att klibba. Håret fick duga. Kanske borde hon ha tvättat det igår kväll, fasen också. Var hade hon torrschampot?

– Du kommer att missa bussen, Susanne.

Nu var hon Susanne, det började bli irriterat därnere. Hon kikade på sitt armbandsur igen, sin Swatch, åh, vad glad hon hade blivit när hon öppnade julklappspaketet. Fast nu hade det kommit nya modeller, mycket läckrare, hon visste flera som köpt sådana under våren. De fanns hos Holmgrens Ur nere i stan, så alla kände till dem och visste att hennes var gammalt. Mamma hade haft samma klocka sedan hon fyllde tjugofem, en Certina New Art i guld, men det var ju en klassiker, gick inte att jämföra.

Nåja, hon hade inte tänkt missa någon buss. Hittade torrschampot och skakade ner lite vitt puder i hårbotten, drog några snabba drag med borsten genom håret.

Stoppade sedan benen i jeansen, lade sig på sängen och höll in magen allt vad hon förmådde. Hon fick lov att använda tången, praktiskt till hands på nattduksbordet, för att dra upp dragkedjan. Fruit of the Loom med UCLA utanpå. Hon fiskade upp sin skolväska, tog loss det lilla fotot av Carina från kanten på anslagstavlan och stoppade det i innerfacket. Gick lite stolpigt nedför trappan, jeansen var verkligen trånga över låren också.

– Är Håkan uppe?

Mamma stod med ytterkläderna på i hallen, nyckelknippan till pastorsexpeditionen klirrade i ena handen.

– Jag bankade på hans dörr.

Hennes blick över Susannes ansikte och kropp, en gillande nick.

– Ska bli nio grader idag, sa mamma.

Susanne sträckte på ryggen, mamma riktade blicken upp mot övervåningen och tog sats.

– Håkan!!

Ett kvävt vrål till svar, avgrundsdjupt:

– JA!!

Mamma gav upp en nöjd suck och puffade till håret i hallspegeln.

– Sussi, jag har personalmöte ikväll, kan du sätta på potatisen vid sextiden?

Alltså, hon mindes ju ingenting!

– Mamma, jag har Polcirkeln!

– Ajdå, nåja, pappa får göra det, ha en fin dag nu …

– Varför inte Håkan? Varför kommer han alltid undan?

Men mamma var ute ur huset, dörren gick igen med en

smäll. Det blev helt tyst. Grisen var garanterat inte uppe.

Hon andades ut. Det var skönt att ha köket för sig själv. Att välja ur kylskåpet, vilken mat hon skulle äta, vilka bestick hon skulle använda, vilket porslin. Mamma tyckte inte om när hon använde Rörstrandsservisen, men vad skulle man ha alla tallrikarna till om de inte användes?

Hon tog en mycket snabb tallrik långfil med havrefras och en bit prickekorv, ”det är inte köttet man blir tjock av: det är såsen”. Tänk, det fanns en tid då hon inte hade fattat det dubbeltydiga i det ordspråket. På väg ut borstade hon tänderna på gästtoan med Tätt intill-tandkräm, den gav vita tänder och god andedräkt, och så var den alldeles klarröd. Mamma gillade den inte, det hade blivit ljusa prickar på våttapeten där spottet hade skvittrat, ett säkert tecken på att produkten höll vad den lovade, som hon såg det; den blekte sådant som var gult.

Sådärja, bara de sista besluten kvar: det blev den rosa jackan med axelvaddar och ett par ljusbruna promenadskor, för idag var det nästan sommar.

Nåja, kanske inte riktigt ännu. Kylan bet i kinderna, hon rättade till pannbandet, ett av de ljusare rosa, så att det täckte öronen. Uppfarten var isig. Hon sträckte ut armarna som en lindansare för att hålla balansen, det var kanske inte jättesnyggt men ingen såg henne här. Trottoaren var bar, tack och lov. Hon kunde slappna av litegrann och ökade farten. Gick rak i ryggen med axlarna bakåt: det var det där med längd och förakt. Kastade en blick på sitt gamla armbandsur, hon skulle hinna, inga problem.

Där var hållplatsen, nästan tom på folk. Ja, det var ju klämdag.

Igår var det första maj, arbetarrörelsens dag, och i morgon var det lördag, konsumtionens dag. Folk rörde sig helt obehindrat från den enda ytterligheten till den andra. Det visade verkligen på människans dubbelbottnade natur. Hur som helst hade många lärare studiedag idag och eleverna var lediga. Dock icke hon, vilket inte gjorde något. Vad skulle hon göra hemma i flickrummet, annat än läsa läxor och titta på gamla klassfoton av Carina?

Pannbandet var lite för stort, det halkade ner i pannan. Hon hade glömt att det här ljusrosa hade töjts ut. Nåja, hon drog till det i nacken, och sedan såg hon grabbgänget. Krister Schiltz var där, Wikings bästa kompis, Pekka Karlsson och Stefan Alatalo och flera av de andra. De gick sista året på fordonsmek allihop, hon kände dem alla sedan evigheters evighet, hon hade varit ihop med Stefan några månader i slutet av nian. De hade haft taffligt sex i hans smala pojksäng ett par gånger, det gjorde inte ont men var inte särskilt kul. Killarna brukade alltid puffa på varandra och viska något när hon kom, kasta ur sig enstaka utrop, hon ignorerade dem alltid. Nu trängdes de runt Krister och läste något, en serietidning eller en porrtidning eller någon Fib aktuellt.

Hon passerade dem med halvslutna ögon och ställde sig vid andra änden av hållplatsen, spanade upp mot backkrönet.

Det var där hon brukade komma.

Varför gick hon egentligen så tidigt till skolan? Lektionerna på Kvarndammsskolan började ju inte förrän tio över åtta. Hon skulle kunna vara hemma minst en halvtimme till.

Kunde det vara för att hon ville gå förbi busshållplatsen? Kanske för att spana på någon speciell, kanske på henne? Tanken gjorde henne varm i ansiktet, hon tittade ner i marken och var glad för pudret.

Killarna garvade högt åt något, hon vände ryggen till dem.

Hon visste inte när hon blev förälskad i Carina. Kanske hade hon varit det ända sedan de var små. Carina liknade inte någon annan, det gick nästan inte att beskriva henne. Hon såg varken till höger eller vänster eller framåt eller bakåt när hon passerade, vare sig genom livet eller förbi skräniga killhögar. Hon hade ett hår som var lika stort som filmstjärnornas i Hollywood, jättestora bröst och smala vader, och hon gjorde aldrig något åt sitt utseende. Täckjackan hade hon haft sedan i nian, och den var omodern redan då. Jaktbyxor och flanellskjortor och hemstickade formlösa akryltröjor, det hände att hon ärvde kläderna efter sina bröder. Och skoterskor, bara en sådan sak. Ändå lyckades hon vara elektriskt vacker. Det fanns något främmande hos henne som brann, något mörkt och obekvämt. Hon var ödesdiger. Allt omkring henne var livsfarligt.

Där! Där kom hon! Susanne drog instinktivt efter andan. Täckjackan oknäppt, den tunga väskan som dunkade mot höften, håret överallt i vinden. Susanne höjde handen till hälsning utan att egentligen vara medveten om det, vinkade, brett leende. Carina såg henne inte. Hon tog ner handen. Sneglade på killarna, ingen av dem hade märkt hennes reaktion.

Hon granskade Carina under pannbandet. Hur hon rörde sig, gungade lite i stegen, höfternas rytmiska dans. Bara åsynen av henne gjorde Susanne knäsvag, fick hennes mage att bubbla.

Så kom bussen stånkande över krönet, växlade ner med

tunga suckar och körde in till trottoarkanten. Krister tittade upp och fick syn på henne, hon kände hans ögon i ryggen men negligerade honom. Försökte följa Carina med blicken medan hon klev på bussen, fast utan att det märktes. Tordes inte vara för tydlig.

Bussen var nästan tom. Hon letade sig ganska långt bak. Krister gick precis bakom henne, hans närvaro skavde med ett lätt obehag. Hon valde en fönsterplats på vänstersidan, Krister gled in på sätet framför. Han ställde sig på knä och lutade sig mot henne över sätet, gänget placerade sig runt omkring honom, hon såg ut genom fönstret.

– Vet du vad Håkan gjorde på valborg?

Det fanns något olycksbådande sprickfärdigt i hans röst. Gode värld, vad hade hennes idiotiska lillebror ställt till med nu då? Hon suckade, fiskade upp ett Shake ur jackfickan, rev upp pappret, stoppade det stora tuggummit i munnen och såg upp på Krister med ganska loj blick.

– Uppriktigt sagt, sa hon och tuggade, så är jag totalt likgiltig över vad moppegänget vid Dagges kiosk roar sig med. Jag och Birgitta var på bio i Älvsbyn på valborg, ”Ett anständigt liv”, har du sett den? Stefan Jarls?

– Han förlorade mödisen. Vet du vem han knullade?

Luften blev lite kvavare runt omkring henne. Hon fortsatte att tugga. Både Krister och alla runt omkring honom såg på henne med lysande ögon. Det började bränna lite i kinderna, vilken tur att hon pudrat ordentligt.

Hon slog ner ögonen och tog upp sin väska, rev runt i den. Hittade låneboken, den de skulle diskutera på bokcirkeln ikväll. ”Rötter”, av Alex Haley. Det var hon som hade valt den, det var hennes tur att hålla i samtalet ikväll. Hon såg fram emot det med hela kroppen, att leda samtalet, att luta sig framåt och diskutera med Carina, deras ögon i varandras.

Nu slog hon upp boken där hon lämnat bokmärket, bläddrade lite fram och tillbaka som om hon letade. Hon märkte att händerna var alldeles lugna, de darrade inte alls.

– Har du sett den? frågade hon och såg upp på Krister.

Han blinkade några gånger.

– Vad?

– ”Ett anständigt liv”. Helt makalös film, faktiskt, dokumentär. Otrolig filmhistoria. Den första kom för tio år sedan, ”Dom kallar oss mods”. I den här så dör Stoffe, av en överdos på T-centralen.

Hon blåste en stor bubbla med tuggummit, sedan böjde hon huvudet och läste.

– Carina Burstrand! Han satte på Carina Burstrand! Fatta pattarna!

Världen kantrade, blev alldeles sned. Hon kände blodet lämna huvudet och rusa ner till magen och skötet, ljuden blev tunga och klumpiga omkring henne. Andas, andas. Höll kvar blicken på sidan, tuggade och bläddrade utan att se.

– Avundsjuk? frågade hon utan att se upp.

Krister skrattade, lät han kanske lite osäker? I vart fall satte han sig ner ordentligt på sätet framför. Resten av gänget släppte henne också.

Hon hade svårt att andas, kände tårarna stiga. Bussen brummade iväg uppför backen. Kände hur hon började må illa, en stor klump av bomull i magsäcken. Tänk om hon måste kräkas?

Bussen, som fått upp farten, bromsade plötsligt hårt. Susanne tappade boken och tvingades ta emot sig i sätet framför, det gjorde ont i handleden. Hon sträckte på nacken för att se vad som stod på, det verkade vara något vägarbete framför dem. Antagligen något med den nya bron upp mot Robotbasen. Hon sträckte sig efter boken, den hade glidit in under Kristers säte.

– Kan jag få min bok, är du snäll? sa hon. Rösten lät faktiskt både ljus och lätt, hon var rädd att den inte skulle hålla, att den skulle spricka av gråt.

Krister böjde sig ner och tog upp boken, sträckte den mot henne. Bussen började köra igen. Precis när hon skulle ta emot boken drog han tillbaka den, retfullt på ett sätt så att hon inte nådde.

– Vad tyckte Håkan? Hur var hon i sängen?

Det tjöt i skallen så att hon hade svårt att uppfatta omgivningen. Träden rasade förbi utanför bussfönstret, grenar som sträckte sig mot rutorna. Krister flinade och vickade på boken, precis utom räckhåll.

– Kom igen nu, berätta. Gick det för henne?

Susanne svalde tårar och illamående, pressade ner gallan i trakten runt navlen. Lade huvudet lite på sned och såg Krister rakt i ögonen.

– Historiskt sett har det varit kvinnan som har valt vem hon har sex med, och släkterna har gått på mödernet. Det var när männen kom på att de var far till barnen som de instiftade äktenskapet, för att kontrollera kvinnans sexualitet.

Bussen svängde hårt till vänster, ut på väg 374 och rullade ner mot Älvsbyn.

– Kvinnor har mycket större sexuell kapacitet än män, fortsatte hon. Ni kan bara göra det en gång, sen slaknar den ju. Vi kan hålla på hur länge som helst.

Krister räckte henne boken, hon tog emot den med neutrala ansiktsdrag.

– Tack, sa hon.

Hon menade det egentligen inte till Krister, utan till Birgitta och hennes feministiska monologer.

Och medan bussen dånade ner mot Älvsbyn lät hon tårarna skrumpna inombords och bli till taggiga bollar av kaos.

SKOLBUSSEN LÄMNADE ÖDEMARKEN bakom sig. Här talar vi inte om någon sorts bildlig eller möjligtvis fördomsfull beskrivning av landskapet, utan verkligen bokstavligen. Med sina 8 000 kvadratkilometer luftområde och 3 300 landområde utgjorde Robotbasen, och utgör fortfarande, Europas största område för tester och utvärdering av massförstörelsevapen. Vi talar om ett territorium som är något större än den amerikanska delstaten Rhode Island.

Av förklarliga skäl kan landskapet, definierat som lågfjäll, inte nyttjas till särskilt mycket annat än just sitt specifika användningsområde. De människor som bodde här tidigare har varit evakuerade sedan länge. Rester av byggnaderna i byn Nausta står kvar som skuggor av det som var: en stuga, höladan till en vinterladugård. Tre samebyar nyttjar renbetet, de förvarnas i tid inför provningarna. Kommunikationen mellan Basen och samerna uppges vara god, liksom förhållandet till kommunmedborgarna i stort.

Robotbasen är en tämligen stor arbetsgivare. De tillresta försvarsanställda som hyr in sig för att prova sina bomber utgör ytterligare en inkomstkälla för invånarna. I början hände det emellanåt att de lokalanställda förolyckades, men med tiden har säkerheten ökat.

Genom åren har en rad nationaliteter nyttjat Basen: amerikaner, tyskar, fransmän, japaner, schweizare, holländare, ja, faktiskt även turkar, men de är antagligen inte välkomna längre. Tillstånd att använda Basens faciliteter gives enbart av Sveriges regering. Ledningen för Robotbasen meddelar aldrig om NÄR något händer, eller VEM som provar, eller VAD. Sådant är försvarshemligheter. Alla tidsplaner är säkerhetsklassade.

Man disponerar naturligtvis över en egen flygplats. Mycket av sådant som ska sprängas flygs in, men inte allt. Material till konstruktionen av olika mål, såsom broar, vägar, byggnader, infrastruktur, behöver ofta fraktas landvägen. När Basen öppnades för användning av främmande makt i slutet av 1970-talet uppstod därför behovet av en förstärkt bro över Piteälven.

Den kom att byggas intill Stenträsk tätort under sommarhalvåret 1980.

Och hemlighetsmakeriet kring vem eller vilka som befann sig på Robotbasen i augusti det året måste sägas innebära en av de få konflikter som funnits mellan Basen och befolkningen genom årtiondena.

ALDRIG TIDIGARE HADE avståndet bort mot sagorummet varit så monumentalt svårforcerat. Linoleumgolvet sög som djupen i Kallmyren.

Hon hade stålsatt sig: järnvilja och pansarskal.

Agneta och Sofia hade redan kommit. De satt installerade på varsin sittpåse med sina exemplar av ”Rötter” bredvid sig. Susanne kände ett litet sting av antiklimax, eller kanske besvikelse, hon ville konfrontera Carina direkt, eller åtminstone se henne. Och Sofia var så jobbig. Hon svarade så bakvänt, liksom enstavigt, faktiskt hade hon ingen utstrålning överhuvudtaget. Mest påminde hon om en trasig glödlampa: blank och fin utanpå men mörk och stum därinne. Och Agneta stammade, det var ganska besvärligt. Man skulle inte hjälpa till och fylla i orden som stammare försökte få fram, och när man var en ordperson, som Susanne ju var, så blev det väldigt frustrerande.

Hon hälsade så glatt hon förmådde och kastade tuggummit i papperskorgen. Agneta svarade, men inte Sofia. Det var också typiskt. Hon satt och skrev något i sitt eviga anteckningsblock, men vänta nu, vad var det för jeans hon hade på sig? Var det ett par *Puss&Kram*!?

Susanne kände hur något klickade i hennes huvud. Hur var det möjligt? Var hade hon fått tag på dem?

– Vilka snygga jeans, sa hon och lät allt annat än uppskattande. Var har du fått tag i dem?

Sofia tittade upp.

– Tack, sa hon, och sedan fortsatte hon att skriva.

Enda stället Susanne kände till som sålde Puss&Kram var butiken på Gamla Brogatan i Stockholm, hon hade förstås aldrig varit där men hon hade läst om den, en smal gata i centrala staden, hon hade hittat den i Motormännens Vägatlas. När hade Sofia varit där? Eller fanns jeansen att köpa någon annanstans, på någon affär som hon hade missat? Ja, så kunde det förstås vara, men var? Gick de att beställa på postorder? De satt verkligen som klistrade, lika snygga och tajta som Abba-Agnethas scenkläder. Sofias pappa åkte ner till huvudstaden på sossekonferenser stup i kvarten, men man kunde inte köpa en sådan där passform utan att prova. Och koftan Sofia hade på sig såg också ny ut, någon sorts mjukt yllematerial som hon inte kände igen. Kunde det vara merinoull? Eller kashmir? Allt verkade vara möjligt, men vilket slöseri! På en trasig glödlampa.

Susanne satte sig ner i barnsoffan, den som Polcirkelns huvudperson brukade använda.

Var var Carina? Hon brukade alltid vara tidig. Tänk om hon inte kom!

Agneta satt och gnagde på sin kulspetspenna: en riktigt ful ovana hos alla andra, men inte hos Agneta. Hon lyckades till och med få tandmärken på plastpennor att se avundsvärda och eleganta ut, det var faktiskt märkligt. Att hon var så obekymrat graciös. Som vanligt var hon klädd i tunna, beiga och gammelrosa kläder, ljusa pösiga jeans som liksom framhävde hur smal hon var. Antagligen funkade det eftersom hon hade höfter som en kille, smäckra och beniga. Hon passade till och med i tunt hår, det var faktiskt rätt otroligt att hon kunde få alla fel att verka helt rätt. Fast det där med stammandet var tråkigt, det hämmade henne nog.

I ögonvrån såg hon Carina komma seglande mot sagorummet, halsen stramades åt och det blev svårt att svälja. *Hur var hon i sängen? Gick det för henne?*

Hon hälsade på samma slöa, oengagerade sätt som hon brukade, eller undvek hon Susanne? Hon sjönk ner på en sittkudde utan att ta av sig täckjackan, letade efter något i väskan. Hon såg inte på Susanne en enda gång. Betydde det något?

Birgitta kom sist, trots att hon varit ledig idag och inte kommit direkt från Pitebussen. Hennes svarta hår var blankborstat, och hon hade på sig de stentvättade jeansen med revärer. De var hennes bästa. Vad var det frågan om? Hon skulle gå ut! Hon hade gjort upp planer för kvällen som Susanne inte visste om!

– Den här gången vill jag verkligen att ni ställer tillbaka sittpåsarna när ni är klara, sa Astrid. Jag ska inte behöva komma till sagostunden på lördag morgon och tvingas städa efter er det första jag gör.

Hon skickade en sned blick åt Carinas håll som var både sur och sårad. Dörren gick igen bakom bibliotekarien, hon brukade alltid vinka men inte den här gången.

Susanne hade förberett sig noggrannare än vanligt redan tidigare i veckan, vilket var något att stilla bedja om.

Sofia delade ut förra månadens protokoll, det var väldigt kort. Det kortaste hittills, hade precis som mötet också blivit väldigt rumphugget.

– Ja, kul att vi kan ses trots att det är klämdag och strejk och allt, inledde Susanne och lyckades låta som vanligt. Först några ord om författaren: Alex Haley då, svart amerikansk författare som beslutar sig för att följa sin familjs muntliga traditioner och leta rätt på sin anfader i Afrika. Den här romanen är alltså den sanna berättelsen om hans familjs historia. Man får verkligen följa den här familjen genom slaveriets helvete, tänk vad människor gör mot varandra …

I ögonvrån såg hon hur Carina vred sig på sittsäcken, att hon bara hade mage att låtsas som om det regnade. Hon satt här och verkade vara litterär medan hon egentligen tänkte knulltankar om hennes *lillebror – hennes lillebror*!!

Med ens insåg hon att det blivit knäpptyst i rummet, de andra stirrade förvånat på henne. Hon hade slutat prata, sista ordet hängde ofullbordat strax bortom fläktljudet. Så hon bläddrade ett blad i boken, djupt andetag.

– Kunta Kinte, sa hon, Alex Haleys anfader, var bara sjutton år när han rövades bort av vita slavhandlare i Afrika för att säljas som boskap på andra sidan havet. När han försöker rymma så hugger slavhandlarna av honom ena foten …

Hon hörde hur rösten stockades i halsen. Ingen av de andra tittade längre på henne, rösten skakade när hon fortsatte.

– Och Kunta Kinte döps om till Toby, och han får en dotter som heter Kizzy, och hon säljs när hon är sexton år, som om hon vore boskap, en ko eller en gris, och hon blir plågad och våldtagen och, och, och …

Hon kunde inte längre hålla tillbaka gråten.

– Alltså, sa Carina och satte sig rakare upp på sittkudden. Det här stämmer inte.

Agneta sträckte fram en pappersnäsduk till Susanne, hon tog emot den utan att se upp.

– Nu har vi ju läst hela den här romanen allesammans, sa Carina, och vi vet att din beskrivning är fel. Kunta Kinte tillfångatas inte av vita slavhandlare, utan av svarta slavhandlare. Det var inte de vita som hittade på slaveriet, det hade de svarta hållit på med skitlänge. Och det är inte slavhandlarna som hugger foten av Kunta Kinte, de sabbar ju inte sina egna varor. Det är slavjägarna som stympar honom. Men det är inte det värsta. Det här är ingen "sann berättelse".

Tårarna hade stannat upp.

– Vad menar du? frågade Susanne och lät argare än hon ville.

Carina såg på henne med ögon som var kalla och nollställda.

– Det fanns ingen Kunta Kinte i byn Juffure i Gambia. Familjen Waller, som köpte "Kunta Kinte", hade en slav som hette Toby, men han dog 1782, åtta år innan Kizzy påståtts ha fötts. Fast Kizzy verkar inte ha funnits överhuvudtaget, och inte hennes son heller …

– Du bara ljuger, sa Susanne med en hetta som brände. Du bara förstör och saboterar.

Carina ryckte lite på axlarna.

– Det är inte jag som säger det, det är The Sunday Times. De hade en stor artikel om "Rötter" för några år sedan, det skrevs om det i svenska tidningar också. Och delar av historien har Alex Haley snott från en annan roman som heter "The African", av Harold Courlander.

Det sprakade av obehag i Susannes händer, hon knöt nävarna hårt för att slippa känna det.

– Det är inte sant. Inget av det du säger är sant.

Carina gjorde en uppgiven gest.

– Alex Haley har i alla fall betalat en massa hundra tusen dollar i skadestånd till Harold Courlander.

– Har du legat med Håkan?

Allting avstannade i rummet. Ögon spärrades upp och dansade: först över henne, sedan mot Carina, sedan dem emellan. Carina kastade håret bakåt, hon verkade inte det minsta generad.

– Varför frågar du det?

Susanne fick svälja hårt för att inte skrika.

– Han är femton år!

– Just det. Byxmyndig.

Sofia höjde handen som om hon ville ställa en fråga i klassrummet.

– Ska jag skriva ner det här?

– Behövs inte, sa Carina. Du kan fortsätta, berätta vad du tyckte om boken.

Susanne kunde inte andas, jävla Carina, jävla fitta!

Sofia lade ner pennan och rätade på ryggen. Hon lät alltid som en robot när hon pratade om böcker, som om hon hade skrivit ner exakt vad hon skulle säga och memorerat det.

– ”Rötter” är en intressant berättelse. Det var roligt att få följa en svart familj från Afrika till slaveriet i Amerika.

Hon tänkte några ögonblick.

– Jag tycker inte det spelar någon roll om allting är sant. Det hade ju kunnat vara sant, tror jag.

Hon tog upp pennan, tryckte fast glasögonen och tittade ner i sitt block igen.

Susanne rev fram ett nytt tuggummi och tryckte in det i munnen, de hårda kanterna skar in i gommen. Den starka lakritssmaken spred sig upp i näsan. Carina sa inget mer utan tittade upp mot fönstergluggarna under taket, tydligen hade hon inget mer att säga.

Susanne vände sig mot Agneta.

– Vad tyckte du om boken?

Agneta tog fram sitt maskinskrivna papper med de röda textraderna och läste tyst några sekunder.

– Det är v-väldigt bra skrivet, sa hon sedan. Ingen stor litterär upplevelse kanske, men lättläst och spännande. Jag tycker som Sofia, det spelar i-ingen roll om allt är "s-sant", det viktiga är att det *hade kunnat* vara sant. Och jag tror på historien, det gör jag.

Hon funderade lite.

– Fast det är trist att Alex Haley har kopierat den andra författaren, det gör att boken t-tappar något …

Hon lät pappret sjunka och såg på Susanne.

– Ja, d-d-et var väl vad jag tycker, sammanfattningsvis.

Susannes kinder brände, det var inte bara det här med Carina, varför höll de andra på och konstrade på det här sättet? Så gjorde de aldrig förut. Då läste de roliga och spännande och sorgliga böcker och skrattade och pratade om dem, och ibland hade de gråtit tillsammans också, ja, hon och Agneta mest, inte de andra just. "Rötter" var en jättebra bok, en helt fantastisk berättelse, så gripande och trovärdig och spännande …

De andra tittade förvånat på henne, hade hon sagt något högt?

Hon hostade lite i handen.

– Gitte?

Birgitta satte sig upp på sittkudden, tvinnade ihop det långa håret och placerade det som ett tjockt rep över ena axeln.

– Alex Haley har gjort en stor insats för de svarta i USA med den här boken, sa hon. Det spelar väl ingen roll om han har lånat drag av andra romaner …

– Så ändamålen helgar medlen? klippte Carina av. Eftersom de svarta var förslavade för hundratjugo år sedan så behöver vi inte bry oss om sanningen idag?

Birgitta blundade några ögonblick, sedan suckade hon, skakade ut håret och reste sig.

– Vet ni vad? sa hon. Jag mår inte riktigt bra. Himla ledsen, men jag känner att jag måste lätta lite tidigt den här gången också.

Hon tog sin väska och hade hunnit fram till dörren innan Susanne kom på fötter.

– Vänta, sa Susanne och grep tag om hennes arm.

Birgitta fick inte gå utan henne, fick inte lämna henne ensam. Hon vände sig mot Carina.

– Alltså på riktigt, har du haft sex med min lillebror?

Carina gjorde sina ögon större, sådär som hon brukade.

– Har du egentligen med det att göra?

– Du valde en snuskbok om en knullgubbe som vill sätta på småflickor. Själv är du en jävla snuskkärring som vill ha lammkött.

Susanne drog efter andan, hon kunde inte tro att orden

faktiskt kommit ut. Herregud, vad hade hon gjort? De andra stirrade på henne, blodet sköt upp i ansiktet på henne. Carinas mun stod halvöppen.

– Men Susanne, sa Agneta, tänk på vad du s-säger.

Carina svalde ljudligt.

– Det är ok, sa hon. Jag kan gärna vara snuskkärringen i gruppen. Vi kan ju inte springa efter Wiking allihop.

Hon såg på dem, från den ena till den andra, tills blicken stannade på Susanne.

– Du vet ju att du inte har någon chans, så du satsar på näst bäst. Det funkar väl rätt bra, eller hur, Krister är väl lite intresserad? Var det han som sa att jag knullat med Håkan?

Susanne öppnade munnen, men det fanns ingen luft för att svara. Carina tog upp väskan, nickade mot Sofia.

– Ni går ju i samma klass. Tror du någon av oss har någon chans?

Lysrören blänkte i Sofias glasögon, det var omöjligt att tolka hur hon reagerade.

– Wiking är som alla andra killar. Han gillar söta tjejer som visar honom uppskattning och uppmärksamhet.

Birgitta vände på klacken, tryckte upp dörren och skyndade iväg mot ungdomsavdelningen.

– Det där var inte schysst, sa Agneta till Carina.

– Vet jag väl, sa Carina och lämnade rummet hon också.

Susanne stod kvar med fötterna fastvuxna i golvet. Hon förstod inte hur hon skulle ta sig därifrån.

– Jag tror absolut att någon av oss har en chans, sa Sofia, och hon lät som om hon inte hade uppfattat något av tornadon de befann sig i. Förälskelse handlar om tillgänglighet, ju närmare desto bättre, och om platsen i gruppen. Man måste vara trevlig och se bra ut, då blir man attraktiv på marknaden.

Hon vände sig mot Agneta.

– Vill du gå och fika på Lundbergs?

– Jag måste gå hem, mamma är dålig igen, sa Agneta och lät ännu mer undfallande än vanligt.

– Vad är det för fel på henne nu då? hörde Susanne sig själv fråga.

Agneta blev röd i ansiktet.

– S-slarvat med medicinen, sa hon bara, tog sin halsduk och gick.

Susanne tog upp sin väska, rotade efter en näsduk i innerfickan. När hon drog upp den följde bilden av Carina med, det lilla skolfotot från nian. Det landade på golvet precis framför Sofia med baksidan uppåt. Susanne hade ritat ett rosa hjärta med tuschpenna på baksidan den dagen de bytte. Nu lyste det som en stoppsignal mot linoleummattan, åh gode värld! Säg att Sofia inte hade märkt något! Susanne sträckte fram foten för att trampa på det, men Sofia hann först. Hon böjde sig snabbt ner och tog upp det, vände på det och strök med fingret över Carinas fylliga läppar. Lyfte blicken mot Susanne, triumferande.

– Så du är kär i henne, sa hon.

Susanne höjde handen och slog henne rakt över ansiktet. Inte särskilt hårt, men det brände rejält i handflatan. Sofias glasögon hamnade på sned, hon tog ett stapplande steg bakåt. Hennes ögon bakom brillorna mörknade.

– Våga aldrig påstå nånting sånt, sa Susanne, rösten lät alldeles konstig.

De stod kvar, orörliga, och såg på varandra.

– Annars, sa Sofia, vad då?

– Våga inte, sa Susanne. Jag menar det.

– Du kommer att ångra det här, sa Sofia, rättade till glasögonen och tog sin väska. Resolut stoppade hon ner bilden av Carina i sin plånbok, fiskade upp sina ytterkläder och lämnade rummet.

Susanne stod kvar tills ytterdörren smällt igen, omfattad av den totala katastrofen. Hon satte sig i barnsoffan och sjönk allt djupare tills den hotade att svälja henne. Blundade och lät skam och sorg och rädsla fylla henne från tårna och uppåt. *Vad tyckte Håkan? Hur var hon i sängen? Så du är kär i henne.*

Försökte gråta, men det gick inte. Ilskan blev till torra, röda snyftningar. Vad hade hon gjort? Sofia hade hennes bild, förödelsen var ett faktum. Hon skulle aldrig kunna visa sig ute igen. Det här var slutet.

Hon drog upp knäna och slog armarna om dem, vaggade sig själv i ryckiga små rörelser. En lastbil körde förbi på andra sidan väggen, fick glasrutorna att skaka. Hon hörde röster, någon som skrattade. Det var fredagskväll därute, i hänryckningens tid.

Här kunde hon inte sitta. Hon kravlade sig upp. Kroppen rörde sig mekaniskt, hon noterade hur händerna grabbade tag i sittkuddarna och släpade ut dem till ungdomsavdelningen. Släckte och låste dörren till sagorummet, klädde på sig och kontrollerade att det var tomt i resten av lokalerna. Sedan gick hon ut och låste ytterdörren efter sig, lämnade in nyckeln i receptionen på polisstationen och blev stående på trottoaren utanför.

Temperaturen letade sig nedåt nollan igen. Den rosa jackan var alldeles för tunn för köldgrader. Isiga vindbyar fick hennes huvud att klarna.

Hon måste tala med Birgitta, måste anförtro sig. Birgitta skulle bli chockad, men hon skulle inte fördöma. Någonting inuti Susanne höll på att spricka, i huvudet, eller kanske i hjärtat. Birgitta var hennes bästa vän, hon måste förstå.

Hon började gå nedåt skolan, passerade skolbyggnaden och tog gångstigen som gick upp mot brobygget. Vanligtvis undvek hon den, den sandades inte vintertid och var alltid lerig om somrarna, men hon ville inte riskera att träffa någon. Uppe vid radhusen tog hon vänster och gick Bergvägen bort mot Gräddhyllan. Ja, den hette ju inte så egentligen, det var folks benämning på gatan med den fina utsikten över Piteälven. Det var fortfarande dagsljus, solen skulle knappt gå ner alls, men det hade mulnat på och världen var disig och grå. Hennes rosa jacka lyste i allt det mjölkiga. Jeansen var alldeles för snäva för att gå uppför, de skar in mellan benen, hon andades tungt innan hon nått upp till krönet där Birgittas pappa bodde. Hon stannade för att hämta andan. Fönstren i mexitegelvillan blänkte, hon kunde höra musik därinne. Det var ingenting på tv just nu annat än nyheter, den där strejken hon hörde om i morse påverkade sändningarna från tv-huset också. Birgittas pappa, som var chef uppe på Robotbasen, hade råd med både sjöutsikt och stereoanläggning. Hans nya fru var läkare på lasarettet, precis som Birgittas mamma hade varit. Skvallret sa att gamla och nya frun hade varit bästa kompisar, det var en genuint obehaglig tanke. Att bästa vänner kunde svika varandra så. Susanne visste inte om det var sant.

Hon gick fram till ytterdörren och tryckte på ringklockan. Det satte igång ett litet klockspel därinne. En av tvillingpojkarna öppnade, de andra syskonen bråkade i bakgrunden.

– Hej, är Birgitta hemma? Hon utelämnade medvetet namnet på barnet, skilde inte på Hampus och Sebastian.

– Näpp. Hon är ute.

Ungen började trycka igen dörren mot blåsten.

– Vet du när hon kommer hem?

– Hej Susanne, sa Gunilla, den svekfulla väninnan, hon stack ut huvudet från köket. Birgitta är på bokcirkeln, hon skulle bli sen.

Susanne försökte le.

– Ok, tack Gunilla, ha en trevlig kväll …

Ungen smällde igen dörren. Hon vände upp kragen på jackan och gick en bit nedåt vägen. Stannade. Vart kunde Birgitta ha tagit vägen? Varför hade hon tagit på sig jeansen med revärerna? Vem umgicks hon med i Stenträsk som inte Susanne kände till? Eller hade hon tagit sista bussen ner till Älvsbyn? Den hade precis gått, och Forum hade disko ikväll. Kanske var det någon bra film på Folkets Bio. Nej, då skulle hon ha frågat om Susanne ville följa med.

En bil passerade henne, en moped knattrade någonstans, i övrigt var gatorna öde.

Vad i all sin dar skulle hon göra? Hon måste fixa detta. Det hade varit idiotiskt att slå Sofia, hur kunde hon göra något så dumt? Hon måste be om ursäkt, så snart som möjligt.

Kommunalrådet bodde också i området. Inte med samma hänförande utsikt som familjen Landén, det hade antagligen stuckit för mycket i ögonen på väljarna.

Hon gick ett stycke till nedåt Bergvägen, vek av till höger. Huset, Älvsbyhuset Ägir, en av de större vinkelmodellerna, låg på en återvändsgata som lutade ner mot samhället. Brolampan lyste. En skomakarlampa med virkad lampskärm glödde i ett av fönstren, i övrigt var huset mörkt. Hon kände hjärtat banka, harklade sig tyst, tog sats och ringde på. Klockan plingade bara, inget klockspel. Det var Sofias pappa som öppnade, kommunalrådet självt, Susanne kom på sig med att niga.

– Godkväll, Susanne heter jag, jag undrar om Sofia är hemma, sa hon.

Det var lite sorgligt med kommunalrådet och hans fru, de hade bara Sofia. De var gamla redan när Sofia föddes, och sedan kämpade de länge för att få ett syskon till henne, och frun hade hunnit fylla fyrtiofyra innan det lyckades. Men pojken levde bara några månader, det måste ha varit något fel på honom, och efter det blev Sofias mamma lite tillbakadragen. Hon visade sig fortfarande offentligt och representerade med sin man när det krävdes, å hans yrkes vägnar, men hon såg alltid lite bister ut. Det var inte särskilt bra för makens karriär, det var alla i Stenträsk överens om. Han hade kunnat bli minister om det inte varit för frun.

– Nej, sa kommunalrådet, Sofia har sin bokcirkel ikväll. Nere vid biblioteket. Gå dit och knacka på så träffar du henne säkert!

Hon hade inte kommit hem! Vart hade hon gått istället? Höll hon redan på att sprida ut sin skit?

Hon tackade och fick hålla i sig för att inte niga igen.

Dörren gick igen och hon stod kvar i blåsten på förstukvisten, och i blänket i glaset på den stängda ytterdörren blev rädslan och ensamheten så påtaglig att den dånade i kroppen. Vart hade Sofia tagit vägen? Och Birgitta? De hade kanske gått hem till Agneta? Nej, det kunde väl inte vara möjligt. Agneta, som bodde med sin jätteknepiga mamma i en tvårummare nere i Träsket, hyreskasernerna med plåtfasader från 1960-talet. Alla hus såg likadana ut, det var verkligen jättedeppigt, fast Susanne visste var lägenheten låg. De hade varit där och fikat en gång på högstadiet när mamman hade haft "en bra period".

Hon lämnade kommunalrådets bostad och stapplade ner mot Träsket. De där snöbyarna som eventuellt skulle leta sig in över södra Lappland hängde i luften omkring henne, hon drog ner pannbandet ordentligt över öronen.

Skulle någon tro på Sofia, om hon hävdade att Susanne älskade Carina?

Borde hon inte bara kunna förneka det? Bilden, Sofia hade ju fotot med det rosa hjärtat på baksidan, men vad bevisade det? Det fanns inget som sa att det ens var Susannes bild. Och hon hade alltid varit noga med att inte visa hur hon kände, tvärtom. Ofta fann hon sig vara överkritisk mot Carina, nästan kylig.

Fast hon måste be Sofia om ursäkt, eller var det att kapitulera? Erkänna hur det låg till?

Åh, bara Birgitta hade varit här!

Det var längre än hon trodde ner till hyreshusområdet. Man hörde trafiken på väg 374 som ett avlägset brus. Agnetas hyreskasern hade varit blå, ville hon minnas, lägenheten låg på nedre botten.

Området var som en vindpinad labyrint. Nästan alla portlås var sönderbrutna, det var ju tur. Hon var tvungen att gå in i flera portar innan hon hittade rätt. Till slut fann hon familjen Mäkitalos dörr, ringde på klockan men inget hördes. Den fungerade tydligen inte, hon knackade på istället.

Steg närmade sig, Agneta öppnade. Hon såg väldigt förvånad ut. En katt uppenbarade sig inifrån lägenheten och slank ut i trapphuset.

– Susanne! Nämen ... v-vad roligt! Vad vill du? Kisse, kisse, kom får du g-grädde!

Någon gapskrattade inne i lägenheten, det kunde ju inte vara tv:n. Strejken, eller lock-outen. Med ens kände hon sig dum, hur kunde hon ha trott att Birgitta skulle sitta och umgås med någon överhuvudtaget? Här?

– Oj, jag kanske kommer olämpligt ... Har ni besök?

Agneta såg sig om över axeln.

– Nä, det är m-mamma, hon är i ett skov. Det har hållit i sig länge nu, så snart lugnar det nog n-ner sig ... Vänta ska jag hämta grädde.

Hon försvann tillbaka in i lägenheten, det var mörkt därinne. Susanne väntade med stigande panik, det kliade under fötterna, vad gjorde hon här? Vilken stendum idé att komma hit! Det luktade konstigt i trapphuset, något rengöringsmedel och matos.

– Här, kisse, kom kisse, kom får du ...

Katten kom glidande som en skugga och försvann in i lägenheten igen, Agneta steg ut i trapphuset och tryckte igen ytterdörren nästan hela vägen, lämnade den på glänt så att den inte gick i lås. Hon såg inte glad ut. Susanne visste inte riktigt vad det var för fel på Agnetas mamma och hon hade ingen ambition att ta reda på det just nu.

– Så Birgitta är inte här? Vet du vart hon gick efter Polcirkeln?

– Är hon inte hemma då?

Susanne skakade på huvudet.

– Vill du komma i-in en stund? Jag har bakat en sockerkaka.

Mamman började sjunga därinne, högt och falskt. Det lät som finska, eller kanske meänkieli.

– Nej, jag måste hem.

Det lät alldeles för hårt, hon försökte le.

– Vi ses ju på nästa Polcirkel, sa hon. Om inte annat.

– Birgittas bok, sa Agneta. Har du läst den?

Den som de skulle diskutera nästa gång.

Susanne strök sig över pannan, letade i minnet, vad var det för bok nu igen? Just ja …

– ”Polismördaren”, nej, har du? Är den bra?

– Jag gillar Sjöwall Wahlöö, sa Agneta, men blev avbruten av mamman som började yla. Eller kanske jojka.

– Alltså, jag måste ta hand om henne.

Susanne backade, sa hejdå och Agneta stängde dörren. Hon hörde deras röster därinnanför, men inte vad de sa. Mamman skrek och lät arg. Susanne skyndade sig ut, nästan snubblande. Tittade på fönstren längst ner när hon kom ut, skuggorna som jagade därinne.

Hon gick hemåt så fort hon kunde i sina snäva jeans. Våta snöflingor fastnade i håret och gjorde det platt som en pannkaka. Hon orkade inte riskera att träffa någon, så hon tog gångstigen bakom skolan tillbaka till centrum. Gick bakgatorna hela vägen hem, aktade sig noga för skratt och bilar.

Hon gick in garagevägen, iskall och bottenfrusen. Grisens moped stod parkerad längst in, vilket var ovanligt för att vara en fredag. Hon stampade av sig slasket, de fina ljusbruna skorna hade blivit våta och missfärgade.

– Är det du, Susanne?

Vem skulle det annars vara som kom in via garaget klockan halv tio på kvällen?

– Ja, mamma.

– Har du ätit?

En tunnbrödrulle med räksallad mellan skolbussen och Polcirkeln.

– Ja, det har jag.

Hon sträckte sig efter en galge för att hänga upp sin rosa jacka. Mamma kom skyndande ut från tv-rummet, hon var lite rosig om kinderna. Böjde sig fram emot Susanne, ögonen lyste.

– Vet du, viskade hon, Håkan har en flicka här.

Susannes armar stannade.

– Vad då? En tjej? En flickvän?

Mamma nickade.

– De kom för en timme sedan, gick direkt upp på hans rum. Det såg så rart ut så …

Susanne kunde inte andas.

– Vem? Vem är det?

– Din gamla klasskamrat, med det stora vackra håret.

Hon fick inte luft.

– Carina?

– Ja just det, så heter hon ju. Jag kände ju så väl igen henne.

Mamma vände sig mot tv-rummet.

– Herbert, vill du ha en kopp kaffe till?

– Tack du, det är bra, svarade hennes pappa.

Mamma strök henne över kinden.

– Tänk, att ni blivit så stora.

Susanne gick uppför trappan i strumplästen, undvek tredje och sjunde stegen som knarrade. Sköt ljudlöst igen dörren till sitt flickrum. Hörde Grisen säga något på andra sidan väggen, en flicka som skrattade. Carina som skrattade, hennes ögon i hans. Musik på kassettbandspelaren.

De satt på hans säng. Eller kanske halvlåg. Kläderna i oordning, kalla händer på varma kroppar.

Resolut började hon plocka ner affischerna från väggarna.

LÖRDAG 21 DECEMBER 2019

HON LÄMNADE KALLAX flygplats bakom sig och styrde rakt upp i mörkret. Vägbanans is fräste under dubbdäcken. Hon var ovan. Det var alltid Krister som brukade köra. Höll hårt i ratten. Gäddvik, Antnäs och sedan väg 94 mot nordväst.

Stormen hade bedarrat något under morgontimmarna, men snöfallet var fortfarande ymnigt. Hon körde sakta. Föreställde sig ett rått ägg mellan foten och gaspedalen, precis som hon fått lära sig på Pålssons körskola i Stenträsk för fyrtio år sedan.

Det var alltid lika märkligt att komma tillbaka till Norrbotten. De hade ofta talat om det, hon och Krister. Hur årtiondena i Stockholm blev till en konturlös parentes så snart de landade i Luleå. Vardagen i Täby sjönk undan till en dröm, blev ett liv som levdes av några andra som möjligen liknade dem.

Tanken på Krister fick magen att knyta sig. Hon stannade bilen på vägrenen strax hitom avtagsvägen till Klöverträsk. Vilade pannan mot ratten några minuter, lät smärtan ebba ut.

Hon hade blivit uppgraderad och fått en större hyrbil än den hon hade bokat: en BMW X5:a med automatlåda. Inte optimalt om man fick sladd.

Hon körde vidare, saktade farten ytterligare. Fastnade i ett snöspår, bilen slirade och gled.

Suvens kraftfulla helljus fick snökristallerna att gnistra. Ljuskäglorna bildade en tunnel, kantad av snötyngda barrträd. Det var oändligt vackert.

Förvissningen växte: det var ett korrekt beslut att åka hit. Båda pojkarna jobbade hela julhelgen, Emil som polis och Linus som bartender. De brukade skoja, bröderna, om att de befann sig på var sin sida om staketet. Ändå kom de väldigt bra överens. De hade haft mycket stöd och hjälp av varandra när pappa gick bort. Båda hade verkat lättade när hon berättade att hon skulle åka upp, att de inte behövde ha dåligt samvete över att hon satt ensam på julafton.

De hade lyckats som föräldrar, Krister och hon, det var en stor tröst.

Det verkliga skälet till att hon tidigarelagt sin resa hade hon inte berättat för dem. Pojkarna visste inget om Sofia. Hade aldrig funnits någon anledning att ta upp det.

Beskedet att kroppen hittats tog andan ur henne. Initiativet att åka upp var omedelbart och instinktivt. Hon måste vara där, hon måste veta.

För Susanne i Täby hade Sofia aldrig funnits.

För Susanne i Stenträsk hade hon aldrig riktigt försvunnit. Hon levde som ett hot mot en tillvaro som var skör som glas.

Älvsbyn gled förbi, Susanne hamnade bakom en plogbil. Lika bra det, låt den klippa älgarna. Lade sig hundra meter bakom för att slippa värsta snöröken. Byarna passerade fortare än hon mindes, och det berodde inte på farten och vägbeläggningen. Allting i Norrbotten hade krympt sedan hon flyttade härifrån, inklusive avstånden.

Hon hade datorn bredvid sig på passagerarplatsen, inspelningsfunktionen på paus. De enstaka gånger hon mötte något större fordon fumlade hon efter enterknappen för att starta inspelningen och få lite miljöljud inifrån bilen.

Hon hade anledning att fråga. Att ta reda på vad folk egentligen visste. Ingen skulle tycka det var konstigt.

När hon hade en halvmil kvar till Stenträsk upphörde snöfallet.

Kvart över elva parkerade hon på mammas uppfart. Den var välskottad med raka snövallar, måste vara gjorda av en snöslunga. När hade man hunnit med det?

Hon tog sin övernattningsväska, stoppade ner datorn i ryggsäcken och tog sin stora täckjacka från baksätet. Blev stående intill hyrbilen och såg ner mot centrum.

Vad skulle det ha blivit av dem, henne och Krister, om de hade stannat kvar?

Tanken gav henne svindel.

Granne med Carina och Grisen, umgåtts till vardags, hjälpt varandra med barnen? Skulle känslorna för Carina ha slipats av med åren? Förflyktigats till ett obestämbart vemod, eller skulle hon ha blivit galen?

Hon gick bort mot garaget, förbi huggkubben och vedtraven. Stampade av sig snön från kängorna, steg in genom köksingången utan att knacka.

– Hallå! ropade hon innanför dörren, ställde ner väskan bredvid tamburmajoren. Det luktade precis som hon mindes. Stekos, bröd och en vag aning av fuktig furu.

Mamma kom skyndande ut i hallen inifrån tv-rummet.

– Susanne raring, välkommen.

En uppskattande blick på hennes smala figur, en hastig kram med doft av talk.

– Jag har ringt Karin, sa mamma, precis som du bad mig.

UTSKRIFT PODCAST:

Speaker: Jag befinner mig i köket hemma hos Siv Johansson i byn Stenträsk i södra Lappland. Klockan är fyra på eftermiddagen, det är mörkt utanför fönstret. Den här tiden på året blir det aldrig riktigt ljust häruppe vid norra Polcirkeln. Med mig har jag också Karin Stormberg, som var gift med polischefen Gustav Stormberg när Sofia Hellsten försvann, och som är mamma till Wiking Stormberg, som leder utredningsarbetet idag. Tack för att jag fått komma hit.

Siv & Karin: Jomen, du är så välkommen.

Siv Johansson: Vill du inte ha lite kaffe?

Speaker: Nej tack, det är bra.

Siv Johansson: Men raring, är det säkert att du inte vill ha nånting att äta? De har ju så dålig mat på de där flygplanen.

Speaker: Nej mamma, det är ok. Ok?

Siv Johansson: (ohörbart)

---OBS! Klipp bort!---

Speaker: Om jag börjar med dig, Karin, vad minns du från den där sommaren när Sofia försvann?

Karin Stormberg: Jaaa du, det är snart fyrtio år sedan. Ett annat liv, känns det som. Att hon skulle hittas, det trodde man väl aldrig. Inte såhär i alla fall. Som vi har letat. Tänk, att hon har varit här hela tiden. Legat däroppe vid älven.

Siv Johansson: Det var Lasse Berghagen som sommarpratade.

Speaker: Vad?

Siv Johansson: Den där dagen. Lasse Berghagen. Han pratade om sin barndom, och vilken trevlig musik han spelade. Oj, vad härlig han är! Vill du ha lite mer kaffe, Karin? Och en kaka?

Karin Stormberg: Jaa tack du, det säger man fan inte nej till.

(slammer av kaffekoppar)

Speaker: Karin, om vi går tillbaka till Sofia Hellsten, vad minns du av henne?

Karin (mummel, kaksmulor): Inte så mycket, faktiskt, när hon levde. Hon var en liten jäntunge med hästsvans som höll sin mamma i kjolarna tills hon var rätt långt oppi åren. Hilding, pappan hennes, var ju kommunalråd och Gustav var ju polischef, så vi sågs en del familjevis, fast å yrkets vägnar, om man så säger. Hon var en tystlåten liten sak, smal som en speta. Att hon skulle sluta på det viset, inte trodde man väl det…

Siv Johansson: Numera så pratar dom ju bara om sina trauman, och musiken går ju då inte att höra på.

Speaker: Mamma, släpp sommarpratarna, ok?

Siv Johansson: (ohörbart)

Speaker: Karin, du befann dig nära händelsernas centrum då för fyrtio år sedan. Hur skulle du beskriva stämningen i staden efter att Sofia Hellsten försvann?

Karin Stormberg: Ja herregud, vad ska man säga? Gustav, han är ju död nu, han ledde arbetet. Som vi letade, allesammans. Man ur huse. Det var skallgångar i skogarna och draggningar i älven, hundar och helikoptrar, men vi hittade henne aldrig. Hon var som bortblåst från jordens yta.

Siv Johansson: Det åskade på eftermiddagen, sån där torråska utan regn. Man var rädd för skogsbränder, det hade ju brunnit tidigare, man varnade för skogsbränder på Norrbottenskvarten…

Speaker: Minns ni brobygget den där sommaren?

Siv Johansson: Man pratade så mycket om arbetslösheten på den tiden också, då i början på 1980-talet, men ni fick då jobb allihopa. Alla som var med i den där bokcirkeln gick det ju bra för, ja, utom för Sofia då.

Speaker: Karin, brobygget?

Karin Stormberg: Jomen, det är klart man minns brobygget. Det var en stor sak här i stan. Dom började så snart tjälen gått ur jorden och höll på till långt in på hösten. Fort som fan gick det ändå. Dom var ju tvungna att vara klara till jul för då kom amerikanerna tillbaka, och dom behövde ta saker landvägen. Fast man vet ju aldrig med sånt däroppe på Basen…

Siv Johansson: Carina, hon fick inte vara kvar på kommunen den där sommaren, men Gustav tog in henne i växeln på stationen till hösten. Hon blev kvar där sedan. Och hon som stammade, vad hette hon, hon ringde mig och bad att få personbevis till pass, hon som studerade ekonomi i Karlstad, Agneta hette hon, just det…

Speaker: Hur kan Sofia ha hamnat däruppe? Inmurad i brofundamentet?

Karin Stormberg: Man vill inte tro att nåt hemskt har hänt. Men nån måste veta nåt. Hur hamnade hon där?

Speaker: Vad hände med samhället efteråt, skulle du säga?

(tystnad)

Karin Stormberg (lågt): Det hände något med människorna. Folk började låsa dörrarna. Många skaffade nya gardiner och drog för. Det var som om tilliten försvann.

(tystnad)

Speaker: Vem tror ni gjorde det? Vem mördade Sofia?

(lång tystnad)

Siv Johansson: Ja du, det … Det måste ju ha varit någon utifrån. Någon på Basen. Så måste det ha varit. Ingen härifrån skulle göra något sådant. Inte i Stenträsk.

Speaker: Karin, vad tror du?

(lång tystnad)

Karin Stormberg: Jag är inte alls säker på att det var någon utifrån. Det kan mycket väl ha varit någon ifrån stan. Någon vi alla känner. Någon som är kvar här, fortfarande.

CARINA SATT PÅ andra sidan furubordet och åt ugnsbakad falukorv. Skivan mellan dem var så smal att deras knän stötte emot varandra ibland. Kavajen hade hon krängt av sig på stolsryggen, den hängde lite på trekvart. Ena ärmen släpade i golvet. Hennes blick var fäst på tallriken och hon tuggade utan tvekan eller eftertanke, precis som hon alltid hade gjort.

Susanne, på sin sida av bordet, åt långsamt och behärskat. Framför allt fokuserade hon på att hålla ihop som människa. Det var första gången hon var tillbaka i Stenträsk utan Krister, utlämnad åt Carinas ointresse.

– Vill du ha mer, Sussi?

Hon log mot sin lillebror, höll avvärjande upp handen mot potatiskarotten.

– Tack, det var jättegott. Länge sedan jag åt falukorv såhär.

Grisen hade lagat maten. Falukorv i ugn, skivad till hälften med hushållsost och Slottssenap i mellanrummen. En burk tomater utan skal och spad, uthälld i den eldfasta formen. En skivad gul lök, simmande i smält smör. Kokt mandelpotatis som man skalade själv vid bordet, skalet torkades av på kanten av tallriken. Husmanknäcke med Bregott utan assiett, smulorna samlades i en hög på bordstabletten. Det dracks lingondrickan Jokk till, ett koncentrat som köptes på Coop och blandades ut med kranvatten, utom Adam, som drack mjölk. Själv avstod hon Jokk, den kanske innehöll socker, hon ville inte röra till sina insulinnivåer.

Faktum var att hon inte åt falukorv överhuvudtaget längre, hade inte gjort på många år. Hon hade glömt varför. Och det var sant, det hade smakat riktigt gott: barndom och vita nätter. Mamma brukade göra den här rätten, hon hade hittat receptet i Icakuriren. Håkan ställde potatisskålen inom räckhåll för henne om hon skulle ändra sig. Hon kände igen servisen, Carina hade fått den som premie när hon värvat två personer till Bonniers bokklubb: sin egen mamma, och hennes. Mamma hade varit tvungen att köpa ett stort antal böcker innan medlemskapet kunde avslutas, Susanne hade anat en irritation som varit lågfrekvent men påtaglig. Uppenbarligen hade romanerna varit värda uppoffringen, servisen användes tydligen fortfarande, glasyren var varken utfrätt eller kantstött.

Nu hade Carina ätit färdigt. Hon sköt ifrån sig tallriken och drack upp Jokken.

– Någon som vill ha kaffe?

Både Håkan och Susanne tackade nej.

Det var synd att Carina hade klippt av sig håret. Frisyren hade, efter visst experimenterande i Ginas salong nere på stan, landat i en spretig variant som färgades alldeles för kastanjebrun. Nu hade det uppenbarligen gått ett tag sedan sist, rötterna var aningen gråsprängda.

De hade aldrig gift sig, Grisen och Carina. Susanne undrade om det betydde något, och i så fall vad.

– Jag har ju, som sagt, bestämt mig för att producera en

podcast, sa hon och lade besticken tillsammans snett ner till höger på tallriken.

Sofia Hellsten hade inte nämnts under middagen, men hennes väsen låg som en slagskugga över köket. Carina grävde med en tandpetare mellan tänderna, Grisen sträckte sig efter mobiltelefonen.

– Brukar ni lyssna på poddar? frågade Susanne.

– Inte dagligdags, sa Håkan och skrollade aftonbladet.se. Hon såg att han klickade på rubriken SOFIA, 17, HITTAD MÖRDAD.

– *True crime* har blivit oerhört populärt, sa hon.

Carina gjorde stora ögon, precis som alltid när hon inte gillade något.

– Jag visste inte att Kommunal Ekonomi bevakade kalla kriminalfall, sa hon, reste sig och började plocka undan från bordet.

– Tack för maten, sa Adam och smet iväg in på sitt rum igen.

– Vi har sett ”Making a Murderer” på Netflix, sa Håkan.

Carina slamrade och skvalade med vatten och matrester i sitt omoderna kök, det var inte ens från Ikea, men det spelade ingen roll. Hon passade in överallt. Allt omkring henne var självklart och gnistrande. Hon hade gått upp i vikt, men formerna och proportionerna var desamma: de smala vaderna, höfterna som dansade när hon rörde sig, sättet hon vilade ryggen genom att skjuta fram brösten. Om hon varit en energikälla hade hon varit ett kärnkraftverk: fyrkantig, kall utanpå, en härd därinne som kunde explodera med förödande resultat om man hanterade den fel.

Och hon visste mycket väl att Susanne slutat sin anställning på facktidskriften, att hon numera frilansade för flera olika uppdragsgivare.

– Jag har redan intervjuat mamma och Karin Stormberg, de minns fortfarande de där dagarna sommaren 1980 väldigt tydligt. Brobygget, skallgångskedjorna, åskan som hängde i luften …

– Vill du ha vin, eller något annat? frågade Håkan.

– Om du har en pinot noir skulle jag inte tacka nej.

– Det finns rödtjut längst ner i skafferiet, sa Carina med ryggen mot dem, pekade med diskborsten.

Håkan gick och öppnade skafferidörren, böjde sig ner och halade fram en mörk flaska med skruvkork och färgglad etikett, det var säkert drickbart. Carina hämtade hennes smutsiga tallrik och ställde in den i diskmaskinen. Hennes naglar var kortklippta och kantstötta, Susanne hade aldrig sett henne använda nagellack.

– Ska vi gå ut i vardagsrummet? föreslog brodern. Susanne reste sig med vattenglaset. Gick och satte sig i skinnsoffan framför tv:n, både möbel och skärm stora som atlantångare. "På spåret" stod på utan ljud, Josefin Johansson och Johar Bendjelloul mötte Cecilia Hagen och Jonatan Unge.

Håkan ställde ett halvfullt glas med blårött vin på soffbordet framför henne, ett ölkrus åt sig själv. Susanne stoppade ner näsan i glaset, drog in druvans aromer. Ah, en shiraz kanske? Hon snurrade vinet några varv i glaset för att få fram bouqueten, den sekundära doften, den mer trögflytande som utvecklades under tillverkning, lagring och mognad. Det hände inte särskilt mycket, ungefär som hon hade förväntat sig. Det var ett ungt och ganska osofistikerat vin.

– Skål då, sa Grisen och höjde sitt ölglas.

– Kommer du ihåg Sofia?

Susanne smuttade på vinet, mycket tanniner, spretigt, ganska gott. Håkan svalde och ställde ner ölen på bordet.

– Jodå, sa han. Hon var lite eljest. Hon var en jävel på att flå ekorrar.

Susanne stannade glaset halvvägs till munnen.

– Flå dem?

– Hon hade en massa snaror i skogsdungen bakom huset där de bodde, uppe på Backåsvägen du vet, vi fick följa med ibland när hon vittjade dem. Hon var jävligt händig med kniven.

Han tog en stor klunk av ölen.

Susanne ställde ifrån sig vinet.

– Är du säker på att du tänker på rätt person?

Han sneglade på henne.

– Kommunalrådets dotter? Hästsvans och glasögon?

Ja, jo.

– Vet du, sa Håkan och satte sig tillrätta i soffhörnet. Jag minns när du kom hem med Krister första gången. Ni satt i köket och käkade våfflor, minns du?

Hon skakade på huvudet.

– Han var alldeles till sig i trasorna, sa Håkan. Har aldrig sett någon så kär.

Susanne blundade, kände tårarna rinna över. Torkade bort dem med fingertopparna.

– Han älskade mig verkligen, sa hon. I alla år.

Carina kom in, balanserande tre tallrikar med grädde och kaka. Placerade assietterna framför dem, samma porslin, från bokklubben.

– Det är Adam som har bakat, sa hon och lät stolt. Han ska bli konditor.

Susanne såg på sin bror. Hon hade aldrig hållit det emot honom, märkligt nog, att det var han som fick Carina. Hon valde Krister, och överlevde.

Tog en klunk av vinet.

Kunde man berätta i en podcast att ett mordoffer brukade fånga ekorrar och flå dem? Vilken märklig sak att göra. Varför? Och vad gjorde hon av skinnen? Hon måste försöka intervjua Grisen, men Carina var viktigare.

Svägerskan pratade aldrig särskilt mycket, utom när det handlade om böcker. Faktum var att hon var privat, nästan sluten, så politiker hon var. Fast en försvunnen barndomsvän torde väl vara tämligen okontroversiellt att prata om, fyrtio år senare, särskilt när de hade litteraturen gemensamt.

– Har du möjlighet att ställa upp för en intervju? frågade hon därför.

Carina satte sig tungt intill sin man, suckade och kysste honom på munnen.

– Jag kan inte berätta någonting alls om utredningen, sa hon.

– Det förstår jag, men om Sofia? Du kände ju henne lika väl som vi andra.

– Var det någon som egentligen kände Sofia?

Carina hade inte serverat sig själv något vin, hon höll sig till desserten. Susanne åt egentligen inte socker, men man fick inte vara fundamentalist, då blev man odräglig. Så hon smakade av kakan, en seg kolabotten med ljuvligt kladdig chokladkladdkaka ovanpå, garnerad med grädde och lätt syrlig blåbärssylt, faktiskt fullkomligt formidabelt.

– Mest är jag ute efter en tidsbild, sa hon och slickade av skeden. En stämning, en känsla. Nordligaste Sverige 1980, vad gjorde vi, hur tänkte vi? Vad drömde vi om? Hur påverkades vi av att en ung flicka försvann?

– Har du tänkt prata med de andra också? Agneta och Birgitta?

Carina tog en stor tugga av kakan, fyllde på med grädde och sylt.

– Vi hade kontakt i Polcirkeln i eftermiddags, sa Susanne. Gitte är på väg upp hit, visste du det?

Polcirkeln var deras grupp på Facebook. Åren efter att Sofia försvunnit, Birgitta flyttat till Umeå, när Agneta bodde i Karlstad och hon själv i Stockholm, hade de brevväxlat. Ofta skrev de om böcker de läst, faktiskt. Sedan gled de isär, ja, inte hon och Gitte, de hade alltid varit nära vänner, men kontakten med de andra rann ut i sanden. När Facebook kom hittade de varandra igen, det var bland det bästa med den nya tekniken. Alla hade de blivit vuxna, till och med medelålders, men det hade varit ett riktig roligt återseende. I tio år hade de kommunicerat i en sluten grupp på Messenger: Polcirkeln, naturligtvis. Den enda egentliga kontrovers de haft var när Carina ”kom ut” som Sverigedemokrat. Gitte krävde att hon skulle uteslutas, ”jag pratar inte med nazister”, Carina vägrade, och hela gruppen höll på att falla isär. Det var hon själv som utformat kompromissen: att Carina använde sig av Grisens profil i gruppen. Det var egentligen inte Carina som var problemet, visade det sig, utan att någon på Södertörns högskola skulle få veta att Gitte umgicks med en SD:are. På nätet bara visserligen, men ändå. Numera hade de väl inte jättemycket kontakt, och det blev inte så mycket bokprat, men de brukade tipsa varandra om tv-serier ibland, på Netflix och HBO.

– Hörde att Birgittas pappa har fått en stroke, sa Carina. Han har skickats hem från Sunderbyn men klarar sig inte själv längre, och det är helt fullt på Norrgården.

Hon vägrade att kalla Gitte något annat än Birgitta Landén, trots att hon formellt bytte namn till Gitte Landén Daglönare redan innan hon disputerade.

– Till och med Agneta överväger att komma upp, sa Susanne. Hon har väl inte varit tillbaka här sedan hennes mamma begravdes.

– Det var ju i Piteå, sa Carina. Ska tydligen till ett dödsfall för att hon ska orka åka norrut.

Susanne lade ner skeden på assietten, bredvid den halvätna kakan.

– Jag undrar hur mycket Sofias försvinnande egentligen har påverkat oss. Allt som hände den där sommaren …

– Det är klart du kan intervjua mig, om du vill, sa Carina, men jag har inte så mycket att säga.

– Nu på en gång?

– Behöver du inte någon bandspelare?

– Jag har utrustningen med mig.

– Så förutseende, sa Carina och skrapade ihop de sista kakresterna.

Susanne reste sig och gick ut till hallen, där hon hade sin ryggsäck. Vanligtvis bevakade hon helt andra saker än gamla mordfall, hennes fokus låg egentligen på trender runt design och retro, men hon hade vikarierat på Expressens nyhetsredaktion en sommar i slutet av 1980-talet. Låt vara att hon tillbringat större delen av sitt yrkesliv på en facktidning, men journalistikens grundprinciper var desamma: frågorna kring vad, var, när, vem, hur och varför. Förpliktelse mot sanningen, lojalitet med medborgarna, verifiering, integritet, att göra det viktiga proportionerligt och intressant, och att följa sitt personliga samvete.

Hon brukade spela in sina intervjuer direkt i datorn, en bärbar Mac. Det svåra med podcasts, rent tekniskt, var att få till ett bra ljud. Därför hade hon investerat i ett par olika mikrofoner: två kondensatormikrofoner med stort membran och en Blue Microphones Yeti usb som kunde ta upp ljud både från fram- och baksidan. De förstnämnda hade rätt känslighet och karaktäristik för att göra den mänskliga rösten rättvisa, under förutsättning att podden spelas in i en akustiskt lämplig miljö. Den sistnämnda innebar att två personer kunde sitta och prata mitt emot varandra samtidigt, vilket ofta underlättade intervjusituationen.

Hon valde Yetin till intervjun med Carina.

Faktum var att vardagsrummet innebar en rätt bra akustisk miljö: tjocka gardiner i flera lager runt fönstren, mattor på golven, väggarna täckta av böcker. Håkan tog sin öl och gick ner till gillestugan i källaren, han hade sin dator där. Susanne satte sig i skinnsoffan och placerade mikrofonen på dynan mellan dem.

– Vilka andra har du pratat med? frågade Carina.

Susanne stannade upp.

– Alla som jobbade med utredningen är borta, Gustav och Lars-Ivar och han den där med födelsemärket, vad hette han …?

– Urban. Urban Granlund.

– Just det, han dog i våras. Jag har sökt Wiking, han har lovat ställa upp. Gittes pappa var ju chef på Robotbasen, men han är för dålig för att kunna intervjuas. Det är rätt märkligt, jag gick en sväng på stan i eftermiddags för att prata med folk och de hade ganska mycket att säga, men det var nästan ingen som mindes henne. De känner bara till det som kom efteråt, konsekvenserna. Snacket. Oron, och rädslan.

Carina vred sig så det knakade i läderklädseln.

Susanne kopplade in Yetin i datorn, satte på sig hörlurarna och startade inspelningen.

– Vad åt du till frukost? frågade hon.

– Vad har det med Sofia Hellsten att göra? sa Carina.

– Bra, det räcker. Bara ett ljudtest. Vi kör.

Hon tog av hörlurarna, kastade en blick på sitt armbandsur, mammas gamla Certina New Art. Hon hade fått den i tjugofemårspresent. Reflekterade en sekund över den introduktion hon tänkt ut för att sätta intervjun i sitt sammanhang, tryckte igång inspelningen.

– Jag sitter här, sa hon, hemma hos Carina Burstrand, i hennes vardagsrum i utkanten av Stenträsk. Det är lördagskväll den 21 december, och det har gått drygt ett dygn sedan Sofia Hellsten hittades, inmurad i ett brofundament intill Piteälven. Carina, du kände Sofia väl, ni träffades regelbundet i den bokcirkel ni hade tillsammans, kan du berätta om den?

– Rent formellt så är hon inte identifierad ännu, sa Carina. Jag vet inte ens om de har fått upp henne ur gropen. Det är Rättsmedicin i Umeå som kommer att undersöka kroppen …

– Ja okej, sa Susanne och lät inspelningen rulla. Kan du berätta om Polcirkeln?

Carina stoppade in en broderad prydnadskudde bakom ryggen, satte sig tillrätta i slagskeppssoffan.

– Vi träffades och pratade om böcker. På högstadiet en gång i veckan, och på gymnasiet en gång i månaden.

Hon tystnade, Susanne väntade men Carina verkade ha förlorat sig i tankar.

– Hur gick träffarna till? frågade Susanne för att få igång henne igen.

Carina tuggade på läppen några sekunder.

– Det började som ett Fritt Valt Arbete i sjuan, litteraturkunskap kallade vi det. Det fanns folk som tyckte att vi fuskade, att vi bara satt och snackade skit och fick bra betyg, men så var det inte. Vi pratade verkligen om böckerna och författarna vi läste. Det var väl inte några Nobelpristagare direkt, inte i början i alla fall, men …

Hon var tyst ett tag, Susanne väntade ut henne.

– Vi höll på länge, sa hon. Ända tills det spårade ur.

– Hur menar du? frågade Susanne, fast hon mycket väl visste.

– Har det här verkligen med kroppen i brofundamentet att göra? kontrade Carina.

– Jag vet inte, sa Susanne. Varför spårade det ur?

– Vi föll isär, sa Carina. Förändrades, blev för olika. Gick iväg åt helt olika håll.

Gjorde vi verkligen det? tänkte Susanne. Var vi verkligen så olika, och gick vi inte allihop i exakt den riktning man kunde förvänta sig? Eller rättare sagt: som det förväntades av oss?

– Hur skulle du beskriva Sofia? frågade hon istället.

Carina drog ett djupt andetag och verkade verkligen tänka efter.

– Det var lätt att tro att hon var en försagd tonåring från obygden. Hon gav ett slutet och otillgängligt intryck, men jag tror att vi missbedömde henne. Hon var djärvare än vad hon gav sken av. Mer utmanande.

– Vad får dig att tro det? frågade Susanne in i mikrofonen och hörde själv att hon lät lite skeptisk.

Carina lade både armar och ben i kors, en klassisk försvarsposition.

– Jag tänker verkligen inte utveckla det närmare, sa hon. Jag har bara skäl att tro att det var så.

Susanne såg granskande på henne, det var en rätt kraftig reaktion på en enkel fråga.

– Finns det något annat du skulle kunna säga om Sofia?

Några sekunders betänketid igen.

– Ibland fick jag för mig att hon var lite korkad, sa Carina, men där hade jag nog fel. Eljest, det var hon, rättså rejält. Fast inte alls stendum. Hon hade någon annan typ av begåvning, någon sorts bakvänd intelligens. Bra betyg hade hon i alla fall, fast det kan ju ha berott på nepotism. Det var svårt att förstå sig på henne. Jag lyckades då aldrig.

Frågan var hur mycket av det här som gick att använda i podcasten, det fick hon analysera i efterhand.

– Hade hon några fiender? Någon som ville röja henne ur vägen?

Carina höjde blicken och såg rakt på henne.

– Jag vet inte, sa hon. Vad tror du?

– De flesta unga kvinnor som mördas blir dödade av sina pojkvänner, eller före detta pojkvänner. Hade Sofia någon relation? Som du känner till?

Carina såg bort mot tv:n, blundade några ögonblick.

– Vi umgicks egentligen inte, annat än i bokcirkeln.

Det var inte något svar på frågan, men Susanne släppte det.

– Vad skulle det ha blivit av henne, tror du, om hon fått bli vuxen?

– Hon kanske mycket väl är vuxen, sa Carina. Vi vet ju fortfarande inte om det är hon som ligger däruppe i bron.

Susanne nickade.

– Okej, vi säger så här: Hur skulle du beskriva Sofia, som vuxen?

– Jag vet att du kommer att klippa om det här så att det låter som om jag svarar på den första frågan, sa Carina. Men okej. Jag tror hon hade blivit ingenjör. Något med materialteknik, kanske. Hållfasthetslära och termodynamik. Något att grotta ner sig i, på molekylnivå. Det tror jag hade passat henne. Något där man måste vara väldigt envis och noggrann. Hon hade antagligen doktorerat, fast inte på partikelfysik. Något enklare, rakare. Hon kan ha haft någon typ av asperger, eller kanske adhd. Alla människor ska ju ha en diagnos nuförtiden … Men det var nog egentligen inget fel på hennes intelligens. Hon gick naturvetenskaplig linje …

Carina funderade med blicken någon annanstans ett litet slag.

– I samma klass som Wiking Stormberg, sa hon sedan. Hon gick med Wiking, som numera är polischef här i Stenträsk och leder utredningen av kvarlevorna som hittats. De kände varandra. Jag tror att Sofia var lite kär i honom.

Sedan höjde hon blicken och såg Susanne rakt i ögonen igen.

– Jag har aldrig berättat det här för dig, sa hon, men Sofia sökte upp mig den där våren innan hon försvann. Hon sa att du var kär i mig. Att du hade slagit henne, och hotat henne, om hon någonsin skulle berätta det.

Susanne tappade all luft, fick inte åt sig andan. Hon visste att Sofia försökt sprida ut ryktet om hennes förälskelse den där sommaren, men hon visste inte att Carina hört det. Hon kände hur hennes mun öppnades, men hon förmådde inte stänga den.

– Hon hade en bild som hon visade upp, fortsatte Carina, ett av de där små korten man fick med skolfotona, sa att du hade ritat hjärtat på baksidan.

Åh Gud, Carina hade vetat, alla dessa år? Alla julmiddagar och födelsedagsfiranden som de hade delat, de hade suttit bredvid varandra och Carina hade förstått, eller kanske anat, åh herregud …

– Faktum är, sa Carina, att jag bad henne fara åt helvete.

Handen som höll mikrofonen på plats hade blivit svettig, Susanne var tvungen att torka av den på byxorna. Hon lyckades dra ett djupt andetag.

– Men det är ju helt sjukt, sa Susanne. Menar du allvar?

Carina skrattade till, det lät mest som en fnysning.

– Jag sa att du inte ens gillade mig. Knappt stod ut med mig.

Hon höjde ena handen i en ursäktande gest.

– Det här är inte illa ment, sa hon, men du var en jävla häxa. Fast att du skulle slå någon, eller hota någon, det är ju helt bisarrt.

Susanne svalde, mörkret inom henne höll på att brisera.

– Men var fick hon det ifrån? Var hon mytoman?

– Var väl ungefär vad jag sa till henne. Alla såg ju hur du sprang efter Krister.

Tårarna sköt upp i Susannes ögon, hon drog ett hackande andetag.

Carina reste sig.

– Vill du ha lite mer kaka?

Susanne insåg att hon inte skulle kunna ställa sig upp. Benen skulle inte bära.

– Nej tack, fick hon fram.

– Något annat?

Hon blundade några sekunder.

– Kanske ett glas vin till?

– Du hade inte tänkt köra hem?

– Bilen kan väl stå här till i morgon?

Det där sista landade inte alls bra. Carina stannade till i dörröppningen.

– Vi har parkeringsförbud på gatan, sa hon. Det är för snöröjningen. Du får köra in bilen i garaget i så fall, så att jag kan ställa mig på uppfarten. Jag kan inte stå i vägen för plogbilen i morgon bitti, då hamnar jag i tidningen.

En väldig yrsel vällde över Susanne, insikten om varför hon valt att lämna Stenträsk. Den kunde inte bli mer kristallklar. Skälet till att hon sökt sig till anonymitet och rotlöshet, till ansträngningen att återskapa sig själv, att välja den hon ville vara.

– Jag kanske skulle dra mig hemåt i alla fall, sa hon.

Carina ryckte på axlarna och gick ut i köket.

Susanne stoppade inspelningen, packade ihop datorn, mikrofonen och hörlurarna. Håkan drog igång spellistan med julsånger nere i gillestugan.

Vår julskinka har rymt, och släkten kommer om en timma
Vår julskinka har rymt, hur kan en gris bara försvinna

Hon blundade, masserade pannan i punkten mellan ögonbrynen. Måste samla sig, det här höll inte. Försökte fokusera på intervjun som hon hade gjort. Den skulle gå att använda i en podcast, åtminstone bitvis. Fanns flera bra citat hon kunde klippa ut. Carinas dialekt var bra, orden om förälskelsen. Tanken att den gamla kärleken nu arbetade med att lösa mordet på Sofia, det fanns något bra där.

Hon drack upp vinet som var kvar i glaset.

Fast Wiking var aldrig intresserad av Sofia, det var hon säker på. Han gillade söta tjejer, väna saker. Gitte, som han hade ihop det med ett tag, var ju stjärnan i Stenträsk, the It Girl skulle man ha sagt idag. Det där långa svarta håret, hon var verkligen skitsnygg, stenrik – nåväl, med Stenträskmått mätt – och så pluggade hon i Piteå i veckorna. Hon tog med sig en fläkt av Stora Världen när hon kom hem på helgerna, men hon var för påstridig för honom, för klängig. Agneta hade faktiskt passat honom mycket bättre, om det inte hade varit för det där med stamningen. Den hade hon ju, i och för sig, praktiskt taget övat bort. De gånger de träffats vid någon gruppchatt de senaste åren så hade den, i vart fall, inte varit särskilt störande.

– Skulle du ha mer vin, eller?

Carina höll två vinglas framför sig, ett åt dem var.

– Kan jag köra på två glas, tror du? frågade Susanne.

Nu log faktiskt Carina.

– Det kommer inte att förekomma några alkoholkontroller i Stenträsk i natt, sa hon med sådan pondus att Susanne tog detta för visshet. Tjänstgöringsschemat satt väl uppe på någon anslagstavla.

Carina satte sig i soffan igen, slog av tv:n. Det blev mörkt i rummet. *It's the most wonderful time of the year*, sjöng Håkans dator i källarvåningen.

– Hur går det att leva utan Krister? frågade Carina ut i skuggorna, och Susanne rämnade. Hon lade ansiktet i händerna och kvävde skriket med sina knytnävar.

DE HADE TÖMT shirazen, och sedan en till likadan. Carina hade lyssnat och hållit om henne. Carina hade trott henne. Sofia måste ha ljugit och hittat på, självklart hade Susanne aldrig slagit någon. Och hon grät och pratade om Krister, om förlusten av sin man, men egentligen visste hon inte var den ena sorgen tog slut och den andra tog vid. Förlusten och tomheten över hennes förlorade kärlekar, Carina kunde aldrig få veta. Susanne visste egentligen inte om hon var lättad eller förtvivlad. Carina hade fått höra, men avvisat. Det var så vrickat att hon vägrade tro det.

En nåd, och en avgrund.

Håkan körde till slut in hennes bil i deras garage och parkerade Carinas bil på uppfarten, så att plogbilen skulle komma fram. Han erbjöd sig att skjutsa hem henne, men hon ville gå. Det var inte svinkallt, och hon var rätt klädd.

Hon skulle inte kunna somna ännu på ett bra tag.

Carina kramade henne, varmt och hårt, när hon gick.

Polarnatten var becksvart. Snöfallet hade upphört, men molntäcket var fortfarande kompakt. Inga stjärnor syntes, och månen var i nedan. Bortifrån samhället anades ett svagt ljusskén, som en grumlig förorening i det mörka. Himlen ovanför Robotbasen var lika svart som resten av jorden, där förekom ingen aktivitet i natt. Men uppe vid väg 374 anade hon ett blåskimrande ljus, precis där Granselsbron sträckte sig över Piteälven.

Håkan och Carinas villa låg i utkanten av samhället, men det skulle ändå inte ta mer än en kvart, tjugo minuter att gå ner till Kvarndammsskolan. Hennes barndomshem låg nästan inne i centrum, bara ett par hundra meter från Gågatan.

Hon frös inte, det var inte halt. Snön knirkade och gnisslade under hennes feta skosulor, kylan svedde hennes kinder och klarnade tanken.

Hon passerade mörklagda villor med julstjärnor i fönstren, elektriska sjuarmade adventsstakar. Många hade plåttak, något man sällan såg längre söderut. Tegelpannor frös sönder häruppe, följde med ner vid snöras. Minst hälften av kåkarna var Älvsbyhus, massproducerade modulhus med mycket lite charm.

Hon gick med rytmiska steg under de spridda gatlyktorna, bestämde sig för att tänka tanken ut.

Hade de bott i ett Elsa, Eva eller Alexander, eller något av de andra Älvsbyhustyperna som alla var döpta till ursvenska förnamn? Tackat nej till utbildningsplatser, eller aldrig reflekterat över att söka? Åkt iväg men flyttat hem, efter sina respektive examina? Hon hade kanske kunnat jobba som journalist i Stenträsk, men här fanns en etablerad däckverkstad redan i slutet av 1970-talet, Samuelssons Gummicentral, vad skulle Krister ha gjort? Han var en duktig entreprenör. Han kunde säkert ha kunnat konkurrera ut Gummicentralen, och gjort sig omöjlig med släkten Samuelsson i generationer. Kanske startat något annat företag, egentligen vad som helst inom fordonsteknik. Klart att det hade gått, om de hade velat. Men ingen av dem ville. Det var absolut inte bara hennes beslut, hennes flykt. Krister längtade också bort, kanske från skuggan av Wiking: kompisen som alltid var lite snyggare, lite coolare, lite bättre, både på ishockey, tjejer och skolarbete.

Hon tog upp mobiltelefonen ur ryggsäcken, startade inspelningsfunktionen och stoppade ner den i jackfickan, hoppades att den skulle fånga upp lite miljöljud längs vägen. Snöns kvidande, det rytmiska sprakandet av kläder i kyla, hennes andning i uppförsbackarna: kanske kunde det gå att använda i bakgrunden av hennes podcast.

En epatraktor mullrade förbi henne utanför polisstationen, hon visste inte att sådana fortfarande byggdes. Det satt minst fem ungdomar i den immiga kupén, hon kunde höra musik hon inte kände igen och en berusad mansröst som sjöng med. Den svängde in bortom korvkiosken, nu stängd för natten, och rullade upp mot Gräddhyllan. Tystnaden fordonet lämnade efter sig var större än förut.

Frågan var hur mycket av sig själv som man egentligen kunde välja, hur mycket som var gener och förutbestämd miljö. Hennes och Kristers pojkar var båda utpräglade 08:or, kände inte till något annat. Talade stockholmska med lätt överklassdialekt, hade sin ryggmärg i norrförort och innerstad. De kände till och tyckte om Norrbotten, men såg landskapet som ett exotiskt semesterparadis. I deras värld lyste alltid midnattssolen i Stenträsk.

Båda hade sörjt sin pappa något alldeles förtvivlat, men hon tyckte redan att de hade gått vidare. Linus pratade om att köpa större lägenhet tillsammans med sin flickvän, kanske lämna innerstan och flytta till radhus. Barn kanske inte var så långt borta, hon hade inte velat snoka men det var hennes bestämda känsla.

Emil var polis och singel just nu, åtminstone såvitt hon visste. Han pratade om att läsa vidare till kriminolog, för att så småningom kunna bli utredare.

Hon hade fått upp farten. Det kändes bra i benen, var lätt att andas. Bra beslut att gå, även om ryggsäcken vägde litegrann. Hon gick med stadiga steg över den isiga skolgården och in bakom rökrutan, salig i åminnelse. Åh, hur de coola typerna hade stått där och bolmat tillsammans, sådan som hon aldrig själv lyckades vara.

Men vänta, vad var det här? Hon stannade. Uppåt nordväst sträckte sig en avfart in i mörkret, plogad men inte upplyst. Samma raka snökarmar som på mammas uppfart, kanske samma snöslunga. En gångväg, eller kanske cykelbana. Genvägen upp över Bäckåsen. Hon hade gått den förut, för länge sedan, men inte särskilt många gånger. Ovanför krönet anade hon det flimrande blåvita ljuset igen.

Hon tog av uppför backen. Det blev snabbt brantare, brände i låren. Hon plockade fram mobiltelefonen ur fickan och tände ficklampsfunktionen för att inte snubbla. Ljuscirkeln skapade en gnistrande värld av trygghet i en iskall rymd, tänkte hon, det var en fin mening. Hon sa den högt, för att minnas den, inspelningsfunktionen var ju fortfarande påslagen.

Uppe på krönet blev hon stående, andedräkten som en dimma omkring henne. Det blåvita ljusets källa låg rakt nedanför henne, ett par hundra meter längre fram. Fundamentet på bron över Piteälven, antitesen till trygghet. Den var definierad av strålkastare, enorma, ett par människor som rörde sig, några parkerade bilar. Kriminalteknikerna, de höll fortfarande på. Kanske Wiking var där? Nej, klockan var över midnatt, han hade säkert åkt hem.

Fötterna styrde henne ditåt. När hon kom närmare kunde hon urskilja de olika personerna som rörde sig på bron. Ett stort tält var uppspänt över det som måste vara själva fyndplatsen, brofundamentet, det låg pudersnö på taket efter förmiddagens snöfall. Tältets väggar var dragna åt sidorna för att strålkastarna skulle nå in. En ganska ung kvinna och en äldre man arbetade hukande och fokuserat under tälttaket, de såg ut att veta vad de gjorde. En man i väktaruniform stod positionerad intill avspärrningen med blicken riktad mot henne, han hade antagligen noterat hennes ficklampa.

Pulsen steg en aning när hon närmade sig fyndplatsen. Väktaren tände en egen ficklampa, en av den allra mest potenta sorten, och riktade den rakt mot hennes ansikte. Hon stannade på stället, fullkomligt förblindad. Höjde instinktivt handen mot strålkastaren för att skydda ögonen.

– Sussi? Vafan, är det du?

Lampan slocknade. Hon tog ner handen, fortfarande bländad, såg bara stjärnmoln, men rösten kände hon igen.

– Pekka?

– Nå men vad tusan, vad gör du här?

Hon blinkade. Väktaren kom fram emot henne samtidigt som synfältet kom tillbaka. Han gav henne en hård kram, strök henne över ryggen med sina tjocka handskar. Pekka Karlsson hade alltid varit förtjust i henne, och inte så lite kladdig. Hon gjorde sig fri.

– Pekka, så kul att se dig, sa Susanne och stoppade ner mobiltelefonen i jackfickan.

– Hördu, jag är ledsen att vi inte kom på begravningen. Deklarationstider, du vet, Lotten kom inte loss. Jävla cancer.

Susanne försökte le.

– Jag förstår, sa hon. Det är omtanken som räknas.

– Ni fick kransen?

Kransen? Hon hade ingen aning.

– Den var verkligen jättefin, tack.

– Och du är ute och fingår?

– Har varit hos brorsan och druckit vin. Bäst att ta apostlahästarna då. Man är ju ingen saftpilot.

Pekka Karlsson skrockade. Han var bred över både bringa och mage, en kombination av gott leverne och styrketräning. Susanne nickade mot personerna som arbetade invid brofundamentet.

– Vilket elände det här blev då.

Väktaren vände sig mot kriminalteknikerna, kliade sig under mössan och suckade.

– Men eller hur, sa han. Nog för att man ville att hon skulle hittas, men fan inte på det här sättet. Och i det här jävla vädret. De fick stänga till om fyndplatsen igår natt.

De stod tysta en stund. Såg på när teknikerna sorterade bland grus och sand som de uppenbarligen plockat upp från brofästets ihålighet och placerat i en hög på vägbanan. Älven under dem skvalade och brusade på vägen ner mot Storforsen som rasade ett par kilometer nedströms. Susanne kunde ana dundret från vattenmassorna genom mörkret. Storforsen frös aldrig, inte ens när det blev fyrtio grader kallt. Det blåste snålt, iskristaller i luften. Bet i hennes kinder.

Pekka vände blicken mot henne igen.

– Men berätta, hur fan är det med dig? Är du oppe och tittar till morsan?

Hon var glad att tårarna tagit slut i Carinas fula skinnsoffa.

– Första julen utan Krister, sa hon. Det kommer att bli hårt.

Han kramade om henne igen, hon lät honom hållas.

– Dom säger att alla dom första är hårda, sa han. Du vet, första födelsedan, första midsommarn, första semestern. Själv är man ju lyckligt lottad.

Pekka var en av grabbarna som flockades runt Krister på väg till skolbussen. Han var gift med Lotten sedan trettio år och hade tre vuxna ungar. Till och med båda hans föräldrar levde. Han visste inget om förluster.

– Tack för att du bryr dig, sa hon. Det värmer. Men du, på tal om värme, fryser du inte?

Han skrattade lite och stampade symboliskt med fötterna.

– Jomen vafan, du vet, man är ju van.

Hon såg bort mot fyndplatsen.

– Är de inte klara snart, så att du kan gå hem? frågade hon.

– Åja, jag blir ju kvar här över natten. Se till avspärrningen, vet du.

Pekka tog ett steg närmare henne och sänkte rösten.

– Dom har ju frilagt kroppen nu under kvällen. Teknikern från Lule ringde efter politivagnen för ett bra tag sen, den borde vara här när som helst. Ska bara plocka opp henne, sen är dom färdiga häroppe.

Det låg en liten bår på marken intill håligheten där teknikerna arbetade. Den lyste bländande vit i det blåaktiga ljuset från strålkastarna.

– Man trodde ju inte att det skulle sluta såhär, sa Susanne. Vem skulle kunna göra något sådant här mot Sofia? Hon gjorde ju ingen förnär.

Pekka gungade lite på fotsulorna, tänkte några sekunder innan han svarade.

– Hon var ju eljest, sa han, samma uttryck som Håkan använt, var det en slump?

– Tänker du på det där med ekorrarna?

Han såg uppriktigt förvånat på henne.

– Ekorrarna?

Aj då, felsatsning. Hon ryckte på axlarna.

– Hon var kanske inte den man trodde.

Pekka släppte ekorrarna, nickade.

– Hon ljög ju om så konstiga grejer. Som det där hon sa till Krister, att han kunde få köra hennes Lamborghini, har du hört så jävla dumt?

Susanne kände blodet rusa upp till huvudet och sedan vända ner i tårna, vad i hela friden?

– Sa hon det till Krister? Varför då?

– Hon var ju ute efter alla, särskilt Krister och Wiking. Och man var ju där själv också, höhö. Hon och Carina hade ju roligt den där sommaren tillsammans, det får man ju säga. Men vem fan har nånsin haft en Lamborghini? I Stenträsk?

Att Sofia Hellsten kunde skaffa sig vilken bil som helst betvivlade Susanne inte ett endaste ögonblick, men vad hade hon och Carina gjort gemensamt den där sommaren? Som fick Pekka Karlsson att skrocka åt det fyrtio år senare?

– Vad menar du, vad gjorde hon och Carina?

Pekka Karlsson blinkade mot henne.

– Hon sa att du var ute efter Carina, att du var kåt på svägerskan. Har du hört så jävla dumt? Och så tyckte hon ju själv att hon var så snygg, det var rättså patetiskt.

– Det här med Sofia och Krister, vad får dig att …

– Hon sa själv att hon var den snyggaste tjejen i Stenträsk, att alla tyckte det. Och att hon skulle plugga på ett amerikanskt universitet, hon sa vad det hette men man kommer ju fan inte ihåg …

En bil närmade sig nerifrån samhället, lyktornas ljus mot himlen nådde dem några sekunder före motorljudet. Pekka släppte fokus på henne och gick med myndiga kliv upp på vägbanan, ficklampan påslagen. Axlarna raka och breda, huvudet stadigt, han klädde i väktaruniformen.

Det var likbilen, den som kallades politivagn. Pekka gick fram till förardörren, böjde sig ner och talade bredbent med chauffören genom den nedrullade bilrutan. Visade hur han skulle backa in för att komma så nära båren som möjligt.

– Stopp, det är bra! ropade Pekka. Bilen stannade.

Susanne tog ett par steg bakåt, in i mörkret.

Var Sofia kär i Krister? Eller i Carina? Hade de haft ihop det? Men Carina var ju tillsammans med Håkan sommaren 1980, hon flyttade ju in i hans pojkrum helgen efter midsommar. Vad hade hon gjort tillsammans med Sofia? Och vad hade Sofia med Krister att göra? Varför hade Krister aldrig sagt något om det?

Chauffören klev ur politivagnen, drog på sig en provisorisk

skyddsutrustning i form av ett stort plastförkläde med ärmar, handskar och skoskydd och gick fram och hälsade på kriminalteknikerna.

– Sandra Hammarlund, sa den unga kvinnan.

– Roland Larsson, sa den äldre mannen.

Hon uppfattade inte vad likbilsföraren hette.

– Kan du ge oss ett handtag? frågade Sandra Hammarlund. Hon är frystorkad, så det är inga konstigheter.

– Och ni har inte hittat huvudet? frågade likbilsföraren.

– Det ligger i vart fall inte här i fundamentet, sa Roland Larsson.

Susanne tog ett steg åt sidan för att inte ramla. Höll andan för att se om kriminalteknikerna skulle se åt hennes håll, köra bort henne, men de tog ingen notis om henne. Antingen såg de henne inte, eller så brydde de sig inte. Hon stod kvar, förstenad.

Mannen som hette Roland Larsson och bilföraren klev försiktigt ner i håligheten inuti brofundamentet. Under någon minut såg hon bara deras mössor sticka upp ovanför betongkanten, lätt guppande. De diskuterade uppenbarligen någonting, hon kunde höra deras röster men inte orden, antagligen hur de bäst skulle lyfta upp kroppen ur gropen. Så reste de sig båda samtidigt, tydligen hade de varit nedhukade. Mellan sig bar de ett tunt, brunaktigt föremål, och det fanns ingen tvekan om att det var en liten kvinnokropp. Susanne hörde sig själv flämta, världen krängde till. Där var hon, det var hon. Männen placerade kroppen på den framlagda båren. Den var så liten och brun mot det bjärt upplysta vita, och så fullkomligt huvudlös. Armarna, tunna som små grenar, lätt böjda och tätt tryckta mot kroppen. Bröst som hade torkat in, spänd hud över revben. Benen, krökta i nittio grader i fyrtio år. En kvinna, eller rättare sagt en flicka, inmurad i en betongkista.

Susanne fick inte luft. Lögnen som grå lera i hennes andningsvägar.

Hon vände sig om och sprang.

POLISMÖRDAREN

AV

SJÖWALL/WAHLÖÖ

VALD AV

BIRGITTA LANDÉN

DET HADE BLIVIT juni. Ljuset var oändligt i Stenträsk. Älven rasade vild och fri mot kusten och havet, och nere i Piteå, där den blandade sig med det bräckta vattnet i Bottenviken, var övergången från skymning till gryning helt sömlös. Naturen exploderade. Växter, fåglar och alla former av blodsugande småkryp täckte himmel och jord.

Det var en tid som kokade av liv.

FREDAG 6 JUNI 1980

MAMMA HADE REDAN gått till jobbet på Pite lasarett när Birgitta vaknade. Lappen låg på köksbordet.

Ha en fin sommar nu, raring, så ses vi i augusti. Du vet att du kan ringa till Svantes telefon närhelst du vill.

Kramar från Mamma

ps. Släng mjölken om du inte dricker upp den, jag åker direkt ut på landet efter jobbet. Töm soporna. Och starta Inga. ds

Inga var diskmaskinen. Svante hade stuga ute på Trundön, havstomt. Mamma skulle tillbringa semestern därute med honom och hans två barn, Linda och Fredrik, tolv och sju. Hemska. Hon hade inte frågat, inte rätt ut, men hon visste att hon inte var välkommen. Efter de långa utläggningarna om hur makalöst vackra solnedgångarna var, och hur obeskrivligt härligt det var med morgondopp direkt från bryggan, så kom alltid en spiknykter kommentar om "fast det är ju väldigt trångt, två små sovrum, ett åt oss och ett åt barnen".

Dit räknades hon alltså inte.

Fast det gjorde ingenting.

Alls, faktiskt.

Spelade ingen roll. Hon ville ändå inte. Bottenviken var iskall och Svante var en sopa.

Hon gick ut till badrummet, mötte sin blick i spegeln. Den var lika svart som håret. Hon öppnade badrumsskåpet. Salubrin och Salvequickplåster och Djungelolja mot myggen, gasbinda och röda rullar av hudfärgad tejp, en burk med Magnecyl, men var fanns mammas kartor med Valium? Birgitta stirrade på de tre hyllorna, fasen också, hon hade tagit dem med sig.

Eller egentligen skit samma.

I Stenträsk skulle hon inte behöva några piller. Och om hon verkligen ville ha någon handfull så fanns alltid Hoovern. Han kallades så eftersom det påstods att han satte på sin dammsugare.

Hon gick ut i hallen. Såg sig omkring med skärpa.

Sista morgonen i den här gräsliga lägenheten. Två år hade hon bott här, veckovis, för att göra sina frånskilda föräldrar nöjda, eller rättare sagt mindre missnöjda, men nu var det över. Slöt ögonen och andades in vetskapen. Kände av vibrationerna i fastigheten, alla dessa instängda människor, deras samlade frustration.

Andades ut.

Hennes rum, stort som en klädkammare. Smal säng och skrivbord, garderob ute i hallen. Sjätte våningen i tredje punkthuset, utsikt över taket på lasarettet.

Den 14 juli fyllde hon år, samma dag som den lilla Kronprinsessan.

Vanligtvis ignorerade hon födelsedagen, det gjorde de flesta andra också, men inte den här gången.

Inte i år. Inte 1980, för i år blev hon myndig.

Arton.

Nu fick hon bestämma själv, bli sin egen.

Det var skolavslutning idag, och därmed sista gången hon skulle sätta sin fot på Strömbackaskolan, denna groteska industrikoloss till lärosäte. Oden, Strömbackaskolans huvudbyggnad – ja, alla fastigheterna var döpta efter gamla vikingagudar, kommentarer överflödiga – hade ett ventilationssystem som lät som en tbc-patient. Ryktet sa att syretillförseln var så usel att man hade en timme på sig att utrymma byggnaden om strömmen gick. Alla som var kvar därefter dog. Syret tog slut. Det var så klart bara en skröna, eller kanske inte, vad visste väl hon? Huvudvärken hon praktiskt taget alltid upplevde i slutet av dagen kanske hade med det att göra.

Eller så var det bara psykosomatiskt, som mamma sa. Inbillningssjuka, med andra ord, och mamma borde ju veta. Överläkare.

Men Samhällsvetenskaplig linje fanns på Kvarndammsskolan också, och i Stenträsk fanns det människor som brydde sig om henne. Kompisar, en familj som pratade med henne, och så Wiking.

Det var komplicerat med Wiking.

Hon visste hur skvallret gick, att han hade dumpat henne och att hon hade försökt ta livet av sig. Fast ingen, inte ens Susanne, visste hur det låg till. Att hon skar sig var inget självmordsförsök, hon ville inte alls dö. Det var inget sentimentalt rop på hjälp heller, hon ville bara döva smärtan. Känna att hon faktiskt fanns, att hon var verklig. När blodet rann så lättade trycket, hjärnan blev full av sprakande kolsyra, det brusade i ben och mage. Det där var inte alls första gången hon skar sig, men hon tog i lite för hårt och var tvungen att uppsöka akuten för att sy ihop några av såren. Det var så det kom ut på stan. Och nu hade hon slutat. Hon skar sig inte mer.

Och det var inte Wiking som gjort slut. Ingen visste hur sanslöst svartsjuk han var. De förstulna frågorna, de sneda blickarna, vanliga samtal som urartade i rena förhör, tillsammans vävde de ett nät av obehag. Vad hon gjorde i Piteå, vem hon träffade i Piteå, varifrån hon hade fått olika märken på sin kropp. Han frågade aldrig rakt ut, men hon kände att han undrade vem hon *knullade* i Piteå. Och när det fullkomligt gick överstyr, hans hårda nävar runt hennes överarmar, hans blixtrande ögon, vrålet rakt i hennes ansikte. Länge vägrade han att be om ursäkt, sa att allt var hennes fel. Att hennes agerande hade provocerat fram hans reaktion. Fast så, förra helgen, tog han kontakt med henne och gjorde antydan till avbön. Han ringde på hennes egen telefonlinje i villan i Stenträsk. Hon måste tillstå att hon hade givit upp, trodde aldrig han skulle fatta. Samtalet kom verkligen som en blixt från klar himmel. Hon hade legat i sängen och ätit tresmaksglass, efteråt glömde hon glassen bland lakanen så att den smälte och kladdade ner hela madrassen. Wiking backade och erkände att han hade gått för långt. Behandlat henne illa. Men nu ville han träffas och *tala ut*. Hade bett att få komma hem till henne och *prata igenom det som hade hänt*. Wiking var inte de stora ordens man, men hon visste vad det betydde. Han var beredd att backa för att få henne tillbaka. Ångern hade till slut hunnit ikapp honom och fått honom att bete sig som folk. Hon hade varit tveksam i telefonen, dragit på svaret. Han framförde flera argument, att han hade tänkt så mycket, att han inte ville skada henne, att de hade haft så många bra grejer tillsammans. Till sist sa hon ja, det var okej, de kunde träffas. Hon var beredd att lyssna, men inte förrän efter skolavslutningen. De kunde träffas nästa gång hon kom till Stenträsk. Hon tänkte verkligen inte verka för angelägen, och han nöjde sig med det.

Klockan fem i eftermiddag skulle han komma hem till henne.

Först måste hon bara överleva avslutningsceremonin på Strömbackaskolan, vilken i och för sig var tämligen anspråkslös. Det förekom någon sorts allmän sammankomst i Stora samlingssalen på morgonen, men dit tänkte hon inte gå. Hennes klass, S2a, skulle träffas i ett klassrum på plan 3 i Oden. De skulle få sina betyg, det var allt, och sedan kunde hon lämna betongkolossen för alltid.

Hon skulle flytta hem till Stenträsk, och livet skulle räta upp sig och blir uthärdligt igen.

Flera gånger hade hon försökt ta upp det med mamma. Hon ville inte höra, sa att skolgången var beslutad en gång för alla. Birgitta skulle gå på Strömbacka, för utbildningen där var av högre kvalité än på Kvarndammsskolan. Pappa svarade inte alls när hon försökte prata, han hade så mycket annat, men Gunilla hade sagt att hon alltid var välkommen att bo hos dem, hur mycket hon ville.

Det kändes riktigt bra.

Eftersom alla hennes kompisar i Stenträsk gick treåriga linjer, som hon, så skulle de gå ut gymnasiet samtidigt. De kunde söka sig söderut tillsammans, alla som hade någon framåtanda, till något bra universitet. Ett gäng med folk som hängt ihop sedan anno dazumal, där alla kände varandra och respekterade varandra, och där både hon och Susanne och Wiking var med. För henne spelade det ingen roll var de hamnade, eller vad hon pluggade.

Mamma tyckte att hon skulle bli thoraxkirurg, något hon själv aldrig blev.

Hon sa det inte rätt ut, faktum var att mamma aldrig var särskilt glasklar, men signalerna var inte subtila.

"Vet du hur mycket thoraxkirurgerna har fått i löneökning i år?" eller "Ja, han är ju thoraxkirurg, så därför": fyll i valfritt superlativ.

Pappa var tydligare de gånger han alls berörde hennes framtid: civilingenjör, det skulle hon bli, som han. Helst kärnfysik, för det hade han aldrig lyckats med.

Således levde hon sitt liv som en påse ouppfyllda ambitioner. Inte konstigt att hon hade panikångest.

Hon packade sin Adidasväska. Smutstvätt, mediciner, hudkrämer och skolböcker. Och så "Polismördaren", av Sjöwall Wahlöö, hennes bok som de skulle diskutera på Polcirkeln ikväll. En riktig klassiker, trots att den bara hade en handfull år på nacken. Näst sista boken i serien "Roman om ett brott", hon hade läst allihop.

Det var fantastiskt med Maj Sjöwall och Per Wahlöö. De var ett par, både levde och arbetade tillsammans. Hon hade läst någonstans att de hade barn utan att vara gifta. I böckerna så utgick de från ett perspektiv som satte samhället och den lilla människan i fokus. Per dog för några år sedan, det var ju verkligen sorgligt.

Bagen blev knappt halvfull. De båda tunga resväskorna hade hon tagit upp förra helgen då hon fick följa med pappa upp i bilen, han hade varit på konferens ute på Havsbadet.

Hon drog igen dragkedjan: Sista gången, äntligen. Aldrig mer skulle hon behöva skaka på den hemska bussen upp mot Älvsbyn, Vidsel, Stenträsk, se baklyktorna försvinna iväg mot Jokkmokk.

Det fanns en högtidlighet i stunden som hon hade respekt för.

Sista dagen, sista timmen.

Hon tillbringade den i tystnad. Ingen radio, ingen musik.

Duschade, klädde på sig. Hällde ut mjölken. Startade Inga. Slängde soporna i sopnedkastet i trapphuset.

Beslutade sig för att strunta i att bädda sängen. Mamma skulle bli arg, men det skulle hon bli oavsett.

Låste med andakt.

Sista, sista, sista.

Hon tog sig upp till rätt klassrum utan att stöta på någon hon behövde kallprata med. Sjönk ner på golvet med ryggen mot väggen utanför klassrumsdörren och väntade med sin Walkman. Hörlurarna väl synliga och ögonen slutna, ett lätt guppande med huvudet i takt med musiken: Oberörbar.

Om man är född bland proletärer
Och gör narkotikaaffärer

Och man är redan en gång straffad
Så är det lätt att man blir haffad
Till och från ...

Nationalteatern var hennes gudar, hennes fyrar i nattmörkret. Gav henne tröst och vägledning. Hon kunde inte sjunga, men hon kunde alla deras låtar. Plattan från 1978, ”Barn av vår tid”, måste vara den bästa LP-skivan någonsin. Möjligen med konkurrens av ”Rockormen” från året därpå, *Japp Co Co! Japp Co Co pigalle pigalle!*

Veckorevyn hade en artikel om dem i senaste numret. Det skulle komma en ny skiva snart, ”Rövarkungens ö”. Den fanns inte i Piteå ännu, men hon hade beställt den i skivdisken på Tempo, hon kände killen som jobbade där. De hade träffats på en kårfest och hånglat helt sjukt mycket. Han skulle posta den upp till henne i Stenträsk. Där hade hon både skivspelare och kassettdäck, kunde göra bra kopior på kassett. Susanne ville också ha ett band, och det kunde hon ju få. I och för sig brydde sig inte Susanne om Nationalteatern, eller vad de stod för, men Krister och Wiking tyckte att de var coola. Det var hon som spelat dem för Wiking, och eftersom han gillade dem så innebar det automatiskt att Krister tyckte likadant. Och det var ju bättre att Susanne hörde på något bra än bara ”Le Freak” med Chic.

Lika så bra jag kör direkt i ån
När jag kommer härifrån
I en stulen Amazon ...

En lätt spark på låret fick henne att titta upp. Klassrumsdörren stod vidöppen och eleverna strömmade in, en fors av mänsklig vävnad utan tanke. Hon uppfattade inte vem som kickat till henne. Reste sig upp, borstade dammet av rumpan, tog av sig hörlurarna och stoppade ner dem och bandspelaren i Adidasväskan.

Torsten, klassföreståndaren, stod och fumlade med betygen vid katedern. Borde han inte gå i pension snart?

Någon stängde dörren. Ljudnivån i rummet var öronbedövande. Klassens musikergäng, de coola killarna som ingick i någon sorts rockband, hade haft en spelning igår. Saker debatterades. Hon uppfattade frågor om alkoholnivåer, vem som sagt vad till vem. Torsten försökte få ordet några gånger innan Mats Jonsson, hockeyspelaren, röt till och fick tyst på dem.

Klassföreståndaren verkade slutkörd. Han orkade inte ens säga de allra vanligaste plattityderna om relationerna mellan deras studieflit och luxtalet på deras framtid. Istället satte han bara igång att dela ut betygen i bokstavsordning. Det var sista gången hon skulle se de här människorna, något som bara hon visste. Det kändes storslaget, i all sin torftighet.

När det blev hennes tur, ungefär i mitten, så hade de som hette något på A redan gått hem för sommaren, och därmed ut ur hennes liv.

– Landén, Birgitta, sa Torsten Olsson och tittade förvånat på henne. Går du verkligen i den här klassen?

Hon tog tag i betyget, med ens osäker på sitt eget namn. Klassföreståndaren släppte inte taget om kuvertet. Hans ögon, rödkantade och vattniga, flackade från sida till sida. De stod där, en dragkamp om verkligheten. Hon kände synfältet smalna, nej Gud, inte här, inte en attack just nu. Tack och lov släppte han.

– Ni ser likadana ut allihop, mumlade han och tog upp nästa betyg.

Sken upp, höjde rösten.

– Magnus Markström, kom hit min gosse! Trevlig sommar på dig!

En av grabbarna i rockbandet trängde sig förbi henne, killkramades hjärtligt med klassföreståndaren. Hon stapplade tillbaka till sin plats, öppnade kuvertet. Lät blicken rinna över kolumnen längst till höger, femma femma femma femma tvåa – *tvåa?*

Hon följde raden med fingret åt vänster, Historia. *Historia?* Fick hon tvåa i *historia?*

Pulsen skenade. Historia var sista dubbelpasset på fredagseftermiddagarna. Hon brukade smita för att ta en tidigare buss till Stenträsk. Trodde inte det skulle märkas. Hon hade spikat alla terminens tre skrivningar, hade hoppats att den läraren inte heller skulle minnas vem hon var. Fan fan fan.

Mamma skulle bli ursinnig, pappa också. Om de skulle komma ihåg att fråga, vill säga. Och hon kunde ju faktiskt ljuga. Ingen skulle kolla.

Hon lämnade klassrummet när Torsten kom till efternamnen på R. Gott om tid att hinna till busstationen. Tråcklade sig igenom horderna av sommareuforiska unga människor på väg mot ingenstans. Följde med strömmen ut på gångstråken ner mot Sundsgatan, såg några grupper hysteriskt flaggviftande avgångselever i studentkeps. Vad var det som fick normalt funtade människor att kasta sig in i ett sentimentalt, utrotningshotat överklassbeteende?

Hon kryssade sig framåt på trottoaren. Vid Kyrkparkeringen glesnade det och hon kunde sakta ner, andas ut.

Hon var på väg, åt rätt håll.

Var hon hamnade, rent professionellt, var egentligen likgiltigt. Så länge hon slapp begå våld på sig själv, och sin övertygelse, så kunde hon göra vad som helst. Mänskliga rättigheter, kvinnans frigörelse, internationella relationer, någonting meningsfullt bara. Positionen kvittade.

Susanne skulle bli journalist. Det hade hon redan bestämt, och Susanne brukade få som hon ville.

På ett sätt var det avundsvärt, att ha en sådan fyrkantig verklighetsuppfattning. Rätt kläder och rätt skodon, lämpligt yrke och trendigt umgänge, då var allting toppen. Målmedvetenheten, likriktningen, det fanns något lockande där.

Hur många omkring henne visste egentligen vad de ville?

Agneta fantiserade om att bli författare, men det skulle ju inte hända. Stackars människa. Hon skrev sina långa utläggningar på den där dåliga reseskrivmaskinen med röda färgband, det var så sorgligt. Antagligen skulle hon hamna i kassan på Gulf eller i matbespisningen på Kvarndammsskolan. Det fanns ingen drivkraft i henne överhuvudtaget. Kanske skulle hon komma att läsa sina dikter högt på någon kommunalt arrangerad poesiträff. Det var så långt hennes författargärning skulle komma att sträcka sig.

Sofia, däremot, henne skulle det gå bra för. Brukade göra det för sosseadel. Någon fin position på något statligt verk som pappans kontakter skakade fram, tråkigt och genombyråkratiskt.

Hon närmade sig busstationen, såg hur en buss från Norrbottens Trafik blinkade för att köra ut på Sundsgatan. Men vänta nu, vad var det här? Få se: Älvsbyn – Vidsel – Stenträsk ... åh men helvete också! Det var ju hennes! Hon grep tag om väskan med ena armen och började springa. Viftade hejvilt med andra armen och skrek.

– Stanna, stanna, vänta!!

Wiking skulle komma hem till henne klockan fem, hon fick inte vara sen. Nästa buss gick inte förrän kvart i fyra.

– Hallå, vänta ...

Hon noterade inte gatstenen som låg på trottoaren. Egentligen märkte hon inte vad som hände förrän hon låg raklång på asfalten. Hon hörde någon som skrek och insåg att det var hon själv. Adidasväskan hade åkt vidare över huvudet på henne och rasat ut på gatan. Bussen stannade. Bussdörren öppnades. Åh jävlar vad ont det gjorde, i skallen, i händerna, överallt.

– Hur gick det? ropade chauffören.

Hon andades stötvis. Jeansen hade gått sönder, hon blödde. Och händerna, hon hade tagit emot sig med handflatorna. De var alldeles såriga. Tårarna sköt upp i ögonen, skit skit skit.

– Skulle du med? frågade chauffören.

Hon nickade, reste sig försiktigt. Ett par andra passagerare, en äldre man och en kvinna som kanske var hans fru, klev ner från bussen och hjälpte henne upp. Kvinnan tog hennes väska och mannen stöttade henne uppför trappstegen.

Chauffören glömde att ta betalt för en biljett.

Och så brakade de norrut.

Den äldre herren fick tag på en flaska Desivon och några

kompresser ur bussens första-hjälpen-låda. Han hade varit sjukvårdare i lumpen och rullade upp hennes jeans innan hon hann protestera.

– Men flicka lilla, sa han och såg förskräckt på huden på hennes vad, har du varit med om en eldsvåda?

– När jag var liten, sa hon, som hon brukade.

Han tvättade av hennes knä och handflator så gott det gick. Damen gav henne en smärtstillande tablett av det bättre slaget.

Ovanför Arnemark somnade hon, något som nästan aldrig inträffade. Först i efterhand insåg hon att hon borde ha frågat vilken typ av piller det var hon fick.

Paret hade stigit av när hon vaknade. Hon såg sig förvirrat omkring. Bussen stod stilla intill brobygget över Piteälven, de var nästan framme.

Hon drog ett djupt andetag, en pirrande förväntan i magen.

Gunilla hade nattskiftet på akuten, så hon borde var hemma nu. Hon skulle banna henne för att hon inte såg sig för och insistera på att vilja tvätta och lägga om såret ordentligt, men Birgitta skulle skratta bort det. Istället skulle Birgitta berätta för henne att hon tänkte flytta hem till dem för gott. Gunilla skulle bli jätteglad, krama om henne, kanske skulle de gå ner till Sandströms tygaffär och köpa nya gardiner till hennes rum. Inte för att det var något större fel på de gamla, men Gunilla skulle insistera. De skulle köpa med sig fika hem från Lundbergs, potatisbakelser, och hämta Joakim, minstingen, tidigt från dagis.

Och klockan fem skulle Wiking komma.

Hon drog ett djupt och lättat andetag.

Det var bara hon som klev av i Stenträsk. Knäet gjorde riktigt ont. Bussen lämnade henne i ett moln av gråblå dieselångor.

Det blåste friskt från älv och fjäll när hon haltade upp mot Strandgatan. Hon visste att stadsborna kallade deras gata för "Gräddhyllan". Det gjorde inget, för det stämde ju. De finaste husen i Stenträsk låg på hennes gata, och deras hus var kanske det finaste av dem alla.

Visserligen hade hon egen ingång från baksidan av huset, men hon använde nästan alltid stora entrén. Ytterdörren var låst så hon låste upp, släppte Adidasväskan intill skohyllan och ropade "Hallå!"

Inget svar.

– Gunilla?

Det var knäpptyst i huset, förutom ett svagt sus från något otätt fönster. Solljuset var blekt och kallt, det hängde spindelväv i ett hörn. Pappa var på någon konferens, det visste hon, och Jocke var på dagis, men Hampus och Sebastian slutade skolan i onsdags. De borde vara här någonstans. Hon gick bort till vardagsrumsfönstret och tittade ut på altanen, nej, inga ungar vid gungorna.

– Gunilla?!

Hon gick ut i köket. Det låg en lapp på köksbordet.

Hej Gitte,
det finns lasagne i kylen.

Jag kör killarna till mamma, de sover över där, och sen åker jag direkt till jobbet.

Du kanske kan börja städa ur ditt rum nu när du har sommarlov? Välj ut det du vill ta med dig, så kör jag bort resten till soptippen. Det finns en tom flyttlåda i garaget, den kan du packa i. Du kan få lämna lite saker här hos oss, om du sätter dom i kartonger och märker dom (finns en markeringspenna vid frysen i pannrummet). Vi kan ha dom i förrådet så länge. Kanske lite gamla skolböcker och så. Dina gosedjur. När åker du tillbaka till Piteå?

Gunilla

En knappt hörbar diskantton satte igång att tjuta i hennes ena öra.

Brödernas mormor bodde i Moskosel, de sov ofta över där. Hon hette Vera och var konstnär, Birgitta tyckte hon var jättehäftig. Fast Vera var ju inte hennes mormor, så hon hade aldrig sovit över.

Och varför skulle hon städa ur sitt rum? De hade ju städerska.

Hon tog av sig jeansen, de kanske gick att laga. Hon skulle fråga Sussi, hon brukade kunna sådant här. Handflatorna sved som eld när hon tvättade dem. Det hade fastnat lite grus och småsten under skinnet, hon petade bort dem med en synål.

Sedan gick hon från rum till rum i huset på Gräddhyllan och drog för gardinerna, i tystnad, utan att sätta på någon musik. Långt nedanför brusade Piteälven på väg ner mot Storforsen, förberedde sig för sprången, samlade kraft inför utlösningen.

Hon gick in i pappas och Gunillas sovrum. Satte sig på pappas sida av sängen, där telefonen stod. Tvekade en stund innan hon lyfte luren. Blundade med luren i ena handen och den andra på klykan, sedan slog hon numret till Hoovern.

Han bodde i Vidsel och brukade ha ett hyfsat lager av olika mediciner och andra substanser.

– Nä, Valium är slut, sa han när hon framfört sitt ärende. Jag har lite braj kvar om du vill ha.

Hon hade åkt ner till Vidsel och handlat tio tabletter en fredagskväll för några veckor sedan, efter förra bokcirkeln. Då låg det bara ett fåtal kvar i burken. Vilken oambitiös kran han var som inte orkade fylla på sitt förråd.

– Du kan kolla med Sofia Hellsten, sa han. Hon fick en rejäl bit röka när jänkarna var här förra gången. Jag har för mig att hon tog med sig lite neråttjack också.

Birgitta blinkade till.

– Sofia? Hellsten?

– Har du hennes nummer?

– Vilken typ av ... neråttjack?

Hoovern stönade, det lät som om han rev sig i håret.

– Ja du, det var nån typ av benso, jag minns inte riktigt. Piller är egentligen inte mitt område, vet du. Säkert att du inte ska ha lite kitt? Jag kan rulla dig ett par jointar.

Hon tackade nej och lade på.

Blev sittande på pappas sängkant och lyssnade på suset från fönstren, eller om det var bruset från forsen. Taggtråden växte i venerna, den rastlösa ångesten. Wiking skulle inte komma förrän om flera timmar. Hon var alldeles ensam i världen, ingen såg henne, inte ens Gud. Hon kunde göra precis vad som helst, ingen skulle någonsin veta.

Ett djupt andetag. Sedan drog hon ut lådan i pappas nattduksbord och tog upp bunten av Fib aktuellt och Lektyr. De glatta omslagen med de halvnakna kvinnorna, de braskande rubrikerna om bilar och brott. Här fanns några nya nummer sedan sist. Hon gled ner på golvet med ryggen mot väggen, bläddrade i en Lektyr. Mittuppslaget var en naken tjej som var ganska ful, med putande läppar och rädda ögon. Rubriken skulle väl antas vara ett citat: ”Du får göra vad du vill med mig.” Sammantaget fyllde text och bild funktionen, skickade en stöt av kåthet ner mellan benen. Inte för att hon tände på kvinnor, utan för identifikationen. Tanken att någon man fick göra vad han ville med henne, hur det skulle kännas att vara helt utelämnad. I praktiken var det gräsligt, i fantasin tände det henne rejält. Hon bläddrade fram till ”Svenska folkets sexvanor”, lät ögonen söka över de insända berättelserna. ”Hon runkade av mig i biosalongen”, ”Midsommarknull i kohagen”, ”Hon svalde hela satsen”, ”Jag tillfredsställde en prostituerad”. Några av berättelserna hade kvinnligt perspektiv, hon valde ”Rörmokaren tog mig bakifrån”. Drog av sig trosorna och satte sig bredbent med stjärten på det kalla parkettgolvet. Spottade på fingertopparna och började långsamt smeka klitoris medan hon läste. Egentligen borde hon inte spotta, det gav henne svampinfektion men nu struntade hon i det. ”Han tog ett stadigt tag om mina höfter och körde in hela sin stora kuk i mig i ett enda drag. Jag var så våt att den gled in helt utan friktion. Den fyllde mig ända upp till halsen, jag kände att jag måste skrika. Sedan började han pumpa, han körde så det stänkte … ” Hon släppte tidningen på golvet och körde upp två fingrar i underlivet, pekfingret och långfingret, lät dem glida ut och in, ökade takten med högerhanden på klitoris, tryckte runt i cirklande rörelser, sedan ringfingret i slidan också, åh Gud, åh hjälp. När ryckningarna kom tryckte hon ihop benen, allting i hennes kropp krampade och slöt sig, hon lät fingrarna vara kvar på klitt och i fitta medan alltsammans ebbade ut och bruset lade sig i huvudet. Lutade sig mot sovrumsväggen tills andningen lugnat ner sig, det var väldigt obekvämt. Knäet gjorde jätteont. Reste sig upp, luktade på fingrarna. Tur att hon duschade i morse. Hon drog på sig trosorna igen, haltade ut på gästtoaletten och tvättade händerna. Noterade rosorna på kinderna, de blanka ögonen. Gick sedan tillbaka och stoppade tillbaka herrtidningarna i samma ordning som hon plockat upp dem. Rätade till nattduksbordet som hamnat lite på sned.

Taggtråden sjöng och dånade, starkare än förut. Rastlösheten hade inte lättat ett enda dugg.

Klockan var bara halv fyra, en evighet kvar tills Wiking kom. Ännu längre till Polcirkeln.

Hon borde inte äta så mycket socker, sa mamma, men det sket hon i nu. Hämtade ett helt paket tresmaksglass ur frysen, delade det på mitten och gick ner i gillestugan. Slog på tv:n. Det spelades en tennismatch på ettan, Franska öppna. Åt med sked direkt ur paketdelarna, först den ena och sedan den andra. Björn Borg såg ut att vinna. Pappa tyckte om tennis, och Wiking. Hon försökte koncentrera sig, men spelet grep henne inte.

Björn Borg vann. Hon uppfattade inte vad motspelaren hette.

Stängde av. Gick in på sitt rum, rastlös så hon ville gråta. Men vänta, telefonsvararen! Den blinkade!

Mellangärdet knöt sig. Kanske hade Gunilla ringt henne, eller Wiking! Tänk om han inte tänkte komma?

Hon skyndade fram till apparaten.

Du har. Ett. Nytt meddelande.

"H-hej Gitte, det är A-agneta. Jag såg dig kliva av bussen och ropade, men du h-hörde mig inte. Jag och mamma sitter på Lundbergs, om du vill komma ner och f-fika. Annars ses vi på bibblan … Hej då."

Piiip.

Slut på. Meddelanden.

Hon raderade bandet i en enda svepande rörelse. Agneta hette Mäkitalo i efternamn. Mäki betydde "kulle" på finska och talo "hus". Huset på kullen, således, vilket inte stamde i Agnetas fall. Överhuvudtaget. Tvärtom, faktiskt. Hon bodde i en tvåa på nedre botten längst ner i Träsket med sin mamma som var manodepressiv. Fika med dem båda var bland det sista hon ville göra på hela jorden, och ringa till Sofia och tigga Valium tänkte hon inte heller göra. Där gick ändå gränsen.

Kastade sig raklång på sängen och såg upp i taket.

Kanske borde hon sminka sig lite innan Wiking kom.

Fast varför det? Dög hon inte som hon var så fick det faktiskt vara.

Sträckte sig efter en påse geléhallon på nattduksbordet.

– KOM IN, SA hon och öppnade ytterdörren på vid gavel.

Wiking dinglade med ett par bilnycklar framför henne. Hans hår hade vuxit, nådde nästan till axlarna. Såg man bara hans huvud, med de finlemmade dragen och de långa ögonfransarna, kunde han misstas för en tjej. Kroppen var en helt annan sak. Lång och seg och axelbred, en ishockeyspelares.

– Vad? sa hon.

– Körde upp i måndags, sa han och log sitt vargleende.

Helvete, vad snygg han var. Hon tog ett steg bakåt för att släppa in honom.

– Ah, sa hon. Vad har du köpt för bil?

Leendet falnade lite, han gick in i hennes rum med sina lufsiga steg.

– Har lånat morsans, sa han.

Hans mamma Karin, hon hade en Golf. Eller var det kanske en Passat? Birgitta tyckte om henne. Karin var socialsekreterare på kommunen. Hon jobbade halvtid för att kunna vara hemma mer med Sven, Wikings lillebror, som var lite efterbliven. De hade suttit och fikat vid deras köksbord ibland när hon väntat på Wiking, pratat om hur viktigt det var att ge människor utbildning och rätt förutsättningar. Karin pratade med henne som om hon vore en vuxen.

– Vad har du gjort med benet?

Den stora kompressen syntes genom hålet på jeansen. Hon visade upp sina handflator också.

– Trillade, sa hon.

Han böjde sig fram och tittade närmare.

– Ajdå, sa han.

Hon stängde ytterdörren. Det blev lite skumt i rummet, solen nådde inte ner till källarplanet. Wiking satte sig i hennes fladdermusfåtölj, själv slog hon sig ner på sängen.

– Du kanske förstår, sa hon, att det känns rättså jobbigt att ha dig här.

Han såg ner på sina händer.

– Jag blev rädd för dig, sa hon. Du skrämde mig riktigt jävla rejält. Jag har aldrig blivit behandlad på det där sättet, någonsin. Av någon.

Han nickade och svalde, såg fortfarande ner på händerna.

– Jag förstår det. Det var ... helt fel av mig. Jag vill verkligen be dig om ursäkt.

– Och jag hade blåmärken på armarna, sa hon. Mamma frågade vad jag hade gjort.

Det där sista var en lögn, det blev inga märken, men hon kunde inte låta bli.

Han såg upp på henne, ögonen hade blivit stora och defensiva.

– Jag förstår inte vad det var som flög i mig, sa han. Jag förstår att du blev rädd, för jag blev rädd för mig själv. Det har varit jobbigt. Jag har tänkt jättemycket på vad jag gjorde, och det finns ingen ursäkt. Om du vill vara med Stefan så får du så klart vara det, jag blev bara så jävla ... ja, arg och ledsen.

– Det betydde ingenting, sa Birgitta. Det vet du. Och det är ingen ursäkt.

– Så klart inte, sa Wiking.

Hon hade haft sex med Stefan Alatalo på en fest. Alla hade varit jättefulla, hon och Wiking också, och hon hade blandat spriten med fel piller och tappade omdömet fullständigt. Wiking hade gått runt och letat efter henne medan hon knullade Stefan i någons föräldrars sovrum. Han hade blivit helt galen när han fått reda på det.

– Hur nära var du att faktiskt slå mig? frågade hon.

Han skakade på huvudet.

– Det skulle jag aldrig göra. Jag skulle aldrig skada en tjej.

– Du vet inte om du ljuger nu. Du kanske visst hade kunnat slå. Riktigt ordentligt.

Han svarade inte.

– Jag tror, sa hon, att du inte har en jävla aning om hur våldsam du egentligen kan bli. Det är klart det har varit jobbigt, för du inser att du kan vara farlig för andra. Är det därför du har kommit hit, för att jag ska klappa dig på huvudet och säga att du egentligen är en schysst kille? Att det där bara var ett misstag?

Han blundade och suckade djupt.

– Verkligen inte, sa han.

– Och dina ständiga förhör, om vad jag har gjort och med vem, vad kallar du det?

Nu lyfte han blicken och såg uppriktigt förvånad ut.

– Vad menar du?

Hon tog sats.

– ”Vad gjorde du i tisdags?”, ”Hade du alla rätt på provet?”

Han slog ut med händerna.

– Men jag bara frågade ju! Jag bara pratade!

– ”Vad har du på halsen?”

– Det var ju ett stort sugmärke!

Ja, i och för sig, killen i skivdisken på Tempo.

– Så vad vill du då? frågade hon. Egentligen?

Han harklade sig och satte sig bättre tillrätta, vilket inte var så enkelt i en fladdermusfåtölj. Såg ner i golvet igen, eller kanske på sina skor.

– Jag vill bara be om förlåtelse, sa han. Jag vill inte att du ska tänka på mig som ett svin. Jag tyckte ju om dig, eller ja, jag tycker ju om dig nu också, och jag vill att vi ska vara, ja, vänner.

– Vänner?

Han nickade och såg upp på henne.

– Vill du att vi ska fortsätta att vara ihop? frågade Birgitta.

Han ryckte lite på axlarna och bet sig i läppen.

– Jag vet inte, sa han. Vill du?

– Jag vet inte heller, sa hon. Det beror på.

– På vad då?

– Om jag vill.

Han log lite och såg på henne. Han var verkligen den sötaste kille hon någonsin träffat. Det fanns något elektriskt över honom, något självlysande. Han utstrålade godhet, vilket var en illusion. Det var så sorgligt, hur förvriden världen var.

Hon tittade på sitt armbandsur, reste sig.

– Jag måste dra, sa hon. Vi har vår bokcirkel ikväll.

Han krånglade sig upp ur fåtöljen.

– Håller ni på med den? Fortfarande?

– Den är på upphällningen.

– Vill du ha skjuts?

– I en Passat?

– Det är en Golf.

Hon himlade med ögonen.

– Okej då.

Gick bort till garderoben, drog tröjan över huvudet och plockade fram en skjorta. Kände Wikings blickar i ryggen, han gillade hennes bröst. Krängde på sig en herrkavaj med axelvaddar, hon hade köpt den på second hand nere i Piteå. Plockade ihop sin bok och sin plånbok och stoppade ner dem i väskan. Han tvekade i dörren, som om han ville ge henne en kram.

Men sedan vände han sig om och gick före henne bort till bilen.

DE ANDRA HADE redan satt sig på sittkuddarna, hon fick hålla tillgodo med småbarnssoffan.

– Hur kommer det sig att du alltid är sen? frågade Carina innan hon ens hunnit plocka upp sin bok. Varför ska vi sitta och vänta på dig? Är din tid mer värd än alla andras?

– Äsch, sa Susanne, lägg av. Det gör väl inget. Härligt med sommarlov, eller hur, Gitte?

Hennes reflex var att resa sig upp, lämna lokalen och aldrig återvända.

Men att ge efter för varje impuls var ingen lösning, det sa mamma hela tiden. Allt var inte enkelt jämt, hon fick ta fajten.

Inom sig såg hon Wikings profil, sittande bakom ratten när hon klev ur bilen.

– Sköt om dig, hade han sagt. Hon hade inte svarat.

Hon fattade tag om sin bok med bägge händerna, sökte efter stöd.

Hennes exemplar av ”Polismördaren” var häftat och ganska slitet, egentligen var det Svantes. Omslaget var en tecknad svartvit bild av en ung flicka. Birgitta undrade vem hon egentligen föreställde. Den mördade Sigbrit Mård i boken var i fyrtioårsåldern, så hon kunde det inte vara. Kanske var det så enkelt att bilder på unga flickor sålde fler böcker än bilder på medelålders kvinnor. Författarna kanske inte hade något inflytande över omslagen på böckerna. Förlaget ville säkert bara sälja.

– Serien ”Roman om ett brott”, sa hon, var något helt nytt när den kom. Författarna Maj Sjöwall och Per Wahlöö skrev inte bara om tjuvar och mord, utan om hela samhället. Regimen säger alltid att Sverige är så fantastiskt, men alla vet att de ljuger. Vi får alltid höra att vi är bäst på allt i hela världen, ändå är folk arbetslösa här. Kvinnor blir slagna och våldtagna. Barn blir övergivna, människor är ensamma. Folkhemmet är fullt av sprickor, och Sjöwall Wahlöö sätter det under lupp.

Det var helt tyst i rummet medan hon hämtade andan. Susanne tuggade intensivt på sitt tuggummi, Agneta snurrade på en hårtest. Sofia antecknade fokuserat i sin fnasiga anteckningsbok. Bara Carina såg fascinerat på henne.

– Sjöwall Wahlöös skurkar är inte onda, fortsatte hon, de är bara maktlösa. Det vi kallar för ”ondska” är egentligen bara ett sätt för regimen att maskera sina egna övergrepp.

Carina satte sig upp på sittkudden.

– Men ursäkta, sa hon, nu har du sagt ”regimen” två gånger, vad menar du med det? Menar du Sveriges regering? Är inte en ”regim” en diktatur?

Jaha, nu märkte vi ord också.

– Säg överheten då. Sak samma.

Men Carina gav sig inte, nu hade hon hittat något att bevisa. Hennes självbild var den av Maskrosbarnet Deluxe, den potentiella raketforskaren som skalade potatis på långvården. Det Slutgiltiga Beviset på att världen var Orättvis och inte tillvaratog kapaciteten hos sina mindre bemedlade medborgare. Nu lutade hon sig framåt, sittkuddens plastkulor rasslade.

– Jag har faktiskt tänkt på att författarna, Sjöwall Wahlöö, också kallar regeringen för "regimen", i alla tio böckerna. De skrevs ju mellan 1965 och 1975, då sossarna hade makten. Tycker du att Sverige har varit en diktatur under socialdemokratin?

Birgitta sneglade på Sofia, men hon satt fokuserad och antecknade. Verkade inte ha tagit illa upp. Själv kämpade hon åter mot instinkten att resa sig upp och gå, vilket hon ju faktiskt gjort de senaste gångerna.

– Det som gjorde bokserien så populär var att författarna beskrev polisarbetet så bra, de hade intressanta karaktärer, de skrev om brottslighetens bakgrund …

– Polisarbetet är inte alls bra beskrivet, bröt Carina av. Tvärtom. Det är superslarvigt. Riktiga poliser jobbar inte alls sådär.

– Och det vet du?

Carina lät ögonlocken sjunka på det där sättet som visade att hon tyckte hon var intressant.

– Alltså, ta det allra första mordet i den första boken. Vi får veta att offret heter Roseanna McGraw, men hon identifieras egentligen aldrig. Martin Beck bara skickar en beskrivning på henne i ett telegram över Atlanten och sedan är saken klar.

Birgitta knäppte händerna, var tvungen att åtminstone försöka.

– Och vad är det för fel med det? frågade hon neutralt.

– Ta den där gubben som hittades i en lägenhet i Solna förra sommaren, han som mördades av två finskor. Strumpmordet, kallades det, de ströp honom med sina nylonstrumpor, läste ni om det? Fast han låg i sin egen lägenhet så var man tvungen att identifiera honom via tandkort för att kroppen var så svullen och förruttnad.

Sofia höll upp handen som om hon satt i skolbänken.

– Vilken bok talar vi om nu?

– Ingen bok, det är ett riktigt fall, sa Carina. Stod ganska mycket om det i tidningarna förra sommaren.

– I kvällstidningarna menar du, sa Birgitta och kunde inte hjälpa att hånfullheten lyste igenom. Det var arbetarklassen som läste slasktidningarna, hon menade egentligen inte att vara fördomsfull.

– Tänder är som fingeravtryck, sa Carina. De är unika. Via tandkorten kan en expert identifiera döda människor. Man pratar om offrets tänder i Roseanna, men författarna gör ingenting av det. Om historien hade varit trovärdig skulle man ha identifierat henne ordentligt.

Birgitta mindes mycket väl historien om Roseanna, och hon identifierades visst, fast kanske inte genom fingeravtryck eller tandkort. Man hittade foton på henne, och hennes vänner och släktingar i USA kände igen henne.

Fast det där spelade egentligen ingen roll. Den verkliga frågan här var varför Carina valde att ta strid om precis allting. Varför hade hon beslutat sig för att utmana just henne, inte bara idag utan under de tidigare bokcirklarna under våren? Var det bara avundsjuka, eller låg det något djupare bakom? Handlade det om Wiking? Var det därför Carina var ute efter att trycka till henne? Hade hon inte nog med Sussis lillebror? Hela den saken var ju så sjuk. Sussi kunde inte sluta älta det.

Carina hade flyttat in i Håkans pojkrum. Genom väggen kunde Sussi höra hur de knullade.

De närmade sig slutet av de här träffarna, bokcirkeln Polcirkeln, det var alldeles solklart. Även om hon skulle bo permanent i Stenträsk så orkade hon inte sitta och bli förnedrad på fredagskvällarna.

Hon vände sig demonstrativt bort från Carina och lutade sig mot Susanne, där fick hon alltid stöd.

– Vad tyckte du om boken?

Susanne snurrade några varv med tuggummit runt pekfingret. Små droppar av saliv kastades ut i luften.

– Jag tyckte den var superbra. Den beskriver hur jobbig verkligheten kan vara. Poliskåren är korrupt och skurkarna maktlösa, så är det ju bara. Det var också kul att läsa om hur media fungerar. Det märks att författarna har jobbat som journalister. Det var verkligen jättebra beskrivet.

Susanne lutade sig tillbaka på sin kudde och snurrade tugggummit igen, väldigt nöjd med sig själv. Uppenbarligen hade hon inte bemödat sig med någon närmare analys av vare sig text eller innehåll. Anledningen var givetvis Krister. Hon och Susanne hade ofta långa telefonsamtal, och när Susanne inte förfasade sig över Carina så pratade hon om Krister. En blivande bilmekaniker, jaja, sådana behövdes ju också.

– Sofia? frågade Birgitta. Hur skulle du vilja beskriva romanen?

Sofia rätade på ryggen, lade ifrån sig pennan och anteckningsboken och drog till hästsvansen. Blicken stum och klar bakom glasögonen.

– Författarna beskriver egentligen många olika brott i boken, sa hon. Alla klaras inte upp. Till exempel så beskriver man stöld och korruption vid anläggandet av Sturups flygplats. Man säger att de boende har "deporterats", vilket borde vara olagligt, och att någon typ av beslutsfattare, oklart vem eller vilka, "hade i alla fall kunnat stoppa undan ett antal miljoner på sina schweiziska bankkonton. Någon som beklädde ett så högt ämbete att varje medborgare skämdes över sin ringa, helt formella delaktighet i den svenska pseudodemokratin och dess snart totala bankrutt."

Birgitta stirrade på Sofia. Så här många ord hade hon inte yttrat på en gång sedan bokcirkeln drog igång på hösten 1974. Och vilken drapa, hon måste ha memorerat delar av texten, kunde den utantill.

– Det är lite oklart vem som säger det här, fortsatte Sofia. Någon sorts berättarröst, troligtvis författarna själva. Det blir jobbigt att läsa. Och jag tycker Carina har rätt i det där med "regimen". Det passar inte.

Aha, det var där skon klämde. Man fick inte kritisera Partiet, då blev lilla sosseprinsessan sur.

Sofia tryckte fast glasögonen på näsroten, fattade tag om pennan igen och vände blicken ner i sitt block. Vore intressant att veta vad Siri, mammas kollega som var psykolog, skulle ställa för diagnos på prinsessan. Riktigt riktig var hon inte.

– Agneta? frågade Birgitta och vände sig mot den genomskinliga människan.

Agneta satte fast håret bakom örat och lade huvudet på sned.

– Egentligen kan jag hålla med er a-allesammans, på olika sätt, sa hon. Det finns en berättarröst, precis som du säger Sofia, och den är rätt tröttsam. Och polisarbetet är säkert inte sådär jättebra beskrivet. Fast det gör inget, t-tycker jag. Sjöwall Wahlöö skriver riktigt jäkla s-storartat. Otroligt bra dialog. En del personer är rätt obehagliga. Jag skulle inte vilja vara kompis med dem, men de är roliga att läsa om …

Hon bläddrade bland sina röda maskinbokstäver.

– Fast jag funderar på hur författarna tänker, fortsatte hon. De är inte så schyssta när de beskriver u-utlänningar. Tänkte ni på den där läkaren som jobbar på Malmö Allmänna Sjukhus? Han beskrivs rätt t-taskigt, svartmuskig och med skjortan uppknäppt till naveln, hans namn går inte att uttala och inte kan han prata några kända språk. Riktigt rasistiskt, faktiskt. I-ingen av er som reagerade på det?

Hon såg på de andra, hennes blick fastnade i Birgittas.

Jävla subba, vem trodde hon att hon var? Satt hon i sin håla nere i Träsket och dömde ut Sjöwall Wahlöös människosyn?!

Strupen snördes åt och paniken slog stenhårt mot solar plexus.

Inte hyperventilera. Inte falla isär. Det är bara ångest.

Birgitta tryckte fotsulorna hårt mot underlaget. Tillät sig att känna allt obehag samtidigt. Inte fly, inte kämpa emot. Hon skulle inte dö, hon skulle inte svimma. Mamma hade rätt.

– Jag håller med dig, hörde hon Carina säga bakom panikridån. De är skitbra författare. Finns kritiker som säger att de har härmat Ed McBain, och de har ju översatt flera av hans böcker, men det var efter att de påbörjat sin egen serie och jag tycker att …

Carinas röst sjönk undan i dimman, det sprakade i fingrarna och brusade i huvudet, om hon inte bemästrade det här snart så skulle hon få ett regelrätt anfall, en total panikattack, det var inget farligt, inget magiskt, inget ont, hon andades bara ut för mycket koldioxid, det satt i huvudet, inget annanstans, lägga en hand på magen och notera sin egen andning, bete sig som om hon vore helt lugn, slappna av i axlarna, låta käken falla ner…

– Gitte, hur är det, hur mår du?

Agnetas hand på hennes överarm, oroliga ögon ovanför.

Inga djupa andetag, bemästra känslan.

– Blodsockerfall, fick hon fram. Jag har nog inte ätit tillräckligt.

– Ska jag gå och köpa något åt dig? Strips med dressing?

Birgitta svalde, alla tittade på henne, Susanne nervöst, Carina nyfiket, Sofia som en död fisk.

– Nej, fick hon fram, det är ingen fara. Jag tar något på vägen hem. Vi kanske ska börja runda av…?

Egentligen hade de knappt kommit igång. Varför orkade hon inte med sina kompisar längre? Vad hade hänt med dem? Eller handlade det om henne?

– Det är en grej som jag skulle vilja diskutera lite mer, sa Carina.

Vem annars? Kunde hon plåga någon så gjorde hon det.

– Det här du sa om ondska, fortsatte hon, att det egentligen bara handlar om maktlöshet, det stämmer ju inte heller.

Birgitta släppte handen på magen, anfallen sjönk ibland undan lika snabbt som de kom. Kvar fanns en flimrande sinnesförnimmelse i utkanten av synfältet, resterna av den krackelerade verkligheten. En varning, eller snarare en varseblivelse, av hur sårbart allting var.

– Så vad är ondska då, tror du?

Rösten ansträngd, men den bar.

– Du har rätt i att ondska kan vara maktlöshet, men den kan också vara *inbillad* maktlöshet. "Om du inte gör som jag säger så skadar jag dig. Och om du fortfarande inte gör som jag vill så dödar jag dig." Stämmer in både på kvinnomisshandlare och diktatorer. De förtrycker och förnedrar med våld och hot. De skulle väl ändå definieras som onda, och inte missförstådda.

– Frihetskämpe eller t-terrorist, sa Agneta. Det ligger i vem som gör definitionen.

– Vi äter döda djur varje dag, men vi tycker inte att vi är onda för det, sa Sofia, som plötsligt vaknat till ur sitt fiskliknande tillstånd. Vi slår ihjäl massvis med mygg, men vi har inget dåligt samvete för det. Inte här i Stenträsk. Men på andra ställen får man inte äta djur eller döda myggor, som i Indien. Där är man ond om man gör det.

– Vilken intressant tanke, sa Agneta, som ju inte såg igenom någonting någonsin. Menar du att ondska inte f-finns? Att det bara handlar om moral?

Men Sofia hade krupit tillbaka in i sitt snäckskal och fått den där tomma blicken igen.

– Så klart det finns ondska, sa Susanne. Det är något av det som gör oss till människor, att vi skiljer ont från gott och rätt från fel.

Nu stod hon inte ut med det här längre. Reste sig från barnsoffan.

– Det är ju jag som ska städa undan, sa hon. Jag får tacka er för ikväll, och så ses vi den 4 juli. Då är det din tur, Agneta. Alla har boken, "Tom Sawyers äventyr" av Mark Twain?

De andra reste sig, möjligen lite förvånade av hennes bryska avslut. De yttrade ord som gled i varandra, där var kramar, jackor som drogs på, frågorna om helgen, det vanliga. Hon hörde dem prata om Wiking, alltid om Wiking.

– Hans mamma övningskörde med honom, Gustav vägrade, sa Susanne och skrattade. Sa att han blev så nervös. Är det inte ganska gulligt? Pappa polischefen fixar inte att sitta bredvid medan sonen kör ...

– Har han någon bil? Någon egen?

– Krister fyller år på midsommarafton, han kör upp på måndagen.

– Vilka snygga skor, var har du köpt dem?

Birgitta vände sig bort och slöt ögonen. Adrenalinet hade sjunkit undan och lämnat henne yr och lite darrig. Det var bara hon i huset i natt, hon hade det helt för sig själv. Tanken på hörnens mörka skuggor fick det att bränna i händerna av obehag.

– Ska vi hänga på stan ikväll? frågade hon Susanne.

Sussi, hon var åtminstone en riktig kompis. Ikväll hade hon tagit på sig sin rosa jacka med axelvaddar och de bruna skorna som var lite för små, den utstyrseln bar hon bara vid Riktigt Viktiga Tillfällen.

Susanne tvekade.

– En kort sväng i så fall, svarade hon. Vi ska hem till Krister.

Hennes blick var redan ute genom dörren, den flög över gator och nyvaknade rabatter, den rasade redan omkring i en värld som badade i den sortens ljus som bara kan komma från en sol som aldrig går ner: det sneda, mörkgula.

– Vi kan väl höras i morgon, sa Susanne. Jag kan komma förbi på förmiddagen, vi kanske kan kolla på film?

Gunilla hade köpt en videobandspelare, den var väldigt populär i grannskapet. Hemma hade de sammanlagt fyra videokassetter, barnfilmer för pojkarna, men Susanne hade en förmåga att gräva upp de mest barnförbjudna rullar. Faktiskt förfogade hon över en samling med de mest groteska våldsfilmer. De hade sett flera stycken, två dagar efter varandra, när pappa och Gunilla var på Kanarieöarna med pojkarna. "Verktygsmördaren" hette en, "Motorsågsmassakern" en annan. Båda gick i stort sett bara ut på att lemlästa så många människor som möjligt med olika typer av redskap. Bland annat mördades en naken kvinna med en spikpistol, den scenen hade bränt fast. Kvinnan bara satt kvar, död, på någon sorts hyvelbänk, med ögonen öppna och benen isär, stirrade rakt fram med spiken mitt i pannan. Det måste ha varit "Verktygsmördaren".

– Jag vet inte om det funkar med film, sa Birgitta. Gunilla har jouren i natt, hon behöver sova.

På Valborgsmässoafton hade hon fått med sig Susanne på Folkets Bio i Älvsbyn, men det var egentligen inte Susannes kopp te. Alls. Fick Susanne bestämma skulle de bara se på skräck och/eller romantiska komedier.

– Okej, jag ringer när jag vaknar, sa hon nu och flöt iväg bort mot hägrande äventyr.

De andra hade försvunnit ut i försommarkvällen. Det verkade vackert när man befann sig inomhus och tittade ut, men Birgitta visste bättre. Juninätterna var råkalla i Stenträsk. Väderleksrapporten hade varnat för nattfrost.

Wiking fanns någonstans därute, i sin mammas gröna Golf.

Hon sjönk ner i barnsoffan och lade upp det skadade benet på en av sittkuddarna, plockade upp en Kexchoklad ur väskan. Drog bort pappersgördeln, öppnade stanniolpappret och knaprade försiktigt, det rasade ner små chokladbitar på barnsoffan. Hon försökte borsta bort dem på golvet, vilket gjorde att de smetades ut och kladdade fast på sofftyget, skit också.

Wiking, han föreföll uppriktigt ångerfull. Fast vad var verkligt, hans insikt eller hans aggressivitet? Frågan var om hon kunde ge honom en andra chans. Skulle det vara ett misstag? Tänk om han faktiskt skulle skada henne, på riktigt?

Men det fanns, å andra sidan, ingen annan hon ville ha här, och hon skulle ju bo här nu.

Hon tryckte ner chokladpappret under soffan, drog ut sittkuddarna i ungdomsavdelningen, släckte och låste och lämnade in nyckeln i receptionen på polisstationen, och sedan gick hon ut i snålblåsten för att leta reda på Wiking.

Det var ganska mycket folk på stan. Bilar varvade motorer, röster steg och föll. Män brölade. *Flickorna på TV2* på för hög volym. *All and all, it's just another brick in the wall.*

– Öööhh, Gitte, ska du med?

En klunga med grabbar i en gammal PV. De ville egentligen inte ha med henne, de ville bara hävda sig inför varandra.

Trafiken stod stilla på Storgatan, flera gäng hade ställt ut högtalarna på biltaket. *It's fun to stay at the YMCA*, folk skrålade med, *Hey there people I'm Bobby Brown*, några dansade, *Born to be Alive.* Ingen grön Golf. Däremot såg hon Krister Schiltz och hans klick, de hängde runt en Ford Taunus med vinyltak. Susanne stod i bakgrunden och tuggade på sitt tuggummi. Birgitta gick bort till henne.

– Alltså, det här är så himla hemskt, sa Susanne, du vet

Per-Ola Nilsson, Pelle, Håkans kompis, han med den gula Puch Dakotan, inte? Rödhårig? Hur som helst, han måste ha fått alkoholförgiftning, han bara spydde tills han däckade, helt blå i ansiktet, Wiking fick köra upp honom till akuten för magpumpning. Stackars hans mammas bil alltså …

Wiking, på akuten. Hon svarade något skenbart intresserat.

– De hade supartävling och Pelle vann, sa Susanne. Vad ska man göra? Ska man ta av dem spriten? Wiking har inte kommit tillbaka, han har väl fått hjälpa honom in på sjukan, ojojoj vad han måste vara nerspydd.

Kanske var det Gunilla som tog hand om den fulla killen. Kanske träffade hon Wiking i detta nu, ropade fram en bår och en sond för ventrikelsköljning, första pris i supartävlingen.

– Sussi, kommer du?

Krister vinkade bortifrån Taunusen, Susanne satte upp väskan bättre på axeln.

– Vi hörs i morgon då? sa hon och försvann iväg till Krister.

Birgitta vände sig bort. Lämnade Storgatan och gick upp mot sjukhuset. Vinden blåste riktigt hårt nu, den höll inte många grader över noll.

Mamma sa alltid att man hade ett liv att leva, inte ett krig att vinna. Det var klart att hon kunde förlåta. Wiking gjorde ett misstag, men det kanske skulle föra dem närmare varandra i slutändan. Faktum var att det fanns många argument för dem att vara tillsammans. De var varandras första, stora kärlekar. Den initiala förälskelsen hade djupnat till något större. De hade bra sex. Dessutom passade de ypperligt tillsammans i den stora kompisgrupp som hon nu skulle vara en del av.

Vad glad och lättad han skulle bli när hon gav honom beskedet. Att hon hade tänkt, och att hon ville ha honom tillbaka.

Hon fällde upp kragen på kavajen. Solen sken henne rakt i ansiktet, röd som en blodpalt. Backen uppför Kolberget var seg som kola och tog aldrig slut. Gunilla cyklade till jobbet, sommar som vinter, sa att det var den enda motion hon behövde. Upp- och nedför Bäckåsen och Kolberget, då blev man aldrig överviktig. Stenträsk lasarett låg på andra sidan krönet.

Hon såg den gröna Golfen direkt. Den var parkerad en bit bort från akutintaget, under en gatlykta som var tänd trots det röda ljuset. Ena bakdörren stod på vid gavel, kanske hade Wiking varit tvungen att lämna den öppen när han släpade fyllevinnaren in till läkarna. Men varför parkerade han så långt från akutintaget? Lampan inne i bilen var släckt, men hon tyckte sig ändå se att något rörde sig inne i bilen, hade han inte fått ut fyllot ännu? Behövde han hjälp?

Hon skyndade mot bilen, tog en genväg genom skogsdungen ovanför parkeringen. Ja, det stack ut ett par ben från baksätet, Wiking behövde hjälp, helt klart, nej vänta, det var två personer där, hon fick inte ihop bilden.

Stannade mitt i steget, plötsligt osäker. Stod bakom ett träd i en skogsdunge med sin mörka kavaj och sina mörka jeans, osynlig. Tog några tysta steg åt höger, och några framåt, och sedan några till.

Wiking halvlåg på rygg i baksätet. Hans vita, kraftiga lår stack ut genom dörren. Mellan hans ben satt en liten människa på huk, märket på jeanslinningen glänste i lyktskenet. Puss&Kram. Huvudet rörde sig rytmiskt fram och tillbaka i hans skrev, Birgitta kunde se hur hästsvansen hoppade. Den hoppade och hoppade, svängde och dansade. Bilden fäste inte. Inte först. Sedan hörde hon kvidandet, det som kom strax innan Wiking fick utlösning.

Verkligheten brakade in i hennes kropp med en kraft som sparkade luften ur lungorna. Hon sög av honom. Sofia sög av honom på sjukhusparkeringen i baksätet på hans mammas bil.

Det fanns ingen mark under hennes fötter längre, bara tomhet.

Huset tog emot henne med instängda skuggor. Tystnaden låg tjock. Hon stängde ytterdörren mot omvärlden och vadade nedåt, till botten där inget syre fanns.

Om hon hade kunnat skrika så hade hon gjort det. Hennes röst skulle ha studsat mellan tavlor och ryamattor, fått speglar att spricka och gardiner att rämna, men hon var stum.

Visste vad hon måste göra.

Svävade ut genom köket, såg bort mot knivlådan. Carinas röst mellan väggarna, *var det ett riktigt självmordsförsök när du skar dig, eller ville du bara ha uppmärksamhet?*

Hon hade slutat med knivar.

Tog sig genom grovköket, ut i tvättstugan. Kanske måste hon kräkas, hon svalde hårt. Torklinor och städskåp och mangelbord. Plockade fram strykjärnet, stoppade i kontakten. Vred upp termostaten på PRESS. Placerade det ovanpå tvättmaskinen och tog av sig jeansen. Hela kroppen skrek. Såret på knäet måste ha gått upp, kompressen var blodig. Hon kände det inte. Satte sig upp på mangelbordet. Paniken vrålade i huvudet. Försökte uppfatta knäppandet i strykjärnet när temperaturen stegrades. Hela världen var blodröd. Någonstans långt inom henne började Nationalteatern sjunga.

Men bara om min älskade väntar
Om jag hör hennes hjärta sakta slå
Bara om hon låg här tätt intill mig
Kan jag bli den jag var igår

Lampan på strykjärnet slocknade, temperaturen var uppnådd. Hon spottade på undersidan, det fräste.

Djupt andetag. Lyfte strykjärnet mot taket. Det var tungt och stabilt. Blundade och andades några gånger tills blodet dånade i öronen.

Sedan sänkte hon strykjärnet och siktade, tryckte fast det mot insidan av sitt vänstra lår.

Och äntligen briserade skriket.

Vågorna som följde sköljde bort all smärta.

GITTE LANDÉN DAGLÖNARE disputerade vid Södertörns Högskola i april 1999. Samma dag inträffade skolmassakern i Columbine, vilket möjligen kunde ses som en något olycksbådande tillfällighet.

Hennes doktorsavhandling analyserade det första, politiska fullskaleförsöket i världen där ett könsperspektiv applicerades på politiska beslut. Själva studien genomfördes som en del av Svenska Kommunförbundets programberedning "Kommunerna och Jämställdheten". Nio svenska nämnder i sex kommuner undersökte under ett och ett halvt års tid hur kvinnor respektive män påverkades av politiska beslut.

Om man, exempelvis, breddar trottoarerna på en gata så får detta en rad olika konsekvenser.

Miljömässiga: Blir luftkvalitén bättre eftersom färre bilar kör på gatan? Eller blir den sämre, eftersom det bildas bilköer?

Ekonomiska: Stiger omsättningen i affärerna på gatan, eftersom fler kan promenera där? Eller sjunker de, eftersom ingen kan parkera?

Genusmässiga: Vem gynnas av bredare trottoarer? Kvinnor eller män? Får någon grupp större eller mindre tillgång till det offentliga rummet på bekostnad av den andra?

För att kunna mäta detta sistnämnda var man först tvungen att ta reda på kvinnors och mäns specifika förutsättningar, varför man konstruerade ett verktyg för att mäta och väga jämställdhet. Det kom att kallas 3R, vilket stod för Representation, Resurser och Realia.

Gitte hade ingen del i själva försöket, utan gick igenom materialet i efterhand och fokuserade framför allt på utvecklandet av 3R.

Själva studien hade varit banbrytande, och Gittes avhandling fick också en del uppmärksamhet. En torsdagsmorgon, ganska sent i sändningen, var hon exempelvis med i TV4:s morgonsoffa. Hon var oerhört nervös innan och mindes inte ett enda ord av vad hon sagt när hon gick därifrån. Två av kollegorna på institutionen skickade sms efteråt och skrev att de hade sett henne på tv och att hon hade "klarat sig bra".

Detta med Gittes nya namn förtjänar en egen liten passus: att namnet lät taget var ingen tillfällighet. Det var ett politiskt beslut. Gitte valde att öppet solidarisera sig med det arbetande folket, att visa på kontrasten till sitt eget, mera medelklassiga Landén. Hon lät Landén vara kvar, för hon skämdes inte för den hon var, inte nu längre, men hon ville bära ett namn som personifierade den människa hon hade utvecklats till.

Vid tidpunkten för disputationen hade hennes knäproblem ännu inte tagit sig sådana proportioner att de nämnvärt begränsade hennes rörelseförmåga. Hon befann sig, kort sagt, på en bra plats i livet.

Faktum var att studierna i genusvetenskap innebar en enda lång, oavbruten aha-upplevelse för Gitte. De fick världen att slutligen bli förklarad och begriplig, och den ångest hon kämpat med ända sedan barndomen lättade för första gången i hennes vuxna liv. Att studierna sammanföll med att hennes läkare ordinerade Cipramil kan vara en del av förklaringen till hennes förbättrade psykiska tillstånd. Samt att hon träffade Olov, som hon senare gifte sig med.

Ta bara en sådan sak som alla de analyser av flickors och pojkars förutsättningar i det svenska utbildningssystemet som hon fick tillgång till via forskningen. För Gitte var det som att dra upp en rullgardin, eller kanske snarare en ridå, som synliggjorde en verklighet hon tidigare bara anat. Under sin uppväxt hade hon uppfattat skuggfigurerna i kulisserna, fragment av upplevelser och sanningar, men de genusvetenskapliga analyserna visade verkligheten som den såg ut i all sin oförställda jävlighet.

Några axplock bland hennes initiala insikter:

- De lågpresterande pojkarna fick praktiskt taget all uppmärksamhet i klassrummet, medan de högpresterande flickorna inte märktes alls.
- Många gånger kunde lärarna på högstadiet inte skilja mellan flickorna, medan de kände pojkarna till både namn och egenskaper (tanken på klassföreståndaren Torsten fick det fortfarande att smaka galla bak i halsen på henne).
- De pojkdominerade utbildningarna på gymnasiet fick kosta dubbelt så mycket som de flickdominerade, på samma sätt som mäns arbetslöshetsåtgärder fick vara dubbelt så dyra som kvinnors.

För den som en gång upplever att hon fått Sanningen uppenbarad är det svårt att återgå till den tidigare förblindade, aningslösa tillvaron. Känslan av utvald upplysning har en tendens att överskugga tidigare rimliga företeelser som tolerans och kompromiss.

Detta gäller de flesta övertygelser, oavsett art: politik, religion, fotbollslag.

SÖNDAG 22 DECEMBER 2019

BROLAMPAN VAR SLÄCKT och hon såg ingen ringklocka, så hon knackade. Taxin försvann bakom henne. Lampan på väggen tändes, låset vreds om.

En kvinna i övre medelåldern som vagt påminde om Carina Burstrand öppnade ytterdörren. Håret var kortklippt och spretigt i en artificiell brun nyans. Ett par läsglasögon i pannan. Blicken var frågande, avvaktande.

– Ja, vad är det?

– Carina?

Kvinnan där i dörren tog ett stadigt grepp om dörrkarmen med ena handen, handtaget i den andra. Hon sänkte ögonlocken. Julmusik skvalade i bakgrunden, *tänd ett ljus och låt det brinna, låt aldrig hoppet försvinna.*

– Om det gäller min motion om förbud mot tiggeri i Stenträsk så får du protestera på samma sätt som alla andra. Skriv på nätet, demonstrera, ordna torgmöten, gå runt med namnlistor …

– Vad …?

– Jag respekterar din rätt att uttrycka din åsikt, men det här är mitt hem.

Carina Burstrand gjorde sig redo att stänga dörren.

Insikten träffade som en käftsmäll.

Hon känner inte igen mig.

– Har Susanne kommit? Hon sa att hon skulle möta mig här …

Carina Burstrand stod kvar. Det gick flera sekunder.

– Visst, sa hon sedan och slog upp dörren. Sussi är här, sen i morse faktiskt. Kom in.

Hon vände och försvann in i huset. Gitte fick själv trassla sig in med kryckan och stänga dörren efter sig.

Obehaget av att vara tillbaka var rent fysiskt. Känslan av déjà vu ekade genom årtiondena. Det märkliga polarljuset utanför, blått och grumligt, kylan som skar som knivar. Hon hade glömt hur vass den var. Och Carina Burstrand, det mest tragiska av fall, hon hade bara blivit värre. Tack Gud att hon själv tagit sig härifrån.

Hon krängde av sig täckkappan, svettades direkt i den varma hallen. Luften var mättad av griljerad julskinka.

Tänd ett ljus för allt du tror på, för den här planeten vi bor på.

En stor karl med glest hår kom ut i hallen, brett leende.

– Jävlar vad länge sedan, Birgitta, sa han och kramade om henne. Hans armar räckte inte riktigt runt. Hon tog sig lös.

– Hej Håkan. Jag heter Gitte nu. Rent officiellt.

– Gitte. Kom in, vill du ha kaffe?

– Tack, men jag blir inte långvarig. Jag ska träffa Susanne och hjälpa henne med en text, bara …

Susanne kom också ut i hallen, det blev trångt. Håkan gick tillbaka till köket och julmaten.

De kramade om varandra, hastigt, Gitte var ingen kramperson.

– Vi kan sätta oss i soffan, sa Susanne.

Gitte behöll skorna på. Vände på kryckan och tog bort lite is och en sten som fastnat under den. Stödde sig sedan tungt på den på väg in i vardagsrummet. Där stod den största tv hon någonsin sett, och möjligen den största skinnsoffan. Susanne mötte hennes blick och himlade med ögonen.

– Vi ryms ju, åtminstone, sa hon lågt och fattade inte hur oförskämd hon var. Det var inte Gittes fel att hon vägde som hon gjorde, det var knäet.

Susanne satte ansiktet intill hennes öra.

– Tror du att de har köpt tillräckligt med julklappar?

Julgranen stod inne i hörnet och var lite för hög för rummet. Stjärnan i toppen stötte i taket. Under låg ett par kubikmeter med färgglada paket.

– Varför kunde vi inte ses hemma hos Siv? viskade Gitte.

Susanne suckade och slog ner sin beniga rumpa i skinnmöbeln. På soffbordet framför henne låg en anteckningsbok och hennes mobiltelefon.

– Hon har sin rimstuga idag, sa hon. Vi fick ju vara med ett år, minns du det? Vad kan vi ha varit, sexton kanske?

Gitte letade i minnet, hittade inget.

– Fast det blev inte bra, sa Susanne. Tanterna kunde inte prata fritt när vi var där, så vi var inte välkomna året därpå. Och jag tror inte de rimmar så mycket, mest behöver de nog en ursäkt att skvallra och dricka glögg.

– Håller de på hela julen?

Susanne skrattade.

– Det känns nästan så, faktiskt. Och när jag nu fått uppdraget att tala om Sofia på julottan så känner jag att jag vill förbereda mig ordentligt. Det var verkligen en jättebra idé att ha minnesstunden då, när människor ändå går till kyrkan. Vi behöver komma samman och sörja. Det här måste bli rätt.

"Komma samman och sörja"... Snarare behövde människorna vädra sin egen rädsla och sensationslystnad, söka visshet om att något lika gräsligt inte skulle hända dem själva, och gotta sig lite i att tv var på plats. På kvällen skulle de sitta klistrade vid nyheterna och spana efter sig själva: "Såg ni! Där! Bakom den pelaren, där satt jag..." Och att Susanne "fått uppdraget" var nog en förskönande omskrivning. Erbjudit sig, eller pratat med mamma, var nog närmare sanningen överensstämmande. Siv Johansson var fortfarande mycket aktiv i församlingen efter alla år på pastorsexpeditionen.

En ny julsång avlöste den förra, *Feliz Navidad* med José Feliciano, *prospero año y felicidad*.

– Vad kan jag hjälpa till med? frågade Gitte.

Carina kom in i rummet med en bricka full med kaffemuggar och lussekatter. Ställde den på soffbordet och placerade ut muggar och bröden framför dem.

– Hur mår din pappa? frågade hon och såg på Gitte.

Gitte harklade sig lite. Hon var egentligen inte här för att småprata.

– Dåligt, sa hon.

– Så tråkigt. Hörde att han fått en stroke.

Gitte tog en liten sats.

– Han har nästan tappat talet och är förlamad på ena sidan, och ingen hjälp får han. Det är rent skamligt.

– Jag håller med, sa Carina och bet i en lussebulle. Och vi vet allesammans vart pengarna går.

Susanne suckade.

– Snälla Carina, börja inte nu …

– I förra veckan rymde ett helt dussin asylsökande från flyktingförläggningen i Vidsel, sa Carina. Hur tror du de försörjer sig hädanefter?

Gitte stelnade till i hela kroppen, hon trodde inte hon hört rätt.

– Men sluta, sa Susanne. Vi ska ju prata om Sofia.

Carina sjönk ner i en fåtölj storlek världshav.

– Kriminologerna får inte ens räkna på hur överrepresenterade invandrarna är på våra fängelser. Fattar ni vad de kostar samhället?

– Du låter som en skiva som har hakat upp sig, sa Susanne.

– Vet ni hur mycket av statsbudgeten som går till att finansiera invandringen?

Nej, nu räckte det. Gitte tog tag i kryckan för att försöka häva sig upp ur soffan.

– Jag tänker inte sitta och lyssna på det här, sa hon.

– Varför inte? sa Carina. Vet du överhuvudtaget hur mycket statsbudgeten är på?

Soffan var för djup, Gitte kom inte upp. Hon kände hur värmen och blodet steg i ansiktet på henne.

– Om vi skulle ta och diskutera det vi är här för, sa Susanne och sköt bort sin orörda lussebulle. Först och främst, vilka talar vi för? Sofia har inga anhöriga i livet. Alla har hört talas om henne, men inte särskilt många kommer ihåg henne. Inte som hon var. Hade hon egentligen några kompisar? Förutom oss?

– Var vi verkligen hennes kompisar? sa Carina. Eller fick hon vara med i vår bokcirkel för att hon gav oss status?

Gitte blundade.

– Talmud säger att den som räddar ett liv, räddar hela världen. På samma sätt upphör en del av världen när en ung människa dör. Tomrummet efter Sofia Hellsten är evigt, det kan aldrig fyllas. Ingen kan ta hennes plats. Stenträsk blev en annan stad den dagen hon försvann. Den blev sig aldrig lik.

– Superbra, sa Susanne och skrev fokuserat i anteckningsblocket. Men vem är talmud?

– Judendomens heliga skrifter, sa Carina innan Gitte hann svara. Deras nedskrivna samlingar av muntlig tora.

– Stiligt, sa Susanne. Men borde vi inte vara lite personliga också? Jag menar, för att verkligen visa att vi kände henne?

Gitte vände bort blicken, de vita benen i sommarljuset, den guppande hästsvansen.

– Alla dessa kvällar då vi samlades för att diskutera de böcker vi läst, sa hon tonlöst, från de allra tidigaste tonåren till slutet av gymnasiet, alla de år som formar en människa, där var hon en hörnsten. Varje fredag skrev hon våra protokoll, alltid i tid, alltid närvarande, alltid påläst. Hon tyckte mycket om litteratur, var en allätare, högt och lågt, uppskattade både författare som Nabokov och Judith Krantz…

– Jag tror faktiskt inte någon känner till Nabokov nuförtiden, sa Susanne medan hon skrev.

– Driver du med mig? sa Carina.

– Hon var stillsam, men inte försagd, fortsatte Gitte med

blicken fäst på julstjärnan i fönstret. När hon talade var hon genomtänkt och klar. Och hon hade en lite ovanlig egenskap: hon talade aldrig illa om någon annan. Aldrig någonsin. Hon var en verklig … vän.

Nu var Carola igång på spellistan, *Stilla natt, heliga natt, allt är frid, stjärnan blid.*

– Håkan, ropade Carina mot köket. Kan du dämpa lite?

Ljudet sänktes omedelbart.

– Hon lämnade oss andra i ett kaos, sa Gitte. Vi föll och föll genom himlarna, och vi slog oss när vi landade. Ärren lyser fortfarande vita på våra ryggar. Vi har varit utan henne så länge, och så fick vi henne tillbaka, på det här sättet. Det är inte mänskligt.

Kvällstidningarna hade varit fulla av de makabra detaljerna, inte ens Gitte hade kommit undan dem. Dessutom hade Susanne en förstahandskälla, på en burkig inspelning i mobilen.

– Hur länge ska du prata? frågade Carina och fångade upp de sista bullsmulorna med pekfingret.

– Ett par minuter bara. Det här räcker nästan. Någon bra avrundning bara så är vi klara.

– Kanske något om tryggheten i vårt samhälle? föreslog Carina. Tilliten folk emellan, hur vi inte får låta våldet ta över?

Susanne slog ut med händerna.

– Måste du dra upp invandringen överallt?

– Hur menar du nu? frågade Carina. Vad får dig att associera våld med invandring?

– Om du visste hur inskränkt och korkad du framstår, sa Susanne till Carina och plockade demonstrativt upp sin mobiltelefon, lutade sig bakåt i soffan och sjönk ner i Facebook.

Gitte kände svetten bryta fram utefter ryggen, den fick tunikan att kleta fast mot den svarta djurhuden. Hon bet ihop käkarna.

– Att ta emot invandrarna som kommer hit, just nu, malde Carina på, kostar lika mycket som hela rättsväsendet, all statlig kultur och alla studiebidrag och studielån till alla Sveriges studenter tillsammans.

– Var har du läst det? frågade Susanne utan att släppa skärmen med blicken. På Flashback?

– Nej, på regeringens hemsida. Och då räknar vi alltså inte med de verkliga kostnaderna för samhället, de som uppstår när invandrarna lever på bidrag i flera årtionden och aldrig blir självförsörjande.

Det var många år sedan, men nu kände Gitte panikångesten stiga i halsen. Hon kunde höra Håkan sjunga med inifrån köket, *vår julskinka har rymt*.

– Mellan en fjärdedel och en femtedel av våra skattemedel går till invandrare, sa Carina och drack ur kaffemuggen. Jag tycker vi ska använda pengarna på ett bättre sätt. Till Birgittas pappa, till exempel.

Susanne slängde mobiltelefonen på soffbordet och slog ut med händerna.

– Det där är så gammalt och ruttet, sa hon, att ställa svaga grupper mot varandra. Och en fjärdedel av statsbudgeten går inte till invandringen, det är ju bara struntprat.

– Av skattemedlen, sa Carina.

Gitte kände sig yr, situationen var helt surrealistisk. Hon hade hamnat i helvetet.

– Invandrarna arbetar visst, sa Susanne. Hur kan du bara

sitta och vräka ur dig sådana fördomar?

Carinas ögonlock sjönk.

– Det är skillnad på att arbeta och försörja sig. En majoritet av utrikesfödda utan högre utbildning blir aldrig självförsörjande. Inte min åsikt, studie från Entreprenörskapsforum.

– Du är ett eko från 1930-talets Tyskland, fattar du det? sa Susanne. Om grannens hus brinner ner och hen ringer på din ytterdörr för att få hjälp, slänger du dörren i ansiktet på hen?

– Nej, sa Carina, men jag låter honom inte flytta in i min säng och äta upp min mat och bo i mitt hus i evighet utan att betala för sig. Och först ringer jag nog brandkåren.

– Känner du till Robert D. Hare? undrade Gitte.

– Frågar du mig? sa Carina.

– Kanadensisk forskare, professor i kriminalpsykologi, fortsatte Gitte. Han står bakom definitionen av psykopater. Säkert att du inte hört talas om honom?

Carina sänkte ögonlocken. Gitte satte sig upp i soffan, såg henne rakt i ögonen.

– Han beskriver psykopater som mänskliga rovdjur. De saknar samvete och empati, tar vad de vill ha och gör som de själva vill. De provocerar och använder våld utan minsta skymt av skuld- eller ångerkänslor.

– Vad menar du med ...?

– De är manipulativa, ofta intelligenta, sexuellt promiskuösa och de går inte att bota med psykoterapi. Ofta gör terapin dem farligare, eftersom de lär sig hur de *borde* fungera. Det blir lättare för dem att dölja sin störning.

Carina lutade sig bakåt i fåtöljen och lade armar och ben i kors.

– Dessutom, sa Gitte, verkar kvinnliga psykopater lida värre av alexitymi. De har ofta narcissistiska drag, grandios självbild, bristande självkännedom, överdriven självkänsla, är patologiska lögnare, men precis som män kan de vara mycket farliga för sina medmänniskor och samhället …

Hon tystnade, hade tappat luften. Andades stötvis. Carina stirrade på henne med öppen fascination.

– Mycket farliga för sina medmänniskor och för samhället, ekade hon. Samvetslösa promiskuösa rovdjur med grandios självbild som är patologiska lögnare. Varför säger du det här? Vart vill du komma med det här?

I samma ögonblick brakade ytterdörren upp på vid gavel ute i hallen. Carina flög upp, Håkan kom ut från köket.

– Mormor! skrek ett barn.

– Alicia, mitt hjärtegryn!

Hälsningar ropades, snö och is stampades bort från ytterskor. Susanne gick ut i hallen för att hälsa. Gitte blev kvar i soffan, oförmögen att ta sig upp. Hon fingrade på kryckan. Rösterna dansade därute.

– Får jag hjälpa dig med skorna, är ni hungriga?

– Som tigrar! På knäck!

Unisont skratt.

– Alltså, Gud vad kallt det är!

– Gick det bra att köra?

– Vänta så ska jag ta julklapparna …

Susanne kom in med två gigantiska papperspåsar i varje hand som hon trasslade fram mellan möblerna, bort till julgranen.

– Vill du stanna och äta lite jullunch? frågade hon samtidigt som hon fyllde på berget med presenter under granen.

– Nej tack, fick Gitte fram. Jag äter inte kött.

– De har både lax och sillsallad.

– Jag äter inte odlad lax.

Susanne kom bort till soffan och satte sig för nära.

– Karolina och Christoffer kommer inte hit i jul, viskade hon. De står inte ut med Carina och hennes rasism. Fatta hur man kan ställa till det, att splittra familjen. Bara för att få framhärda med sin främlingsfientlighet.

Gitte försökte få kontroll på sin puls.

Ett barn kom springande in i vardagsrummet, jublade till vid åsynen av pakethögen.

– Wow, så mycket klappar!! Mamma, titta, titta!

Så vände hon sig om och fick syn på Gitte, tog ett omedvetet steg bakåt.

– Oj, vilken stor tant! Mamma, har du sett!

En kvinna någonstans runt de trettio steg in i vardagsrummet. Log mot Gitte, tog två steg fram till soffan och sträckte fram handen.

– Linnea, sa hon. Trevligt att träffas.

– Gitte Landén Daglönare, sa Gitte.

– Daglönare, ekade Linnea. Wow. Häftigt.

Carina kom in med en knäckskål i handen, ställde den på soffbordet.

– Mormor, när kommer tomten?

– På julafton, om du varit snäll.

Barnet lade huvudet på sned.

– Fast han finns faktiskt inte på riktigt. Det är morfar som klär ut sig.

– Jodå, sa Carina, tomten finns på riktigt. Eller rättare sagt så *har* han funnits. På engelska så kallas han för Santa Claus …

Hon tog upp barnet i famnen, satte sig i en av de stora fåtöljerna. Placerade barnet i knäet.

– … för i verkligheten hette han Nicolaus, och han var en grekisk biskop i staden Myra, som ligger i Turkiet idag. Han bodde granne med tre flickor som var väldigt fattiga, och han kastade in presenter genom deras fönster så att de skulle slippa bli prostituerade …

Carina hejdade sig och hostade till.

– … slippa bli så hungriga. Han utförde många mirakel och blev ett helgon till slut, alltså ett *saint*, och därifrån har västvärlden format myten om tomten.

Flickan funderade.

– Vad var det i presenterna? frågade hon. Som flickorna fick?

– Många säger att det var påsar med guld.

Barnet lät blicken dansa över klapparna under granen.

– Eller kanske en mobiltelefon.

Gitte slöt ögonen. Carina tyckte på allvar att hon var intellektuell för att hon läst om julen på wikipedia.

– Susanne, sa hon, skulle du kunna hjälpa mig upp …?

Håkan var genast framme och tog tag i hennes hand, fattade ett grepp runt armbågen också och drog upp henne. Alla såg på henne.

– Kan någon ringa efter en taxi?

– Inte då, sa Håkan. Jag kör dig.

– Nej, sa Gitte. Susanne, ringer du?

Hon stödde sig hårt mot kryckan, fick på sig kappan och gick ut i kylan för att vänta på bilen.

HUSET TRONADE FORTFARANDE högst upp på Gräddhyllan, ohotat i storlek och läge. Efter traktens storhetstid på 1970-talet hade det inte byggts fler bostadsområden, och inget hus större och mäktigare än deras. I hennes minne glödde villan som en fyr i mörkret, med ljus som flödade ut ur perspektivfönstren, glimmande i fasadens mexitegel.

Ikväll var det djupfryst och nedsläckt. Dess konturer formade en oregelbunden betongklump mot natthimlen, en djupare svärta mot det svarta. Hon brukade roa sig med att kolla marknadsvärdet på kåken via en av de där söktjänsterna på nätet. I dagsläget uppgavs det vara värt cirka 1,7 miljoner kronor. Hennes etta på Söder var värderad till nästan tre.

– Ska jag hjälpa dig in? frågade Erik Elofsson, taxichauffören som tagit över rörelsen efter sin far.

– Behövs inte. Kan jag få ett kvitto, tack, sa Gitte.

Hon langade ut kryckorna på trottoaren, den ena gled iväg en bra bit nedåt backen. Det slutade med att chauffören fick gå och hämta den, lyfta henne ut ur baksätet och stötta henne hela vägen fram till förstukvisten.

– Ha en fin jul nu, sa han när han lämnade henne mellan ytterdörrens sidoljus.

Pappa satt i halvmörkret framför den avstängda tv:n, framåtlutad i rullstolen. En lågenergilampa kämpade mot skuggorna på ett av soffborden. Hon tände i taket och ett par av Gunillas prydnadslampor i fönstren.

Hon kämpade med känslorna vid åsynen av sin far. En sträng av saliv letade sig långsamt från hans ena mungipa och ner på hakan. Han hade vält ut ett glas med juice på den handknutna mattan de köpt på basaren i Izmir. Situationens ovärdighet fick hennes andningsorgan att knyta sig, det var inget farligt, inget farligt, en ren försvarsmekanism, inget magiskt, inget ont, hon andades bara ut för mycket koldioxid, det satt i huvudet, ingen annanstans.

– När var hemtjänsten här? frågade hon och plockade upp dricksglaset. Tog en pappersnäsduk och torkade av hakan.

Han försökte fixera blicken på henne.

– Famfus? frågade han.

– Hampus är kvar i Slovenien.

Hon noterade att katetern verkade läcka. Påsen kanske var full.

– Har inte hemtjänsten varit här på hela dagen? frågade hon.

– Famfus? frågade fadern igen.

Hon tog fram mobiltelefonen och ringde journumret till hemtjänsten. Kände paniken stiga ju längre signalerna ekade, snart skulle hon inte kunna hejda ett rejält panikanfall. Skulle precis ge upp när en stressad kvinna svarade på bruten svenska. Gitte skrädde inte orden när hon beskrev det tillstånd hon funnit sin far i, krävde att någon *omedelbart* skulle komma och ta hand om pappa. Hotade med att hon annars skulle anmäla dem, oklart var. Kvinnan i andra änden lät gråtfärdig. Hon lovade komma, personligen.

Gitte satte sig intill pappa och tog hans tunna hand. Den var kall och torr.

– Famfus? viskade han.

– Han kommer inte hem i jul, sa Gitte. Han jobbar.

Fadern hade fått som han ville. Brodern utbildade sig till civilingenjör i teknisk fysik och bodde numera i Philadelphia i USA. Han jobbade på ett globalt energiföretag och var ansvarig för laddningen av kärnkraftsreaktorer runt om i världen. Just nu basade han över ett projekt där man utredde utvidgningen av ett nytt block med tusen megawatt i kärnkraftverket i Krško i Slovenien.

Sebastian var infektionsläkare och arbetade med ebolautbrottet för Läkare Utan Gränser.

– Sebbe är kvar i Kongo, sa hon. Senast jag hörde från honom var han i Ituriprovinsen, men nu finns det bekräftade fall i South Kivu också. Han kommer inte att komma hem på ett bra tag.

Joakim tog livet av sig när han var tjugotvå. Gunilla kom aldrig över det och förtvinade av sorg. Hon dog samma vecka som pappa gick i pension. Sedan dess hade han suttit i sin ensamhet på Gräddhyllan och väntat på stroken.

Hon rös till. Det var ganska kallt och rått i huset. Också här hade pappa äntligen segrat. Huset värmdes upp med direktverkande el vilket naturligtvis var helt vansinnigt, hela sin uppväxt hade hon frusit för att det skulle sparas på elektriciteten. Gunilla hade protesterat, särskilt när pojkarna var små. Nu kunde han gott sitta här i kylan.

– Du vet att man har hittat Sofia Hellsten? sa hon och såg på sin far. Hildings dotter som försvann, du minns? Hon var mördad. Halshuggen. Hon låg inmurad i Granselsbron.

Fadern lyfte på huvudet, hon tyckte hans blick glimmade till.

Hon reste sig, gick en lov i kåken.

Gunilla hade fixat och donat fram tills att Joakim dog, vilket innebar att stil och möblemang var en inredningsmässig utopi daterad millennieskiftet. Pappa lagade inte mat, varför köket blänkte lika kritvitt och högblankt som efter totalrenoveringen på hösten -98. Alla badrum hade golv av tumlad sjösten och väggar med mörkblå glasmosaik. Ekparketten var mattlackad.

Hon hamnade, utan att hon egentligen visste hur hon tagit sig nedför trappan, utanför sitt rum i källarplanet. Öppnade dörren, gångjärnen skrek.

Det var iskallt därinne, knappt plusgrader. Ändå tände hon taklampan, klev in och blev stående. Ingen hade någonsin städat ur rummet, det såg ut som det gjorde när hon lämnade det sommaren 1980. Blundade, en avancerad övning i acceptans.

Huset måste säljas när pappa kom in på ett äldreboende. De kunde inte ha det stående. Vilket innebar att hon måste tömma hela skiten, alla flera hundra kvadratmeterna, för ingen av sönerna skulle göra det.

Eller så kunde hon faktiskt plocka på sig det hon ville ha, om det nu fanns något sådant, och låta Erikshjälpen hämta resten. Så hade de gjort när hon och Olov sålde villan i Enskede, måste ju finnas någon liknande möjlighet häruppe.

Hon gick fram till skrivbordet, drog ut översta lådan.

Överst i röran av torkade tuschpennor och halvskrivna anteckningsblock låg ett rosa kuvert, uppslitet i hast. *Till Birgitta från Sofia*. Ett glittrigt klistermärke där frimärket skulle ha suttit.

Hon tog upp kuvertet, fingrarna styva av kylan.

Mindes detta, åh store tid, den sista helgen. Augusti 1980.

Det ringde på dörrklockan på entréplanet. Hon släppte kuvertet som om hon bränt sig, sköt igen skrivbordslådan med en liten smäll. Hemtjänstkvinnan hade alltså behagat dyka upp. Skulle hon behöva öppna? Nej, de hade ju nycklar.

Hon tog sig tillbaka upp, det var betydligt värre än att komma ner. Knäet vrålade av smärta.

En liten kvinna med förkläde och kort svart hår höll på att byta faderns stomipåse nar hon steg in i vardagsrummet. Hela scenen var så ovärdig att hon spontant vände sig bort.

– Fameri-fanerna, sa fadern.

Hon stannade till och såg bort mot honom. Han tittade på henne och lyckades hålla blicken stadig.

– Fofia, sa han. Fameri-faner. Fäkertsrifk.

– Sådärja Evert, sa den lilla kvinnan och ordnade till pappas klädsel, klappade honom på axeln.

– Då går jag och värmer lite mat, blir det bra?

Fadern såg oavvänt på Gitte.

– Fäkertsrifk. Fofia.

Gitte tog upp mobiltelefonen ur fickan och ringde efter Erik Elofsson igen.

POLCIRKELN

Privat grupp. 4 medlemmar.
Söndag kl 20.43

Susanne
Hej alla! Minnesgudstjänsten för Sofia börjar alltså klockan 07.00 på juldagen, den är en del av julottan. Jag har frågat om vi får ta med blommor, men Hermansson sa nej.

Agneta
Oj vad tråkigt, det hade väl varit fint med blommor. Sa han varför?

Håkan
Rent praktiska skäl antar jag. Om alla ska ta med blommor så dränks hela kyrkan.

Susanne
Kommer du upp, Agneta?

Agneta
Jag har egentligen andra planer, men det är möjligt. Har inte bestämt mig ännu. Är ni där allesammans?

Gitte
Ja, tyvärr.

Agneta
Finns det airbnb i Stenträsk?

Gitte
Vet inte. Jag bor på Swampen.

Susanne
Du kan bo hemma hos mig och mamma Siv, @agnetasonjamäkitalo, om du vill.

GITTE VAR EMELLANÅT rätt förtvivlad över sakernas tillstånd.

I vardagen försökte hon tänka bort det, hon hade sin forskning att fokusera på, men även där blev det allt svårare att motivera sig.

Så många ytliga och vulgära människor kallade sig feminister nuförtiden. Kvinnor såväl som män, helt utan akademisk förankring, tog sig ton i debatten och framförde de mest tvärsäkra och ovetenskapliga åsikter.

Mycket berodde på nätet.

Internet hade inneburit en positiv revolution på många sätt. Möjligheten att utbyta relevant information med forskare och kollegor över hela världen var fantastisk. Men att ge gemene man tillgång till en global plattform var inte helt oproblematiskt. Gitte var inte ens säker på att det var rätt. Folk som inte hade något vettigt att säga borde inte få en scen eller en mikrofon. Säga vad man ville om gammelmedia, men den innebar trots allt en viss kvalitetskontroll.

Tankar av det här slaget studsade runt i hennes huvud den här söndagskvällen i december.

Hon befann sig i matsalen på pensionat Stone Swamp Inn,

där hon fått ett rum på entréplanet med utsikt över bakgården. Där fanns ingen hiss, och hon undvek trappor. Hon hade ätit en mixad sallad med getost, nötter, fikon och avokado till förrätt, en pastarätt med svamp och smält ost till huvudrätt. Pensionatet hade en riktigt bra chokladmousse till efterrätt, och till den tog hon ett glas Castaño Dulce från Monastrell, ett djupt rött och mycket smakrikt vin med fruktig och kraftfull arom.

Matsalen var nästan tom. Det satt några överförfriskade representanter ur kategorin Samhällets Olycksbarn i båsen längs med bakre väggen, men de tog ingen notis om henne. Hon var en medelålders kvinna som inte uppfyllde de gängse normerna för attraktivitet och var därmed osynlig. Lika bra det.

I takt med mättnadskänslan hade ångesten sjunkit undan. Hon lutade sig tillbaka i stolen, behövde få perspektiv på den här hemska dagen. Beställde in en flaska Château Musar Hochar Père et Fils Rouge 2016 och lät tankarna löpa fritt. Ett ungt par gick förbi utanför fönstret, stödda mot varandra på den isiga och dåligt skottade trottoaren.

Hon undrade om hon någonsin mer skulle älska med en man. Kvinnor var inget för henne, hon hade provat och det gav henne ingenting alls.

Äktenskapet med Olov hade varit stormigt, kort och barnlöst. Kvar var bara hans son från ett tidigare förhållande, Robin, som hon fortfarande hade mycket kontakt med. Och så minnena av deras swingerstid, en livsstil hon verkligen försökte anpassa sig till men aldrig riktigt blev bekväm med. Hon njöt visserligen av de andra männen, deras erfarna händer och varma tungor, men att se Olov slicka och knulla andra kvinnor dödade hennes glädje.

Så han lämnade henne.

Också.

Hon hällde upp mer vin i glaset, spillde lite på duken.

Och när man tänkte på trollen så klev de minsann in genom dörren. Wiking Stormberg och en flintskallig karl stampade av sig snön på mattan innanför porten och tog sikte på bardisken. Wiking lät blicken glida över lokalen och fick syn på henne. Han sa något till sitt sällskap och vek av åt hennes håll.

Hon samlade ihop anletsdragen.

– Hej Birgitta. Får jag slå mig ner? frågade han från andra sidan bordet.

Hon rätade på ryggen. Han sträckte fram handen, de hälsade. Samma ostyriga hår som förr, lite för långt, samma intensiva ögon.

– Visst, sa hon. Vill du ha ett glas vin?

Han slog sig ner på stolen mitt emot henne, tungt.

– Ja, sa han, varför inte?

Hon vinkade på servitrisen, en ganska hopplös lokal förmåga. Bad att få ett glas till, och ytterligare en flaska.

– Hur mår du? frågade han och granskade hennes ansikte.

– Jo tack, sa hon och tog en klunk av vinet. Lederna är usla, men huvudet är det inget fel på.

– Flög du upp idag?

– Jag flyger inte.

Han såg ner på sina händer, sådär som han brukade.

– Är du här för din pappa? Jag hörde att han blivit dålig.

– Han måste in på vårdhem. Jag ska träffa biståndshandläggaren i morgon förmiddag.

Wiking höjde skeptiskt på ögonbrynen.

– Ja du, sa han, lycka till.

Han smakade på vinet, men kommenterade det inte.

– Hur är det med dig? frågade hon. Barnen? Och hur mår Sven, och Karin?

Han svalde vinet och nickade.

– Bra. Alla är okej. Markus bor ju här i stan, jobbar på Robotbasen. Han är förlovad med Josefin, de har två ungar.

– Ah, du är farfar!

– Sven är på ett gruppboende i Vidsel, mamma är exakt likadan som hon alltid har varit. Elin är i Stockholm. Singel, såvitt jag vet.

– Var bor hon? frågade Gitte.

– På Söder.

– Ah, som jag.

– Du, sa han, jag har egentligen ett ärende. Det gäller fyndet uppe på bron.

Så klart, vad hade hon förväntat sig?

– Den där fredagskvällen innan Sofia försvann, sa han. I augusti 1980. Ni hade er bokcirkel. Var det något särskilt som hände den där kvällen? Någon som sa något utöver det vanliga?

– Du menar Sofia? Om Sofia sa något utöver …

Han höll upp handen, avbröt henne.

– Nej, sa han. Om någon av de andra sa något ovanligt.

– Vem menar du? Menar du Agneta?

Han såg rakt på henne.

– Till exempel.

Ett stråk av ilska drog igenom henne, alla var viktigare än vad hon var.

– Du blev rätt bestört när hon bara åkte iväg, eller hur?

Han såg på henne utan att röra en min.

– Är det därför du lever ensam? frågade Gitte och tömde glaset. För att Agneta inte ville ha dig?

För en sekund verkade han bli förvånad över att hon kom ihåg.

– Jag lever ensam, sa han, för att min fru gick ner sig i Kallmyren och drunknade.

Rummet hade börjat kantra lite, Gitte lade huvudet på sned så att det skulle räta upp sig.

– Ah, din fru. Vad var det hon hette, Helena?

Han nickade.

– Precis. Men om du minns något särskilt från den där kvällen i augusti 1980 så skulle det kunna vara värdefullt.

– Din pappa förhörde mig, sa hon. Då, för fyrtio år sedan. Tror du att jag minns mer idag än jag gjorde då? Eller har ni slarvat bort akten?

Han såg ingående på henne.

– Jag tror inte ni var uppriktiga i förhören, sa han. Jag tror att det hände något i er grupp, det fanns en dynamik där som ingen av er ville kännas vid. Inte när det hände. Nu borde det vara riskfritt att tala om.

Hon skrattade högt.

– Du tror att stinkande hemligheter luktar bättre med åren?

– Så det finns sådana?

– Det vet väl du! Om någon!

– Jag behöver prata med dig om detta, sa han. Fast vi behöver inte göra det nu, vi kan ta det på stationen i morgon bitti om du hellre vill det.

Hon skrattade. Han gjorde sig redo att resa sig.

– Sätt dig ner, sa Gitte. Hon ringde mig. Agneta ringde mig. Hon satte sig på bussen ner till Luleå, och på lördagskvällen tog hon Norrlandskusten ner till Stockholm.

Wiking såg forskande på henne.

– På lördagskvällen? Agneta ringde dig på lördagskvällen? Vad sa hon?

Jag pratade inte med henne, hon lämnade ett meddelande på min telefonsvarare. Hon var i Docksta, en telefonkiosk på ett långtradarfik.

Wikings ögon smalnade.

– Och du är helt säker på att det var på lördagskvällen? Den 2 augusti?

– Eller rättare sagt natten mot söndagen, den 3. Hon bad mig lämna upp nycklarna från hennes jobb, de där byggbarackerna du vet, till kommunkontoret på måndag morgon. De låg under hennes dörrmatta nere i Träsket.

– Gjorde du det? Gick du upp med nycklarna till kommunen?

Gitte var tvungen att hålla fast sig i bordet, för nu snurrade hela rummet rätt rejält.

– Nä, sa hon. Gunilla skjutsade ner mig till Piteå med mina väskor på söndag kväll. Jag bad Carina göra det.

– Varför lämnade hon Stenträsk så hastigt? Berättade hon det för er?

– Det var nog inte så hastigt, hon måste nog ha planerat det ett tag. Hennes mamma var inlagd på Furunäset och hon kom in på den där utbildningen i Karlstad. Vadå, vad höll henne kvar här?

Hon skrattade igen, Wiking såg så plågad ut. Tänk, att han blev ratad av en stammande dumskalle, det gick hans stolthet förnär. Hon tömde glaset och försökte hälla upp ett nytt, men flaskan var slut.

– Carina, sa hon och hörde själv att rösten inte riktigt bar. Carina är psykopat. Empatilös lögnare, grandios självbild ...

Hon hickade högt och ljudligt och viftade med den tomma flaskan mot servitrisen.

– Farlig för sina medmänniskor, sa hon.

Servitrisen kom emot dem, men Wiking vinkade avvärjande.

– Jag vet om dig och Sofia, sa Gitte och nu kände hon att hon snart skulle ramla av sin stol. Jag vet att hon sög av dig, Wiking, att hon sög av dig i baksätet på din mammas bil ...

Wiking reste sig, kastade en blick bort mot mannen han anlänt tillsammans med. Han satt i baren med en öl. En kollega, kanske, han såg ut som en snut.

– Vet polisledningen om det? frågade Gitte. Att du knullade henne? För det gjorde du väl? Blev hon för jobbig för dig? Ställde hon krav? Eller blev hon gravid? Du är ju den som har störst motiv av alla, den före detta pojkvännen ...

– Vi kan tala vidare på stationen i morgon, sa Wiking och sköt in stolen under bordet.

– Vad hände egentligen med din fru? frågade hon med en röst som blivit mycket gäll. Är det bara jag som ser mönstret här? Ditt kontrollbehov, din aggressivitet ...

Hans käkar hade hårdnat. Han såg sig om i matsalen, som om han sökte efter en flyktväg.

– Birgitta, sa han, skäm inte ut dig.

– Allt det här, sa hon, faller tillbaka på dig. Det är ditt fel. Ditt fel!

Wiking vände på klacken och gick. Lämnade henne sittande vid sitt bord, ensam och utan möjlighet att ta sig upp.

TOM SAWYERS ÄVENTYR

AV

MARK TWAIN

VALD AV

AGNETA MÄKITALO

FREDAG 4 JULI 1980

BRANDEN BÖRJADE STRAX efter midnatt, på Torfjället ovanför Gransel. En karl som varit uppe på Kallmyren och plockat hjortronkart såg röken som en slöja runt solskivan och ringde 90 000 direkt, och det var en evig tur. Räddningstjänsten i Stenträsk var på plats inom en kvart, men brandchefen, det var Birger Gustafsson på den tiden, insåg direkt att det behövdes ytterligare assistans. Han kallade på förstärkning, och framåt morgonen hade både Älvsbyn, Vidsel och Jokkmokk skickat manskap, släckbilar, stegbilar, tankbilar och hävare. Helikoptern nere i Boden stod startklar om den skulle behövas, men såvida inte vinden friskade i, och tack vare det tidiga larmet, hoppades man kunna klara släckningsarbetet från marken.

Egentligen hette området Stenträsk Älvstrand, men det var ingen som sa något annat än Träsket. Här, längst ner på nedre botten, bodde alltså Agneta med sin mamma och sin katt.

Agneta hade fortfarande inte somnat när de första utryckningsfordonen tjöt förbi på vägen ovanför. Hon sprang på tysta fötter bort till mammas sovrum och gläntade på dörren. Rummet var mörklagt med både rullgardin och vanliga gardiner, en ljusstrimma från hallen föll in över den smala enkelsängen. Hennes mamma sov med öppen mun och lätta snarkningar. Agneta andades ut. Det ljusa håret låg utslaget på huvudkudden, händerna var slappa, det såg nästan fridfullt ut. Hon stängde dörren försiktigt. Hoppades att det inte skulle komma fler bilar med sirener.

Det hade inte varit lätt att få mamma att ta sömntabletterna. Fanns inga argument som bet. Det enda Agneta kunde göra var att vänta ut förtvivlan och försöka pricka vändningen, svängningen, när depressionen svängde över i mani och gjorde henne oövervinnelig. Hon hade till slut mosat ner pillren i en drink med vodka och citronjuice. Den här gången hade modern fått för sig att myndigheterna, oklart vilka, var ute efter henne och skulle mörda henne, och alla mediciner var i själva verket dödliga cyanidkapslar.

Agneta ställde sig i köksfönstret och spanade upp mot vägen och älven som forsade på andra sidan krönet. Det hade väl inte hänt något på Robotbasen? Det vore illa om modern fick vatten på sin kvarn. Mamma hävdade alltid att det försiggick oegentligheter däruppe, hemliga experiment, farliga giftiga saker: hade hon inte själv sett svampen efter atombomben däruppe som barn? Hänga som en jättelik champinjon över skogen uppåt Naustahållet?

När Agneta försökte förklara bakgrunden till de simulerade kärnvapenproven på 1950-talet blev mamman antingen arg och skrek, eller så såg hon förskräckt och bestört ut, det var ingen idé.

Om det inte hade hänt något på Basen, vad kunde det då vara?

Ytterligare ett utryckningsfordon passerade uppe på vägen, tack och lov utan att ha sirenerna påslagna. En brandbil, då förstod hon. Man hade talat mycket om brandfaran i skog och mark på lokalradion. Hon såg bilen svänga upp mot Gransel över den gamla bron. Om det brann på västra sidan var det nog ingen fara för deras del. Eld kunde hoppa långt, men det skulle rätt mycket till för att den skulle ta sig över Piteälven.

Kisse kom och strök sig mot hennes ben, hon lyfte upp katten och gick bort till vardagsrummet. Kröp ner i soffan med katten intill sig, puffade till kudden så att den passade intill armstödet. Drog påslakanet över axlarna och tittade in i skuggorna bakom tv:n. Soffan hade blivit lite för kort redan när hon gick i sexan. Det var tur att hon växte så långsamt. Vande sig liksom allteftersom.

Hon tänkte på novellen hon arbetade med.

Den handlade om en flicka som hette Diana. Hon bodde i en stor stad och hade ett litet handikapp: hon var harmynt. Läkarna hade sytt ihop läppen när hon var liten, men ärret och vecket syntes tydligt ändå. Hennes kompisar låtsades inte om det, de kommenterade aldrig hennes konstiga läpp, men flickan visste att de tittade i smyg.

Agneta hade skapat olika scenarier som Diana skulle hamna i, och som på olika sätt gestaltade hennes utanförskap. På slutet skulle hon träffa killen hon var lite kär i, de skulle bli kompisar men kanske inte ihop, hon hade inte bestämt sig riktigt ännu. Det blev lite för banalt om de blev ihop på slutet. Man kunde kanske lämna det öppet.

Kanske skulle flickan göra illa sig på något sätt, och få hjälp av killen. Kanske ramla, eller cykla omkull …

Hon lade sig tillrätta på soffan. Den hade varit mormors, en stålfjäder undertill hade släppt och tryckte mot revbenen. Hon måste komma ihåg att fixa det i morgon.

Tidningarna Ung&Kär och Mitt Livs Novell brukade publicera hennes texter. Faktiskt alla hon skickat in hittills. Fyrahundra kronor per novell brukade de betala, det var verkligen inte kattskit. Hon hade fått inkomstuppgift till självdeklarationen från Åhlén&Åkerlunds förlag flera år i rad nu, det kändes stort. Viktigt. Som om hon var en Riktig Författare.

Katten hoppade ner på golvet och rullade ihop sig under soffbordet.

På det sättet somnade hon, med fingrarna inlindade i kattens varma päls.

Hon vaknade av att modern gallskrek ute i köket.

– De kommer, de kommer! De ska bränna mig på bål!

Brandröken måste ha väckt henne, lukten var skarp i lägenheten. Agneta stapplade upp, katten gled in under hallbyrån. Modern stod på köksgolvet med ögonen riktade upp mot Älvsbyvägen, tårfyllda och uppspärrade av fasa. Depressionen hade övergått i psykos, och då var det allvar.

– Mamma, sa hon så lugnt hon förmådde. Mamma, det är jag, Agneta. D-det är ingen fara.

Mammans blick flackade till, letade sig mot Agneta. Backade mot fönstret.

– Kom inte hit, väste hon.

Agneta stod kvar, avvaktade.

– Mamma, sa hon, det är en s-s-skogsbrand på andra sidan älven. B-brandkåren är där och släcker nu.

Det glimmade till i moderns ögon, en fläkt av rimlighet.

– Skogsbrand?

Hon såg ut genom fönstret.

– Brinner det? frågade hon och såg på Agneta.

Agneta nickade.

– Det har kört f-flera brandbilar åt det hållet.

– Vi måste släcka! ropade modern och rusade bort till diskbänken, slet fram sophinken och hällde ut innehållet på köksgolvet. Tryckte in hinken under kranen i vasken och vred kranarna på max. Vattnet sprutade åt alla håll, över kanten på sophinken och ut på golvet. Agneta gick försiktigt fram till diskbänken och stängde av kranarna.

– Jättebra att du släckte, sa hon och tog tag om mammans överarmar. Kom så ska du f-få lite kaffe.

Kvinnan följde med ut i vardagsrummet. Satte sig lydigt i soffan, fick påslakanet runt sig.

Agneta skyndade ut i köket och laddade kaffebryggaren. Skyfflade ihop soporna med händerna och torkade upp vattnet på golvet med disktrasan medan kaffet gurglade genom melittafiltret och ner i kannan. Gjorde i ordning en mugg med kaffe. Gick ut i vardagsrummet där mamman fortfarande satt, precis som hon lämnat henne.

– Här, mamma. Mjölk och socker. Jag t-tänkte baka lite bullar, v-vill du ha?

Mamman tog emot kaffet med bägge händerna men svarade inte.

Jäkla skit med brandröken. Inte gick den ju att vädra ut

heller. Sinnesförnimmelser kunde trigga mammas psykoser. Inte på egen hand, men i samband med alkoholen och sömnbristen, och lukter var värst. Gällde att försöka konkurrera ut brandröken, och nybakade bullar brukade fungera. Hon hade ju sovit i tre, fyra timmar åtminstone.

Katten kom fram och strök sig mot Agnetas ben, var väl hungrig. Hon öppnade en burk med Mjau, en brun paté som luktade gräsligt, men allt som störde röken var välkommet. Tog fram degbunken för bullbaket, en kastrull för att smälta smöret och värma mjölken. Hon hade ingen färsk jäst men en påse pulver fungerade också, fick värma på degspadet lite extra bara. Tog ett par steg åt sidan och tittade till mamman, hon drack sitt kaffe med frånvarande blick. Hon gillade kaffe, men hon var känslig för koffeinet, nu skulle hon inte sova mer idag.

Agneta svalde, blundade.

Antingen måste skovet släppa snart, eller så skulle hon vara tvungen att försöka få in mamman på psyket igen. Vanföreställningar av den där magnituden var inte alls bra.

Hon bakade bullarna utan att tänka. Körde degkrokarna med elvispen, såg till att mamman duschade medan degen jäste, torkade hennes hår med fönen. Bakade ut brödet medan mamman hörde på den sista timmen av Nattradion. Bredde ut massor av kanel och smör och socker på degen innan hon rullade ihop den. Alltid bara småbullar, aldrig längder. Mamma tyckte längder var ”torra”, trots att det handlade om precis samma deg. Mycket pärlsocker ovanpå, sådär så att det knastrade i tänderna när man åt dem. Plockade fram en mjölktetra med Åkerbärsblomman på förpackningen, *Rubus arcticus Norrbottens landskapsblomma,* slog upp ett stort glas. Tog ut sista plåten ur ugnen precis samtidigt som morgonsändningarna drog igång med tidssignalen, Ekot och vädret.

– Vet du, mamma, sa hon och ställde mjölkglaset och ett fat med nybakade bullar på soffbordet. Jag ska gå iväg och s-städa en sväng. Sitt här och hör på musikradion, och om en stund b-b-börjar Morgonpasset. När jag kommer tillbaka så lyssnar vi på Lokalradion, ska vi säga så?

Mamman såg upp på henne, ögonen osäkra.

– Sommarlovsföljetongen?

– Löjtnant Robinson, minns du? Vi hör på den t-tillsammans sen, okej?

Hon gick ut i hallen och klädde på sig. Nätterna och morgnarna var kalla, solen låg och röd, värmde inte. Tog ett stadigt tag om nycklarna, gick ut i trapphuset och låste in sin mamma i lägenheten.

Pekka Karlsson, hennes gamla klasskompis, kom ut från lägenheten bredvid precis samtidigt. Hans familj hade en fyra, med balkong.

– Tjena Agge, hur är det?

Han hade fått sommarjobb som väktare och hade på sig sin uniform, han var så stolt över den. Log brett mot henne och körde ut bröstet. Hon log tillbaka.

– D-det är fint. Och du?

– Tjänstgör ju nere i Boden i veckan, vet du. Blir ju lite att köra.

Pekka var snäll, men han ville gärna stå lite för nära. Hon vek undan.

– Då har jag det enklare.

Han skrattade.

– Jo, du har fan krypavstånd. Fast vilken jävla skogsbrand, hör du. Halva Gransel har fått evakueras.

– Men Gud, sa hon. Vad hemskt. Är det någon som är skadad?

– Du, jag vet inte, men dom har ringt efter helikoptern i Boden nu.

Pekkas pappa var hemvärnsman. Med tanke på Pekkas informerade läge så antog Agneta att hemvärnet hade kallats in i släckningsarbetet.

Han höll upp dörren åt henne, hon slank förbi innan han hann klämma på henne.

– Ska du ha skjuts?

Hon vinkade.

– Går fortare att gå.

Hon stretade uppför backen mot brobygget. Jobbade med att städa barackerna däruppe. Fyra stycken, en timme på varje. Det gick ofta fortare än så, åtminstone när det inte regnade.

Egentligen var det meningen att arbetet skulle utföras på kvällarna, men hon ville inte lämna sin mamma så många timmar i sträck när hon hade sina skov, så hon tog den sista baracken på morgnarna innan arbetarna kom. Det kunde ju inte spela någon roll för deras del.

Hon sparade vanligtvis Barack 4 till morgonen, den användes minst och var därför mest lättstädad. Den stod på andra sidan älven, så hon fick antingen gå runt över gamla bron eller trassla sig över via den halvbyggda betongbron. Egentligen fick hon inte göra det, men att gena över bygget gick mycket fortare. Ingen såg henne heller, bron var inte synlig från stan.

Fast det var lite läskigt. Armeringsjärn stack upp, bitvis fick hon balansera på balkar (kraftiga, men ändå). Långt därnere rasade älven.

Den här morgonen var pissrännan knappt använd. Hon skrubbade den likväl med toalettmedlet och torkade rent så metallen blänkte. Vanligtvis doftade det fräscht i hela baracken efteråt, men idag slog brandröken ut alla andra lukter. Hon torkade av bordet, stolarna och köksinredningen, sopade golvet och svabbade av med golvmoppen. Tittade på klockan, det hade bara gått fyrtio minuter. Hon putsade utsidan av fönstren snabbt, sämskskinnstrasan blev svart av sot. Sköljde ur den grundligt, de var dyra i inköp, och skyndade hemåt.

Hon låste upp lägenheten med återhållen andning. En fläkt av nybakade bullar slog emot henne när hon gläntade på dörren. Det var helt tyst därinne.

De perioder då mamma hade sina klara cykler, mellan skoven, så garanterade hon alltid att hon skulle sköta medicineringen, att den senaste gången var den sista. Och ibland höll det länge, flera månader, innan hon började slarva igen. Hon mådde ju så bra, det var inget fel på henne, varför skulle hon hålla på och trycka i sig en massa kemikalier som gjorde henne fet och gav henne dålig hy?

Så hon slutade ta sitt litium, började dricka för att blockera ångesten som anlände som ett brev på posten, och sedan dröjde det inte länge innan manin slog till.

Som liten hade hon tyckt det var roligt när mamma var så glad. De gjorde de mest hysteriska upptåg tillsammans. Åkte ut och campade i skogen som indianer, det var fantastiskt ända tills maten tog slut. Det tog två dagar för skallgångskedjan att hitta dem. Eller när de lekte forsränning nedför älven, och hade turen att välta med båten intill strandkanten innan de kom ner till själva fallen.

Med åren blev det värre. Mamman städade på Kommunhuset, men till slut klarade hon inte att sköta jobbet. Hon blev förtidspensionär, och då blev det riktigt illa. Arbetet hade varit en stabilisator som försvann. Agneta gick i skolan och kunde inte hålla koll på henne längre. Under de maniska perioderna tog hon ofta bussen till olika platser i Norrbotten och köpte på sig de underligaste saker. Så länge hon kom tillbaka på kvällen tyckte inte Agneta det gjorde så mycket. Ibland var det nästan roligt, som den gången hon kom hem från Luleå, euforisk, med fyrtiosju förpackningar röda färgband till hennes skrivmaskin.

Manierna innebar ofta att hon identifierade sig som poet eller konstnär: känd, berömd, beundrad och älskad över hela världen. Poeten hade Agneta inga problem med. Poeten skrev små lappar med rim och texter som gömdes på olika ställen i lägenheten, eller så satt de kvar i skrivmaskinen när Agneta kom hem från skola eller jobb. Konstnären var jobbigare, hon kunde få för sig att skapa muralmålningar på köksluckorna eller vardagsrumsväggen. Nuförtiden väntade Agneta ut skoven innan hon rollade om. Det kunde bli flera muralmålningar efter och över varandra.

Den depressiva sidan av sjukdomen var både lättare och svårare. Lättare om hon bara blev låg och stillsam. Det motiverade henne ibland att börja medicinera igen. Svårare om den utlöste psykoser, som den Agneta anade i morse. Den senaste veckan hade hon svängt mellan mani och depression flera gånger under samma dag, och det verkade inte ge sig.

– Mamma?

Inget svar.

Hennes skrivmaskin stod på köksbordet med ett ark runt valsen, hon gick fram och läste.

Ehuru de voro
Bland blommer och blader
De söp och de svoro
Jag tror jag får Spader

Poeten hade varit verksam.

Hon gick ut i vardagsrummet. Mammas nattlinne låg på golvet. En av bullarna var halväten, de andra orörda.

– Mamma, var är du?

Dörren till sovrummet stod öppen, där var hon inte. Badrummet, alltså. Agneta gick dit och knackade på.

– Mamma, jag tänkte äta lite bruta till frukost, vill du ha? Eller vill du hellre ha blåjta?

Hon brukade göra i ordning båda: en bruta med krossat tunnbröd, mjölk och lingonsylt, och en blåjta, tunnbröd kokt i mjölk eller buljong med smältande smör till. Mamman valde sedan den ena och själv åt hon upp den andra.

Ett mummel innanför badrumsdörren.

– Jag hörde inte, mamma, vad sa du?

Dörren flög upp på vid gavel. Mamman stod naken intill tvättstället med en förskärare i ena handen och toalettborsten i den andra.

– Kom inte hit! vrålade hon, ansiktet förvridet av skräck.

Agneta backade direkt, precis som Gunilla lärt henne.

– Det är ingen fara, mamma.

– De ska bränna mig på bål! De kommer, de kommer!

Agneta tog sig ut i hallen utan att släppa mamman med blicken, fumlade över hallbyrån tills hon hittade telefonen och slog 90 000. Hjärtat dånade i hela kroppen medan hon väntade på svar.

Mamman tog ett steg ut i hallen, borsten och kniven riktade rakt framåt. Det klickade till i luren.

– 90 000, vad är det som har inträffat?

– Jag b-b-behöver en a-a-ambulans till Stenträsk Ä-ä-ä-älvstrand 4b, sa hon och backade så långt hon kunde med telefonsladden. Min m-m-mamma har en psykos, hon h-h-h-hotar mig med en kniv.

– Förlåt, jag uppfattade inte, vad sa du?

– Ni får inte ta mig! skrek mamma och högg med kniven i luften.

Agneta kände förtvivlan brisera inombords.

– A-a-ambulans! fick hon fram. F-f-f-fort!

– Vilken kommun ringer du från?

– S-s-s-stenträsk.

– Ett ögonblick.

Det blev tyst i luren, mamman sprang in i köket och sedan tillbaka ut i hallen, fick syn på Agneta och gallskrek. Hon höjde toalettborsten och kastade den mot dottern med full kraft, den träffade Agneta på armen.

Agneta släppte luren, vred upp låset till ytterdörren och sprang ut i trapphuset. Mamman rusade efter. Agneta tog till vänster och gömde sig under trappan till övre planet, mamman sökte sig mot ljuset och stapplade mot porten till höger. Hon fick upp den och gick ut i brandröken, naken och med förskäraren i handen.

Agneta smög tillbaka in till telefonen.

– Hallå? sa operatören.

– J-j-ag är h-här.

– Vi har inte tillgång till någon ambulans i Stenträsk just nu, tyvärr. Vi kan skicka en från Älvsbyn, men det tar en halvtimme.

– P-p-polisen?

– Finns tyvärr inga polisbilar tillgängliga i Stenträsk heller. De är upptagna med en skogsbrand …

– Skit! skrek Agneta och slängde på luren.

Hon rusade ut i trapphuset igen och bankade på familjen Karlssons dörr. Eva-Lena, frun i huset, öppnade den på glänt.

– Vad är det för liv härute? frågade hon, trots att hon visste. Mammans utbrott var en följetong i huset, så mycket var Agneta klar över.

– Det är m-m-mamma, hon måste till l-l-asarettet.

Eva-Lena drog igen dörren lite.

– Jag har ingen bil. Henry är på jobbet med sin och Pekka har min, han jobbar i Boden i veckan.

Agneta hörde mamman skrika ute på gården, hon sprang fram till porten. Modern stod naken intill syrenbuskarna och fäktade med kniven. Vem skulle hon ringa? Vem kunde köra dem? Krister Schiltz hade klarat körkortet, men han hade väl ingen bil? Det fanns ett taxiföretag i Stenträsk, vad hade de för nummer? Men vänta, Wiking, han körde ju omkring i sin mammas Golf?

Hon sprang tillbaka in i hallen, letade fram klasslistan ur översta lådan i hallbyrån. Fingret skakade när hon följde klasslistan nedåt, Stormberg, Stormberg, där! Slog numret, fingret halkade på skivan, fick börja om. Det svarade direkt i andra änden av linjen, på det sätt som var brukligt.

– 19791.

Det slagna numret.

– W-wiking?

Hon började storgråta, stötigt och högljutt.

– H-hjälp, fick hon fram. Jag behöver hjälp. Med m-m-mamma. H-h-hon är galen.

– Agneta? Är det du?

Hon nickade, trots att han inte kunde se.

– Mmmm.

– Är du hemma? I Träsket?

– Mmmm.

– Okej, jag kommer.

Han lade på.

Hon gick ut i trapphuset igen, såg ut genom glaset i porten. Mamman var på väg bort mot lekplatsen. Ett par barn gungade, andra satt i sandlådan. Agneta tryckte upp dörren, skyndade ut.

– Mamma, ropade hon. Sonja! Sonja Mäkitalo! Nu lyssnar du på m-mig!

Modern stannade, vände sig långsamt om. Blicken brann av rädsla.

– Sonja Mäkitalo, sa Agneta högt. Jag vet att du är ängslig, men allt är i sin o-ordning.

– De ska bränna mig på bål, sa mamman.

Hur lång tid tog det att köra från Kvarndammsvägen? Fem minuter? Tio?

– Det är ett m-missförstånd, sa Agneta. Du ska inte brännas på bål. Det var b-b-bullar som skulle gräddas.

Mamman blinkade. Hennes ben darrade, könshåret glänste becksvart.

– Bullar?

– Kanelbullar, sa Agneta. Med mycket pärlsocker ovanpå.

Flera av föräldrarna till barnen borta på lekplatsen hade fått syn på dem, på den nakna kvinnan med kniven. De skyndade mot sina små, lyfte upp dem och sprang mot portar och bilar. Agneta andades snabbt och ytligt med öppen mun.

– Tycker du att det luktar bränt? sa hon. Det är r-riktigt. En plåt blev bränd. Riktigt bränd, men de andra b-bullarna är fina. Goda. Nybakade.

– De säger att jag är en häxa.

Gode värld, hur lång tid hade det gått?

– Nej, de sa åt mig att göra l-läxan. Jag har matteprov i morgon, i min skola.

Mamman såg osäkert på henne, blicken flög över moln och mark och brobygge.

– Hela himlen brinner, sa hon. Jag kommer aldrig att komma hem till Gud.

– Jodå, sa Agneta. En dag, om lång tid. Först ska du fika, bullar och kaffe med mjölk.

En grön Golf kom brakande in på gården mellan husen, tvärbromsade. Mamman skrek och höjde kniven.

– Nu kommer bullarna! ropade Agneta. T-titta, helt nygräddade!

Wiking klev ur bilen. Hans skjorta var knäppt halt, han hade inte varit påklädd när hon ringde. Han såg från modern till Agneta och tillbaka till modern, stängde bildörren bakom sig.

– God morgon! ropade han.

– Ser du! ropade Agneta. Nu kommer bullarna!

Wiking tog ett par steg mot dem, log mot modern med kniven.

– Just det, sa han. Bullar.

Mamman stod kvar, osäker, bröstvårtorna mörka och ihopdragna i morgonkylan. Huden blåvit, hon exponerade sig aldrig för solen.

– Jag vill inte, sa hon. Jag vill inte bli bränd på bål.

– Det är bara en av plåtarna som blev bränd, ropade Agneta. Vi måste vädra ut.

Wiking sökte henne med blicken, höjde frågande på ögonbrynen. Hon rörde sig försiktigt mot honom.

– Psykakuten, sa hon lågt när hon kommit intill honom. H-hur får vi in henne?

Wiking visade på sin bakficka.

– Jag norpade några av farsans handfängsel.

– Ge mig ett.

Han skickade henne ett par handklovar bakom ryggen, hon stoppade dem i jeansfickan.

– Mamma, sa hon och började gå mot modern. Vad bra att du har kniven med dig. Bullarna är så stora, jag orkar bara en halv. Kan du dela den åt mig?

Mamman backade ett litet steg.

– Nej, sa hon, nej aldrig...

– Nå, sa Agneta, då gör jag det själv. Ge mig kniven så delar jag bullen.

Mamman tvekade, men sedan gav hon Agneta kniven.

Agneta tog emot den, kastade den långt bakom sig och vräkte omkull mamman. Det kunde inte hjälpas. Modern skrek, perplex, hon slog sig rätt rejält mot gårdsgruset. Agneta fumlade med handklovarna, fick på den ena runt mammans handled, och då var Wiking där intill henne och tryckte fast den andra. Sedan vände han sig om och satte ett par likadana runt mammans fotleder.

Hon hade slutat skrika. Låg helt apatisk med kinden mot gruset och flämtade, blödde lite ur munnen.

– Okej, sa Wiking. Jag kör fram bilen.

Agneta höll fast henne medan Wiking hämtade Golfen.

De baxade in henne i baksätet. Agneta satte sig bredvid. Han körde snabbt upp mot samhället, förbi Kvarndammsskolan och polisstationen och kyrkan och uppför Kolåsen.

Sonja Mäkitalo blev inlagd direkt.

Faktum är att hon aldrig mer kom ut.

Hon dog på Furunäsets mentalsjukhus utanför Piteå två år senare.

Den enda som kom resande till hennes begravning var dottern Agneta.

Men nu går vi händelserna i förväg.

Den här dagen i juli 1980, då himlen var klar men luften tung av brandrök, satte sig akutläkare Gunilla Landén med Agneta i ett mottagningsrum efter att mamman blivit inskriven på psyket. Det var inte första gången de suttit på det där viset.

– Jag är så ledsen att du var tvungen att uppleva det här, sa läkaren och ställde en kopp kaffe framför henne. Du kunde ha ringt oss mycket tidigare, när du såg vartåt det barkade.

– Men jag b-brukar kunna häva det, sa Agneta. Om hon bara slutar supa och får s-sova så brukar det släppa.

Gunilla Landén nickade.

– Jag vet att du säger det, men du ska inte behöva ha det ansvaret. Du ska ringa oss direkt. Du vet att hon kan vara en fara, både för sig själv och andra.

Agneta såg på sina händer.

Hon hade fyllt arton, i mars, så nu var det ingen risk längre.

– Jag ska, sa hon. Nästa gång.

Nu kunde de inte sätta henne i fosterhem längre, sådär som de gjorde den där gången efter skallgångskedjan.

Gunilla Landén lutade sig bakåt i stolen och såg vänligt granskande på henne. Hon visste att Agneta var med i Polcirkeln, styvdotterns bokklubb.

– Du gick ut gymnasiet i våras, eller hur?

Agneta nickade.

– E-ekonomisk linje. Tvåårig.

Det var lite skamligt, det där sista. Alla med bra betyg gick den treåriga.

– Har du fått något jobb?

Nickade igen.

– Jag jobbar åt kommunen, och så skriver jag.

Hon sa inte att hon jobbade halvtid med att städa byggbaracker.

– Skriver? Så spännande. Har du fått något publicerat?

Agneta såg ner på händerna, kände rodnaden stiga i ansiktet.

– Några noveller, sa hon.

– Men så roligt att höra.

Läkaren såg på sitt armbandsur.

– Din mamma kommer behöva vård ett tag. Hon är rätt lugn just nu, men jag har begärt polishandräckning för att ta ner henne till Furunäset. Vi får se när de har tid att köra ner henne. Lova att berätta om du behöver hjälp med något, oavsett vad.

Hon reste sig, ursäktande.

– Det är en del att göra här idag, sa hon. Skogsbranden …

Agneta ställde sig också upp. De tog i hand, det kändes vuxet.

Hon passerade genom akutintaget och kom ut på parkeringen. Wiking stod lutad mot den gröna Golfen, vinden slet i hans hår.

– Hur är det med henne?

– De l-lägger in henne. Lika bra det.

– Jävlar vilken smäll du fick in, sa han. Först få av henne kniven, och sedan golva henne, imponerande …

Agneta såg ner i marken.

– Tack för hjälpen, sa hon. A-ambulansen och polisen var upptagna, jag hade ingen a-annan att ringa …

– Helt okej, sa han. Ska jag skjutsa hem dig?

Hon tvekade, sedan nickade hon. Satte sig i framsätet, bredvid honom. Han var lite för stor för den trånga bilen. Huvudet touchade innertaket.

De körde genom stan igen, saktare än på ditvägen. Solen stod i sydost, så klockan borde vara runt nio. Den steg aldrig högt, men den gick aldrig ner.

– Har hon alltid varit sådär? frågade Wiking.

Agneta nickade.

– Mer eller m-mindre.

– Hur fan har du stått ut?

Hon såg ut genom bilfönstret, han hade ingen aning om alternativet.

– Alltså, sa han, nu är jag kanske ofin, men var är din farsa?

Hon såg upp på honom, och för första gången någonsin sa hon precis som det var.

– Mamma vet inte v-vem han v-var. De var flera stycken.

Hon började gråta igen.

Det hade varit under en av de första, maniska episoderna. Hon hade liftat ner mot Stockholm och blivit upplockad av en grupp unga män på väg till en rallytävling. Efter att ha haft sex med alla, mer eller mindre frivilligt, hade manin släppt och hon hade tagit sig hemåt med skammen, svansen och sperman mellan benen.

Wiking körde upp och stannade utanför hennes portuppgång. Tystnaden mellan dem var sprakig och tung av brandrök.

– Vill du komma in en stund? frågade hon sedan. Jag har f-faktiskt bakat bullar …

Han drog ett djupt, rökfyllt andetag. Log.

– Okej, sa han. Fast jag dricker inte kaffe. Har du saft?

– Mjölk, funkar det?

Åkerbärsblomman, *Rubus arcticus.*

– Jajjemen.

Och så började det.

HON HADE FÖRBERETT sig inför presentationen av romanen genom att tala för sig själv: sakta, högt och tydligt. Ofta stammade hon mindre när ingen lyssnade, faktiskt nästan inte alls. Att tala i kör, eller sjunga, gick också bra. Det värsta var att tala i telefon, det var hemskt. Men hon gav inte efter, hon utsatte sig, det var enda vägen framåt. Det blev värre när hon var stressad eller nervös, bättre när hon inte tänkte på det. Hon visste att de flesta som stammade var pojkar och män, och de flesta som slutade stamma i tonåren var flickor, men inte hon. Det var ju typiskt. Skälet till att man stammade visste man inte, men det fanns en ärftlig faktor. I hennes fall kom den inte från mammans sida, se där en present från hennes okände far.

– ”T-tom Sawyer” av Mark Twain, sa hon, var en av de första romanerna som skrevs på skrivmaskin, för över hundra år sedan. D-det var också Mark Twains, eller Samuel Langhorne Clemens som han egentligen hette, första roman på egen hand. Den är en ungdomsbok, eller kanske snarare en bildningsroman, om en ung pojkes utveckling till m-m-man …

Susanne satt och snurrade sitt tuggummi, Sofia hade stoppat undan godisklubban och präntade fokuserat ner allt Agneta sa.

Carina satt bekvämt tillbakalutad på en av sittkuddarna med armarna i kors och tittade lite roat på henne, gungade lite med ena foten. Hon hade någon sorts överlägsen aura, utan att vara direkt fientlig. Intresserad, på samma sätt som vetenskapsmannen är av försöksdjuren.

Birgitta hade inte kommit. Hon hade varit i Piteå, i sin mammas lägenhet, hela sommaren.

– Som jag ser det, fortsatte Agneta, så är det här en berättelse om u-utanförskap. Tom Sawyer är föräldralös. Han bor hos sin moster Polly, som älskar honom men inte kan h-hantera honom. Hans bäste vän, Huckleberry Finn, är ännu mer ensam, hans pappa är stadens fyllo. Han går inte i skolan överhuvudtaget. Mark Twain gör de här bägge pojkarna till h-h-hjältar, vilket inte var helt oproblematiskt för hundra år sedan. Twain var tidningsman, och satiriker. Det märks. Han är respektlös mot kyrkan, överheten och samhället i s-stort. Pojkarna bryter mot en massa regler men klarar sig ändå, och blir rika på slutet. Det är en enastående roman, tycker jag …

Carina lutade sig genast framåt när hon tystnade, lät armarna falla ner längs med sidorna.

– Jag håller med, sa hon. Twain har skapat komplexa och oförutsägbara karaktärer som utmanar och utvecklas.

Hennes ögon lyste, Carina tyckte om att diskutera litteratur. Nu satte hon igång att prata länge om berättarperspektiv och bildningsromanens bakgrund. Svängde sig med begrepp som Agneta inte riktigt förstod, dramaturgiska bågar och gestaltningar, men det kändes bra att Carina tyckte om boken hon hade valt.

– Vad fastnade du för, mest av allt? frågade Susanne när hon var klar.

Carina svarade snabbt.

– Att Tom faktiskt vittnar till Muff Potters fördel till slut. Att han tar sitt ansvar, trots att det är jävligt obehagligt. Det visar på enormt civilkurage. Höjdpunkten i boken, för mig.

Hon tog ett Shake som Susanne sträckte fram emot henne.

– Du då?

Susanne funderade en ganska lång stund.

– Det var en grej jag inte förstod, sa hon sedan Carina visat tecken på otålighet. Att Huck Finn inte ville bo i det stora huset med den där omtänksamma änkan. Han fick gå i skolan, ha fina kläder, men ändå flyttade han tillbaka till det där stället bakom slakteriet.

– Vad är det som du inte fattar? frågade Carina.

Susanne slog ut med händerna.

– Att välja skit och fattigdom framför välstånd och omtanke!

– Hellre rik och frisk än sjuk och fattig? sa Carina.

– Ja, ungefär.

Carina stönade och sjönk tillbaka mot sittkudden.

– Du kan inte mena allvar, sa hon. Fattar du inte samhällskritiken? Att Huck Finn inte står ut med normerna och hyckleriet? Att han revolterar mot det förljugna?

Susanne såg på Carina, det fanns något nästan sorgset i hennes blick.

– Jo, men jag tycker han är osmidig och otacksam. Om man kan välja mellan ett bra liv och ett dåligt liv, så borde man väl ändå ta det bra? Förljugenhet finns ju överallt.

Carina ryckte på axlarna.

– Sofia, vad tyckte du? frågade hon.

Sofia skrev klart en mening i skrivboken och tittade sedan upp.

– Jag tyckte också det var en väldigt bra bok. Den var rolig och spännande. Det bästa var när pojkarna gick in i kyrkan när de själva skulle begravas. Fast jag tycker att de borde ha väntat för att höra vad de andra sa om dem först, innan de gav sig till känna. Det vore helt fantastiskt, att få vara med på sin egen begravning. Få höra vad människor säger om en efter ens död. Och så tyckte jag det var väldigt bra att den onde indianen dog. Det var rätt åt honom.

– Det där, sa Agneta, var väl k-kanske det enda jag hade problem med. Indianen Joe är väldigt stereotypt b-beskriven, han sägs vara ond för att han har indianblod. Det är ju faktiskt r-rasistiskt. Och de svarta skildras också rätt taskigt...

Carina satte sig upp igen, uppenbart irriterad.

– Men kom igen, sa hon. Berättelsen utspelar sig på 1840-talet. Det var ju så då, man tänkte så då.

– J-j-jag bara säger att det inte var så t-trevligt beskrivet...

– Så vad ska vi göra åt det? Ska vi skriva om Tom Sawyer? Eller alla andra böcker från förr i tiden? Kanske ska vi måla om tavlorna också?

Susanne himlade med ögonen, reste sig och slängde tuggummit i papperskorgen invid dörren.

– Vad gjorde störst intryck på dig? frågade hon och såg bort mot Agneta.

Agneta drog ett djupt andetag för att sänka pulsen, det här hade hon övat på att säga.

– Becky r-råkar r-riva sönder lärarens bok, men Tom tar på

sig skulden. Han får massor av stryk av läraren, och kvarsittning, men han gör det för att skona B-betty. A-att ställa upp så för en annan människa, att offra sig för att hjälpa någon annan. Det g-gjorde störst intryck på mig...

– Jag vet i alla fall vad Birgitta skulle ha tyckt var det bästa, sa Susanne och satte sig. Att de hittade en massa pengar och blev väldigt rika! Hon skulle säga att de blev fria att forma sina egna öden!

Carina skrattade, och Agneta log. Det var verkligen helt sant. Birgitta tyckte alltid det var lätt att stå upp för sina principer, för hon landade alltid mjukt.

Faktiskt så var det mycket roligare att ha bokcirkeln när hon inte var med. De satte igång att prata och skratta på samma sätt som de gjorde förut, om böcker och filmer och saker de sett på tv. Till sist tittade Susanne på sin klocka, den var alldeles ny.

– Hörni tjejer, sa hon, jag ska iväg på en grej. Ska vi ta och runda av?

De bröt upp, och Agneta och Sofia städade i ordning.

– Vill du följa med och fika? frågade Sofia efter att de lämnat in biblioteksnyckeln i receptionen på polisstationen.

– J-jag måste jobba, sa Agneta. Tyvärr.

Sofia ryckte på axlarna. Tysta gick de tillsammans den långa vägen upp mot Bäckåsen. Lukten av brandrök var fortfarande påtaglig, men inte alls som i morse. Det sista Agneta hörde på lokalradion innan hon gick hemifrån var att branden var under kontroll, men att eftersläckningsarbetet beräknades pågå i flera dagar. Brandorsaken var fortfarande inte klarlagd, men det fanns ingen misstanke om brott.

– Jag hörde att din mamma blev inlagd, sa Sofia plötsligt.

Agneta sneglade på henne, var hade hon hört det?

– Jo, sa hon, d-det blev lite för mycket…

En bil kom körande bakom dem, de drog sig mot kanten av den smala trottoaren. Bilen saktade in och stannade, det var en grön Golf.

Wiking vevade ner sidorutan.

– Hallå, hojtade han. Hur är det?

Agneta log, med ens lite varm inombords.

– J-jo fint, sa hon. Vi har haft b-bokcirkel.

– Ska du med hem till Krister? Han har FF.

Hon såg ner i marken.

– L-ledsen, sa hon, men jag måste jobba.

– Barackerna? Hur lång tid tar det?

Det var ju fredagskväll, och i vanliga fall hade hon kunnat fuska. Gått dit på söndag kväll istället, men bygget var försenat och gubbarna jobbade sju dagar i veckan. Nu när mamman var på psyket kunde hon åtminstone göra allihop på en gång, behövde inte gå upp i svinottan för att ta den sista.

– F-fyra timmar.

– Jag kan följa med hem till Krister, sa Sofia.

Wiking nickade mot henne.

– Visst, sa han. Det är bara att du går dit. Om jag hjälper dig, går det fortare då?

Det sista sa han till Agneta, hon kände ögonen spärras upp.

– V-vad menar du?

– Om man är två går det väl dubbelt så fort. Då är vi klara klockan tio.

Hon var tvungen att skratta högt.

– Skulle du skura byggbaracker? M-med mig? E-en fredagskväll?

Han rusade till motorn på Golfen, lade i växeln, lade ur den.

– Ja vafan, sa han och flinade. Hoppa in så kör vi dit på en gång.

Naturligtvis var det inte tillåtet, att ta in någon utomstående på bygget och in i arbetarnas baracker. Idén var helt vansinnig.

Hon log, kunde inte sluta.

– Okej, sa hon och sprang runt bilen till passagerarsidan.

Wiking skrattade.

– Vi ses hos Krister sen då! ropade hon till Sofia.

SIDAN 5

Diana cyklade hemåt med gråten brännande i halsen. Henrietta var inte elak, det var inte det, hon var bara obetänksam. Livet bestod inte bara av ett perfekt yttre, vilket Henrietta trodde. Det fanns så mycket annat som var viktigt.

Och uselt väder var det. Regn och blåst. Hon torkade regnet ur ansiktet med tröjärmen.

En bil kom körande, alldeles för nära. Diana vinglade till, framhjulet stötte mot en sten i gruset och hon ramlade.

Tårarna som kom berodde inte bara på de smutsiga byxorna och skrapsåret på armbågen.

En moped kom körande från andra hållet.

Det var Mattias!

– Vilken bildåre! ropade han och körde mopeden ut på vägrenen där hon låg i regnet. Har du gjort illa dig? frågade han när han såg hennes tårar.

Hon försökte le.

– Det är regn, mest, sa hon och drog undan sin blodiga arm.

– Men du blöder ju! sa han.

Hon började gråta.

– Hur är det? sa han oroligt. Måste du åka till sjukhuset?

Hon skakade på huvudet.

– Det är bara det att ..., sa hon och tvekade.

Han böjde sig ner intill henne.

– Jag hörde att din mamma är sjuk, sa han lågt. Det låter skitjobbigt.

Hon gömde ansiktet i händerna.

– Kom så kör jag hem dig, sa han.

– Men min cykel då?

Den ligger kvar till i morgon. Vilken dåre är ute och stjäl cyklar i det här vädret?

Nu var hon tvungen att skratta, trots eländet.

SIDAN 6

Han hjälpte henne upp, hon linkade bort till hans moped och satte sig långt bak på sadeln. Mattias gick tillbaka till cykeln och lade den längre ner i diket, så att den inte skulle synas från vägen. Sedan satte han sig på mopeden och kickade igång den.

– Håll i dig ordentligt, sa han.

Hennes kropp kom så nära hans. Hon gömde sitt ansikte för regnet mot hans breda rygg. Alltför snart stannade han utanför hennes port.

– Tack för skjutsen, sa hon, och så såg hon hur han frös. Han riktigt hackade tänder.

– Men du är ju jättekall, sa hon. Kom in så får du värma dig, och torka lite. Jag har te, och mjölkchoklad.

Han log, ett litet snett leende.

– Ja, sa han, det tackar man ju inte nej till.

Han stängde av motorn på mopeden, ställde den intill väggen och låste den. Hennes händer darrade lite då hon låste upp ytterdörren. Deras lägenhet var inte särskilt fin. De hade inte så mycket möbler, men hon hade städat hela förmiddagen och det doftade gott av ängsblommorna på bordet.

– Gillar du kanelbullar? frågade hon. Jag bakade i morse.

– Älskar kanelbullar, sa han.

Det fick henne att skratta, hon förstod inte varför.

De satt mitt emot varandra, bullar och varm mjölkchoklad, och regnet skvalade därute. Skattade och pratade, men sedan blev han allvarlig.

– Jag har en lillebror, sa han. Jag vet inte om du vet det…

Nej, det hade hon inte hört talas om.

– Han heter Hasse. Det var något fel på honom när han föddes, men de vet inte riktigt vad. Han är inte som andra.

Han såg upp på henne.

– Och jag älskar honom jättemycket.

SLUT

MÅNDAG 23 DECEMBER 2019

DEN HUVUDLÖSA FLICKKROPPEN obducerades vid Rättsmedicinska enheten i Umeå med början klockan 07.05. Undersökningen genomfördes av chefen för enheten, rättsläkare Sixten Polanski. Medverkande vid den rättsmedicinska undersökningen var även kriminaltekniker Sandra Hammarlund.

Obduktionen var av den rigorösa karaktär som genomförs vid misstanke om mord. Först gjordes en extern undersökning av kroppen, längd och vikt noterades, liksom alla yttre kännetecken. Kroppen röntgades. Därefter gjordes en noggrann obduktion av inre organ. Underhudsvävnaden studerades, i den mån det fanns någon kvar. Kroppen i fråga var starkt mumifierad. En mikroavgjutning av skelettet gjordes vid första halskotan, där huvudet avskilts från kroppen. Kemin i kroppen kontrollerades, ett led i sökandet efter spår av droger eller alkohol.

Ett flertal prover togs för att fastställa kroppens dna, dels muskulärt, dels via ben. Fingeravtryck togs, men med otillfredsställande resultat. Högerhanden var skadad och den vänstra starkt mumifierad.

Sixten Polanski satte sig därefter omedelbart för att sammanställa ett preliminärt protokoll, vilket så småningom skulle komma att mejlas till chefsåklagare Evelina Andersson i Luleå.

WIKING STORMBERG GICK ut i receptionen. Carina Burstrand satt på sin plats och gick igenom helgens Nyheter och Händelser i länet.

– Kan du komma in till mig ett tag?

Kvinnan såg upp ovanför läsglasögonen.

– Varför då?

Hon hade varit här länge, längre än han. Hela sitt yrkesliv. Hon ansåg sig ha rätt att ifrågasätta.

– Nu, helst, sa han och gick in på sitt kontor.

Hon kom traskande efter honom i sina foppatofflor med mobiltelefonen i handen, stängde dörren bakom sig. Han pekade på besöksstolen framför skrivbordet.

– Har det hänt något? frågade hon.

Han hade läst Sofias akt noggrant under helgen. Bokcirkeln Polcirkelns betydelse hade accentuerats ju längre han läste. Den var den enda fasta punkt Sofia hade på fritiden, det enda sammanhang där hon hade kontinuerligt utbyte med en viss grupp personer utanför skolan.

– Det framgår av era förhör att Sofia förde protokoll över diskussionerna under era träffar.

Carina nickade.

– Finns de kvar? frågade han.

Hon drog ett djupt andetag, suckade. Satte tungan i ena mungipan.

– Jag sparade mina i en skokartong, sa hon. Jag tror inte att jag har slängt den. Möjligen står den uppe på kallvinden. Ska jag kolla?

– Hemskt gärna. Helst nu på en gång.

Hon såg på sin mobiltelefon.

– Jag har en 9.30, pass och nationellt id, sa hon.

– Fatima tar det, sa Wiking. Säg till henne när du går.

Carina log och reste sig.

– Absolut, sa hon.

– En sak till, sa han. Att Agneta flyttade till Karlstad, hur fick du reda på det?

– Hon skrev ett brev. Sen pratade vi som hastigast i telefon någon gång, hon ringde och frågade om något.

– Om vad?

Carina stannade upp och tänkte efter.

– Hon hade bråttom, var på väg in på en lektion. Hon frågade om jag visste var man fick tag på en bok av Nabokov, jag minns faktiskt inte vilken. Jag sa åt henne att beställa den på biblioteket. Hon stammade någonting hemskt.

– Den helgen hon lämnade Stenträsk, ringde Birgitta dig? Om nycklarna till byggbarackerna? De som låg gömda under Agnetas dörrmatta nere i Träsket?

– Jag fick ta över städningen, sa Carina. Jag jobbade där tills din pappa ringde och erbjöd mig jobb här på stationen.

Wiking tog upp akten igen, sträckte ut benen under skrivbordet.

– Jag har lovat Susanne att ställa upp för hennes podcast, sa han med en suck. Vet du vad hon använder för utrustning?

– Mikrofon och en Macdator, sa Carina och försvann mot den bakre utgången.

Birgitta må ha varit packad igår kväll, men hennes minnen kring händelseförloppet med Agnetas nycklar var det tydligen inget fel på.

Han bläddrade i akten, hittade journalen från barnpsykiatrin i Boden. Sofia Hellsten hade gått i terapi sedan hon var tio år gammal, då hennes lillebror hade dött i plötslig spädbarnsdöd. Hon hade ingen psykiatrisk diagnos, men bedömdes uppfylla vissa kriterier för aspergers syndrom. I en sammanfattning beskrevs hon som normalt intellektuellt utvecklad, men den motoriska utvecklingen var möjligen något försenad, hon var alltså lite klumpig. Fysisk aktivitet uppmuntrades i alla former.

Som delkriterium till sitt utlåtande uppgav psykologen att Sofia haft viss svårighet att etablera kamratrelationer med jämnåriga. Hon uppgavs ha nedsatt gensvar på andra människors känslor och brist på spontan vilja att dela glädje eller aktiviteter med andra.

Han kände ett sting av irritation. Precis samma sak hade de sagt om hans dotter Elin när hon var liten, och det var inget fel på henne. Normen nuförtiden var så jävla trång, varenda unge som inte betedde sig exakt som alla andra skulle stämplas med en diagnos. Varför kunde folk inte bara få vara lite olika? Uppenbarligen hade det varit en kris för Sofia att babybrodern hade dött, hon hade behövt terapi för att komma över det. Kunde inte ha varit så vanligt i början på 1970-talet. Fast hon hade tur som hade resursstarka föräldrar, sådana som kunde skaffa hjälp.

Han såg ut över parkeringen, funderade. Sedan drog han ut en skrivbordslåda och rotade fram en tom usb-sticka som han stoppade i bakfickan. Reste sig, tog på sig ytterrocken och gick ut i receptionen. Fatima blängde surmulet på honom.

– Jag åker ut en sväng, sa han.

Susanne var hemma hos sin mamma, Siv Johansson, i deras kråkslott snett bakom skolgården.

– Jag är tacksam för att du ställer upp, sa hon och plockade upp dator och mikrofon på köksbordet.

Han såg sig omkring i köket. Inget hade förändrats sedan han satt här och fikade med Krister i början av 1980-talet. Idag stod mörkret tätt mot fönsterrutorna, en adventsljusstake brann med fyra levande ljus. Julgardinerna, rödrutiga med bollfrans, rörde sig mjukt i fönsterdraget.

– Jag har ett villkor bara, sa han och log.

Hon log tillbaka, det strålande leende som Krister hade drunknat i.

– Bara säg, sa hon.

– Att jag får lyssna igenom de övriga intervjuerna som du gjort.

Leendet tvärdog. Hon drog åt sig mikrofonen.

– Kommer inte på fråga, sa hon. Det här är mitt arbetsmaterial. Jag lämnar inte ut det, inte på några villkor.

Hon knyckte på nacken, ett tecken på att hon var sur. Han suckade och satte på sig handskarna igen.

– Okej. Jag får skaffa en husrannsakan då.

Sedan skrattade han och drog av sig handskarna igen.

– Kom igen Sussi, jag bara driver med dig. Kör på, ställ dina frågor.

Hon tvekade, osäker på hans avsikter, men beslutade sig tydligen för att genomföra det hon föresatt sig. Satte på sig ett par hörlurar, testade att inspelningen fungerade, drog ner hörlurarna runt halsen och satte igång.

– Den som leder arbetet i sökandet efter sanningen i fallet Sofia Hellsten är polischef Wiking Stormberg vid polismyndigheten i Stenträsk, sa hon i mikrofonen. Vi sitter här vid ett köksbord i byn, i ett hus fyllt av minnen. Du var här med Sofia en gång, kommer du ihåg det?

Han blev helt ställd av frågan.

– Eh, nej, sa han, när då?

Susanne bet ihop käkarna.

– Okej, jag tar om det. Du var här på fest en gång, bland annat med Sofia Hellsten, minns du det?

– Fest? sa han och såg sig omkring, som om svaret svävade under pärlsponten i taket.

Jamen just fan, festen när Krister och Susanne blev ihop. Det var första gången han fattade att Carina och Håkan också hade ihop det.

– Ja just det, sa han. Just det. Var Sofia här?

Susanne stängde av inspelningen.

– Sofia var här, kommer du inte ihåg? Hon hade sex med Pekka Karlsson i badrummet i källaren, Krister gick ju rakt in i dem!

– Sofia hade sex med alla, sa Wiking.

– Inte med dig, sa Susanne, och inte med Krister.

Han svarade inte.

Hon slog igång inspelningen igen.

– Du kan bara svara när du vill, sa hon. Om festen.

Han svalde ljudlöst.

– Det är många minnen här, sa han. Vi var på fest här, måste ha varit på våren 1980, ett par månader innan hon försvann.

– Vad minns du från den sommaren?

Han såg bort mot fönstret, mötte sin egen spegelbild i den svarta rutan. Vad han mindes från sommaren 1980?

Agneta.

Hennes späda kropp och ljusa hår, hennes salta tårar och mjuka skratt. Den benhårda beslutsamheten att hålla ihop livet och själen och göra gott. Det oförvägna sättet hon tog sig an tillvaron, och nu var hon äntligen fri. Mamman satt på Furunäset och hon kunde arbeta, andas och skriva som hon ville. Hon slapp ansvaret över en sjuk förälder och kunde älska och skratta och leka med sin katt utan rädsla eller oro, för första gången i sitt liv.

Det hade varit enastående att få vara med, att få följa hennes förvandling. Att få komma så nära.

Susanne viftade uppfordrande med handen, ögonbrynen höjda.

– Jag minns hur vi letade, sa han. Skallgångskedjorna. Alla kompisar ställde upp, varenda en. Vi var rädda för skogsbränder, det hade redan brunnit ovanför Gransel. Polisen i Luleå var här och draggade i älven, men det var ju svårt på grund av forsen.

– Fanns det en rädsla i samhället?

Han funderade några ögonblick.

– Det fanns en oro, sa han. När man hittade hennes biblioteksböcker där intill Gransel, det gjorde folk rädda. Att något hade hänt henne, något hemskt.

– Din far var chef för utredningen den gången, nu är det du som har ansvaret. Hur känner du inför det?

Hon tystnade och såg uppmanade på honom.

– Jag såg ansvaret då, sa han, hur det tyngde honom. Jag har det nu. Jag bär det nu.

– Är det tungt?

Han drog ett djupt andetag.

– Det är ... tjockt, sa han. Komplicerat. Det handlar mest troligt om ett brott, och det är antagligen preskriberat. Men fyndet ska utredas, vi går systematiskt tillväga.

– Hur hamnade hon däruppe?

Han log svagt mot Susanne.

– Vi arbetar med att ta reda på det, sa han.

En mobiltelefon satte igång, Édith Piafs *Je ne regrette rien.* Susanne tog upp telefonen, läste på skärmen och tryckte bort samtalet.

Satte sedan upp hörlurarna på huvudet, klickade på sin dator, lyssnade. Tog ner dem igen.

– Det låter jättebra, sa hon och laddade datorn igen. Berätta, vad hade du själv för relation till Sofia?

Han kände hur hans leende stelnade, mindes Birgittas fyllepratfrån gårdagen. Hur mycket kände Susanne till? Visste hon hur Sofia hängt efter honom, hur hon retats och klängt och utmanat, hur han till sist låtit henne komma till ett par gånger? Han hade intalat sig att det inte räknades, men det hade hon tyckt. Hon ansåg att hon var hans. Utgick från att det var de två. Hur hon inte accepterade ett nej. Hennes svarta blick när hon inte fick som hon ville, obehaget.

Han granskade Susannes uppsyn. Hon var bra på att hålla masken, men gjorde hon det nu? Nej, hon sa ju det, inte med dig, och inte med Krister. Hon visste inte. Birgitta hade aldrig skvallrat.

– Hon var min klasskamrat, sa han neutralt. Vi gick i skolan från ettan och ända upp i gymnasiet. Hon var duktig, ambitiös. Sa inte så mycket.

– Kvinnor mördas ofta av en närstående, sa Susanne. Hade Sofia någon pojkvän?

Han kände svetten bryta fram på ryggen.

– Jag vet faktiskt inte, sa han.

Hon funderade några ögonblick.

– Hur skulle du säga att bygden har hanterat Sofias försvinnande?

Han tänkte innan han svarade.

– Hon var ganska liten och försynt som person, sa han. Det är konstigt att tomrummet efter henne blev så stort. Hilding avgick ju som kommunalråd den hösten, Birger Gustafsson tog över. Brandchefen, du vet, han hade ju en helt annan ledarstil. Det här med konsensus var som bortblåst, han körde helt efter eget huvud. Antingen var du med honom eller mot honom. Sossarna förlorade egen majoritet i kommunvalet -82 på grund av det, det var alla analytiker ense om. Så hennes försvinnande fick alltså rent politiska konsekvenser …

– Det förändrade samhället? frågade Susanne.

– Ja, rent konkret, faktiskt, sa Wiking.

– Fanns det någonsin några misstänkta?

– Man visste inte ens om det begåtts något brott, sa Wiking. Hon var ju bara försvunnen.

– Det var stor aktivitet på Robotbasen den där helgen. Kunde det ha med saken att göra?

– Amerikanerna var där den helgen, det var allmänt känt. Det var tredje eller fjärde gången det där året. Men allting som sker däruppe är säkerhetsklassat, och därför svårutrett.

– Men hennes böcker hittades på vägen upp till Robotbasen …

– Kassen med böcker hittades utanför Gransel, som ligger vid vägen upp mot Basen, sa Wiking. Det fanns ingenting som pekade på att folket däruppe skulle ha haft något med saken att göra.

– Någon slängde den väl där?

På det svarade inte Wiking.

– Kroppen var stympad när den hittades, fortsatte Susanne. Vad skulle du säga att det tyder på?

– Jag kan inte gå in på själva utredningen, sa Wiking. Det hoppas jag du förstår.

– Men gärningsmannen kanske fortfarande går omkring här i stan? Handlar julklappar, tittar på handbollsmatcher, sjunger i kyrkokören?

Han satt tyst. Till slut stängde hon av inspelningen.

– Något du kan säga? frågade hon. Off the record?

– När Agneta flyttade, sa Wiking, höll hon kontakten efteråt?

Susanne lade ifrån sig mikrofon och hörlurar.

– Jodå, i början. Hon skrev flera brev, den där konstiga röda texten.

– Har du intervjuat henne? För din podcast?

– Inte än, men hon funderar på att komma upp. Hon skulle vilja vara med på minnesstunden.

– Och Birgitta, har du spelat in henne?

– Nej, hon vill inte.

Siv Johansson steg in i köket, lika snygg och parant som alltid. Wiking reste sig och hälsade.

– Men sitt, sitt, sa hon. Har du fått något kaffe?

– Tack, det är bra för mig, sa han. Har du också blivit intervjuad, Siv?

Siv Johansson skrattade.

– Jo du, jag och din mamma! Nu blir vi kändisar!

– Skulle jag kunna få lyssna på er intervju?

Hon skrattade förtjust.

– Men det är klart du får! Om vi nu hade något intressant att säga ...

Han log mot Susanne. Hon skakade på huvudet.

– Nej, mamma, mitt arbetsmaterial är inte offentligt.

– Men Susanne, sa Siv Johansson. Låt nu polischefen lyssna. Det fanns väl inga hemligheter i det vi pratade om? Och det ska ju komma i radio! Alla ska ju få höra.

– Nej, mamma, sa Susanne.

Siv Johansson drog ihop ögonbrynen. Susannes mobil ringde igen, hon tryckte bort samtalet.

– Nu tycker jag du är ogin, sa Siv. Polischefen har ju tagit sin tid och ställt upp för dig ...

Susanne stönade högt.

– Ja ja, sa hon med blicken på mobiltelefonens skärm, bara mammas och Karins då ...

Hon lade ner telefonen och drog till sig datorn. Klickade

några gånger, vred upp datorn mot honom och räckte över hörlurarna.

– Där, fil 01, sa hon och tryckte igång uppspelningen.

Han fick på sig hörlurarna.

– Hur ökar jag volymen? frågade han.

Hon visade. Susannes röst fyllde hans huvud.

... i byn Stenträsk i södra Lappland. Klockan är fyra på eftermiddagen, det är mörkt utanför fönstret. Den här tiden på året blir det aldrig riktigt ljust häruppe vid norra Polcirkeln. Med mig har jag också Karin Stormberg, som var gift med...

Siv ställde fram en kopp kaffe framför honom, han log och nickade. Susanne tog upp sin mobiltelefon, ringde ett samtal, reste sig och gick ut i hallen.

På datorskärmen framför honom låg elva inspelningsfiler i en mapp märkt MORDET PÅ SOFIA. I lurarna hörde han Sivs röst.

... säkert att du inte vill ha nånting att äta? Dom har ju så dålig mat på dom där flygplanen...

Han kastade en blick mot hallen, Susanne stod med ryggen mot köket och talade. Snabbt tog han upp den digitala minnesstickan ur sin byxficka, tryckte in den i en av datorns portar, markerade de elva inspelningsfilerna och kopierade dem till usb-minnet. Hans egen mamma i lurarna.

... Hilding, pappan hennes, var ju kommunalråd och Gustav var ju polischef, så vi sågs en del familjevis, fast å yrkets vägnar, om man så säger. Hon var en tystlåten liten sak, smal som en speta ...

Susanne kom tillbaka in i köket. Han lade handen över usbminnet. Hon höjde frågande på ögonbrynen, fann han inspelningen intressant månne? Han gjorde tummen upp med den fria handen. Hon suckade teatraliskt och gick och hällde upp en kopp kaffe till.

... hon som stammade, vad hette hon, hon ringde mig och bad att få personbevis till pass, hon som studerade ekonomi i Karlstad, Agneta ...

Han drog ut stickan och stoppade tillbaka den i fickan. Hade han tur hade alla filer hunnit överföras.

... något med människorna. Folk började låsa dörrarna. Många skaffade nya gardiner och drog för. Det var som om tilliten försvann.

Han mindes det, det stämde. De började låsa efteråt. Altandörren också.

Jag är inte alls säker på att det var någon utifrån. Det kan mycket väl ha varit någon ifrån stan. Någon vi alla känner. Någon som är kvar här fortfarande.

Uppspelningen var slut. Det blev tyst i hans huvud.

Han kontrollerade att ingenting på skärmen skvallrade om hans kopiering.

Tog av sig lurarna, lade dem på köksbordet.

– Nöjd? frågade Susanne.

WIKING KNACKADE PÅ dörren till chefsåklagarens rum vid Rättscentrum i Luleå. Klockan var halv två på eftermiddagen. Solen hade varit uppe och vänt vid horisonten, men nu var den borta igen. Evelina Andersson öppnade och vinkade att han skulle komma in, en mobiltelefon tryckt mot örat.

– Hur lång tid behöver de på sig? Inte förrän dess? Har hela jävla avdelningen gått på ... Okej. Okej, jag fattar.

Hon stack åt honom en bunt papper och visade på besöksstolen framför skrivbordet. Han ögnade försättsbladet, det var rapporten från Nationellt forensiskt centrum i Linköping.

Evelina Andersson trampade runt i rummet. En mansröst babblade oavbrutet i andra änden av telefonlinjen.

– Labbet i UK då, de kör väl över jul? sa hon.

Mansrösten fortsatte. Hon ställde sig vid fönstret, Wiking såg hennes spegelbild i glaset. Hon stirrade ner över busstationen, bet sig i underläppen.

– Nej, sa hon, det är klart att det inte brinner på det sättet, men vi kommer inte vidare så länge ... Hur menar du nu?

Han slog sig ner, bläddrade bland pappren, de var inte

många. Hoppade över formalian om tid och plats och gick rakt på beskrivningen. Sakerna, de som låg där huvudet borde ha varit.

Plånbok av plast, helt bevarad.
Innehåll:

- 120 kronor i sedlar, 3,50 i mynt.
- Id-kort för student utfärdat i december 1979, tillhörande Sofia Katarina Hellsten.
- Nyckel i nyckelring.

Ett flertal fingeravtryck säkrade på plånbok, mynt, sedlar, nyckel. Avtrycken bedöms komma från olika personer, vilket är normalt då valuta hanteras av ett flertal människor.
Dna under utredning.

– Jaja, okej, vi säger så. Hej.

Hon släppte mobilen i röran på skrivbordet, sträckte fram handen och hälsade. Evelina Andersson hade varit på Åklagarmyndigheten länge, de fem senaste åren som chef. Hon satte sig på andra sidan skrivbordet, sparkade av sig skorna och lade upp fötterna på pappershögarna.

– Du är engagerad, sa Wiking och nickade mot telefonen.

Han log lite, hon besvarade det.

– Allvarligt, sa hon. Jag vet inte varför, men det känns som om det brådskar. Det här är för knäppt. Fyndet sätter saker i rörelse, saker som hänger ihop.

Wiking viftade med pappret.

– Inget rånmord i alla fall, konstaterade han.

– Om vi nu hade trott det, sa Evelina och tryckte fast ett par läsglasögon på näsan, plockade upp ett annat dokument.

Han läste vidare.

Kläder:

- Jeans i denim, Puss&Kram. Missfärgade. Spår av sperma på insidan, vid grenen.
- Kofta i ull, kashmir, blå (?) missfärgad.
- Linne i akryl, lila, helt bevarat.
- Gymnastikskor, Puma, storlek 36, gröna och vita (?), missfärgade.
- Strumpor, vita med gröna prickar (?), bomull, missfärgade.
- Trosor, akryl, storlek 34, laxrosa, helt bevarade. Stora mängder sperma i grenen. Blod ca 5x5 cm bakom grenen.
- Behå, bomull, storlek 65A, vit (?), missfärgad.

Fingeravtryck säkrade på skor samt jeans. Dna under utredning.

– Allting verkar vara väldigt välbevarat, sa han.

– Snackade med chefen därnere, sa Evelina. Det var hon själv som gjorde undersökningen. Fanns ingen jord i utrymmet, alltså inga mikroorganismer. Inget som kunnat bryta ner. Lite fukt bara, därav missfärgningarna på naturmaterialen. Jävligt hoptorkad dock. Rena mumien.

Wiking nickade, han hade sett delar av kroppen där den låg i fundamentet.

Väska, naturfärgat läder. Delvis missfärgad.

Innehåll:

- Lärobok, Matematik för gymnasieskolan. Treårig naturvetenskaplig linje, fyraårig teknisk linje, Andra årskursen. Bergendal, Gustav, Råde, Lennart & Håstad, Matts (1975). Stockholm: Biblioteksförl. Välbevarad. På försättsbladet texten ”Tillhör Sofia Hellsten”.
- Skrivbok för övningsuppgifter matematik, ”Tillhör Sofia Hellsten”.
- Kulspetspenna, Bic.
- Lång halsduk, stickad, akryl, röd.
- Tamponger, OB Mini (obruten förpackning).
- Godisklubba, halväten (jordgubb), inlindad i plast.

– Gick det att ta fram saliv ur klubban?

Evelina log brett.

– Jajjemen.

– Samtalet nyss? undrade han och nickade mot mobiltelefonen.

Hon stönade högt, bläddrade i sin pappersbunt.

– Och tydligen hade hon rejält sex precis innan hon dog. Hittills har de hittat tre olika dna i sperman i trosorna.

Wiking blundade några sekunder, det var väl bara det som fattades.

– Gruppvåldtagen?

– Inte nödvändigtvis. Vissa gillar ju många killar.

Han var tvungen att andas med öppen mun några sekunder.

– Men det lutar åt att hon blev gruppvåldtagen och halshuggen?

Evelina Andersson svarade inte.

– Hon har blött också, sa Wiking.

– Kan ha haft mens.

– Tampongerna var oöppnade.

– Kan ha haft mens ändå.

Han släppte det.

– Vilka övriga skador fanns det på kroppen?

– Inga, sa chefsåklagaren och räckte honom en tunn pappersbunt. Ett preliminärt utkast av obduktionsprotokollet, mycket rudimentärt. Hur lång var hon? När hon levde?

Han lade bort pappren, tog emot de andra.

– Kort, sa han.

– Alla är korta jämfört med dig.

– Tror det stod i akten att hon var 163 centimeter.

Wiking lät ögonen flyga över protokollet, det var fragmentariskt och kortfattat.

Kropp av kvinnokön, mkt förtorkad.
Funnen utan kläder samt utan huvud.
Vikt: 15,3 kilo. Längd: 149 cm.
Bedömd vikt och längd vid dödstillfället: ca 50–55 kg, 163–167 cm.
Skador vid vänster axel samt höger hand, uppkomna vid upptäckt (troligtvis spadtag).
Inga inre skador.
Inget nagellack.
Inga operationsärr.
Inga spår av droger eller alkohol.
Maginnehåll: möjligt bröd, ev. ost samt kött.

Fingeravtryck: svåra att fastställa. Högra handen förstörd.
Vänstra mumifierad.
Huvudet avlägsnat medelst skarpt vapen, ren brottyta.
Dödsorsak: Går ej fastställa.

Han räckte tillbaka protokollet till Evelina.

– ”Går ej fastställa”, sa han.

– Kroppen var hel, sa hon, och det var inte särskilt mycket blod i gropen. Spår i botten bara. Hon förblödde alltså inte.

– Så dödsorsaken finns i huvudet.

Hon tog upp en bunt med färgutskrifter från obduktionen.

– Eller genom halshuggningen. Jag ringde upp och snackade med Sixten, det går inte att säga om hon levde eller redan var död när huvudet höggs av. Och det handlar bara om ett enda rent hugg, troligtvis med en yxa eller machete. Med tanke på platsen och landsändan så lutar det väl åt yxan …

Wiking strök sig över pannan.

– Och vad säger det dig?

I mitten av 1990-talet studerade Evelina Andersson en tid i USA, bland annat ett halvår vid FBI:s akademi i Quantico i Virginia. Hon var licensierad profilerare. Nu bläddrade hon långsamt bland bilderna, lät händerna dröja vid den papperstunna kroppen.

– Våldsamt, sa hon. Viss muskelstyrka, men inte nödvändigtvis Hulken. Någon som är van att hugga ved.

– Någon som högg och andra som höll fast?

– Du fastnade lite i sperman där? Nej, ett slag i skallen med en yxa så däckar man. Sedan är det bara att halshugga på. Det kan mycket väl ha varit en ensam gärningsman.

Ja, så klart. Han såg ner i obduktionsprotokollet någon minut utan att se, var tvungen att samla sig. Evelina bläddrade bland obduktionsfotografierna.

– Så vad skulle du säga, var det personligt? frågade Wiking till slut.

Evelina lade undan bilderna, upp och ner på sitt skrivbord.

– På något sätt, säkert.

– Bara för att utesluta alla andra alternativ, sa Wiking, kan det ha varit självmord?

– Suicid medelst halshuggning har förekommit, men då har ju huvudet legat bredvid.

– En olycka?

– Det är ju det där med det försvunna huvudet.

– Kan det ha trillat över kanten och ner i älven?

Evelina gjorde en grimas.

– Möjligt, sa hon, i och för sig. Men huvuden flyter.

– Gör de?

– Minns du ungarna i Gällivare som satt och grillade när ett huvud flöt förbi i bäcken?

– Ungar?

– Ungdomar då. Måste ha varit tio år sedan.

Wiking skakade på huvudet.

– Mördaren tog alltså med sig det. Som trofé?

– Eller för att försvåra identifiering.

– Varför skulle man vilja försvåra identifiering? När man samtidigt lämnar offrets kläder och plånbok och id-kort på brottsplatsen?

– Sant, sa Evelina.

– Kan en björn ha ätit upp det? En järv, varg?

Evelina suckade och skakade på huvudet.

– Stockholm får kolla Kalla Fall, sa hon och antecknade något i ett block.

– Styckmord är ju ganska vanliga, sa Wiking. Fast det här är väl något annat.

– Ja, det här handlar ju varken om defensiv styckning för att kunna forsla bort kroppen, eller offensiv styckning som man ser vid lustmord. Bröst och kön är intakta.

– Så varför var hon naken? Hon halshoggs inte direkt efter sexet, eftersom sperman runnit ner i trosor och jeans. Hon våldtogs, klädde på sig, klädde av sig, mördades.

Evelina bet sig i läppen.

– Eller så klädde mördaren av henne efter mordet.

– Varför?

Åklagaren lade undan läsglasögonen och släppte ner fötterna på golvet.

– Jag är skithungrig, sa hon. Har du käkat?

Det brukade sägas att Storgatan i Luleå var Sveriges kallaste plats. Den låg på en landtunga i Luleälven, och blåsten från Röda havet på ena sidan och Hamnen på den andra skapade vindtunnlar som fick kylfaktorn att närma sig Sibirien. Röda havet, som egentligen var en del av Skutviken, hade fått sitt namn efter de socialistiska företeelser som förr i världen kantade dess stränder: Landstingshuset, Norrländska Socialdemokraten, kooperativt ägda OK. Wiking tyckte det var skitprat. Det var mycket kallare i Stenträsk.

Evelina ville slippa lunchrestaurangen i huset, så de travade iväg längs med den alls icke kallaste platsen i Sverige upp till thaikrogen i hörnet av Kungsgatan. Bjällerklangen var massiv, liksom trängseln. Blinkande ljusslingor utmanade mörkret.

– Jul med familjen? frågade hon när de fått in varsin wokad kyckling med cashewnötter.

Han nickade och tuggade ur munnen.

– Markus bor ju i stan, men Elin, min dotter, kommer upp från Stockholm. Jag har en bror på gruppboendet i Vidsel, han kommer också. Vi ska vara hos morsan. Du då?

Hon försökte le, ett hastigt drag med munnen som mest blev en grimas.

– Du, sa hon, vad hände egentligen när din fru drunknade?

Han höll på att få riset i vrångstrupen. Hostade och harklade sig.

– Hon gick ner sig, sa han. I Kallmyren. Den ligger ovanför Stenträsk tätort, en halvmil norrut. Ett bottenlöst kärr. Otroliga mängder hjortron.

Han tog en tugga till.

– Och hon var inte från byn? frågade Evelina.

Han skakade på huvudet.

– Från Stockholm. Eller Solna, egentligen. Vi träffades när jag gick polisutbildningen.

Han tystnade ett ögonblick.

– Helena, sa han sedan. Hon hette Helena. Stormberg. Vi bodde ihop först, fick Markus. Gifte oss när hon blev gravid med Elin.

Drack ur glaset med mineralvatten, fyllde på.

– Du svarade inte, sa han. På hur du ska fira jul.

Hon drog ett djupt andetag.

– Tror jag skiter i julen i år. Filippa är hos sin pappa.

Han släppte ämnet.

– Robotbasen, sa han. Amerikanerna var däruppe igen när Sofia försvann. Man förhörde den svenska personalen, men inte jänkarna. Dessutom kan ett par tre, fyra av dem möjligen ha åkt iväg tidigare än beräknat. De lämnade sina rum i förtid. Kan ha blivit ivägskickade, ungefär samtidigt som skallgångskedjorna drog igång. Åtminstone uppfattade ägaren till pensionatet det så.

– Har du pratat med honom? Ägaren?

– Henne. Kerstin Lindgren. Hon dog 1990 på hösten, strax efter att Helena försvann. Hon jobbade där.

– Din fru? Jobbade hon på pensionatet?

– Hovmästare och receptionschef. Hon var hotellutbildad i Schweiz. Inte så mycket att välja på i Stenträsk.

– Wow, sa Evelina Andersson. Hon följde med dig dit upp. Du måste vara något alldeles särskilt. Varför förhördes inte amerikanerna?

– Vi vet inte vilka de var. Fanns inga namnlistor. All verksamhet däruppe är fortfarande ett enda stort frågetecken. Många i stan var säkra på att det är där lösningen finns. Det vore ju rätt praktiskt, om ondskan kom utifrån.

– Var var du själv den helgen? frågade Evelina Andersson och såg honom rakt i ögonen.

– I Boden, sa han, på ishockeyläger.

Hon höjde på ögonbrynen.

– Så du missade hela grejen?

– Kom hem lagom till skallgångskedjan.

– Hur långt är det mellan Boden och Stenträsk?

Han tuggade wokade grönsaker och såg granskande på henne.

– Man springer inte fram och tillbaka en fredagskväll för att hugga huvudet av någon, sa han.

– Men om man kör bil kanske? sa hon och drack ur sitt mineralvatten.

– Ja, helt klart, sa han. Det tar en och en halv timme nuförtiden. Lite längre på 80-talet.

– Jag vet inte om jag tror på Robotbasen, sa hon och vinkade på notan. Är huset kvar? Där hon växte upp?

– Ja, fast det är renoverat flera varv sedan dess. Finns inget kvar där efter henne.

– Men ni hittade en levande släkting i byn? Som ni kunde topsa som referens?

– Stan, sa Wiking. Folk i Stenträsk är rätt noga med att man säger stan. Sofia var enda barnet, men vi hittade en kusin i Malmfälten.

Han var en av Carina Burstrands förslag på listan över eventuella släktingar i länet: Henrik Hellsten, ambulansförare i Gällivare. Dessutom hade han beställt ett dna-prov på Sigrid Kinnunen från Stenträsk, flickornas dagmamma, bara som referens.

– Du, sa han och lade undan telefonen, jag har en annan sak jag skulle vilja fråga dig om.

– Svaret är nej, sa hon. Jag är upptagen.

Han log.

– Är Sverigedemokrater mer brottsbenägna än andra?

Hon höjde på ögonbrynen.

– Än vilka då?

Han tänkte på Birgitta, full men ändå redig.

– Eller rättare sagt, är de mer oempatiska? Mer psykopatiska?

– Bland alla politiker som kandiderar till folkvalda församlingar så toppar de listan över åtalade, sa hon. Att de skulle vara mindre empatiska vet jag inte. Varför undrar du?

– Det var något som någon sa, sa han.

Hon reste sig upp.

– Nu skiter vi i det här.

Gick bort och betalade i kassan.

– Hittade skokartongen, sa Carina Burstrand när han steg in på stationen igen. Den står på ditt skrivbord.

Det hade börjat snöa och blåsa igen, hade varit ett eländigt väglag upp från Luleå. Wiking borstade snön av jackan.

– Det är alla protokoll från våra träffar, sa Carina, utom det allra sista, fredagen den första augusti 1980. Vi fick alltid protokollet från föregående möte när vi sågs.

Hon gav honom en bunt med lappar, meddelanden från människor som ville bli uppringda.

– Kan du följa med mig är du snäll? sa han och gick mot sitt rum utan att vänta på svar.

Hon travade efter honom utan att protestera. Satte sig oombedd i besöksstolen intill hans skrivbord.

– Det är ett par saker jag vill fråga dig om, sa han och tog upp en bunt papper ur sin portfölj.

– Det här är ett preliminärt utkast från Nationellt forensiskt centrum i Linköping, sa han och räckte över pappren till henne. Sakerna som hittades i fundamentet. Jag vill att du tittar igenom dem när vi är klara här, ser efter om det är något som slår dig.

– Som vad då till exempel? sa hon och tog emot den tunna bunten.

– Vet inte, sa han. Vad som helst. Något konstigt. Något som inte borde finnas där. Något du saknar.

Han vinkade med telefonlapparna.

– Behöver jag bry mig om de här?

– Bara media.

På vägen upp och ner från Luleå hade han lyssnat igenom Susannes intervjuer och inspelningar. Det mesta hade varit skräp, men där fanns några intressanta passager. Han satte sig tungt i stolen och såg på henne.

– Jag har en annan fråga, sa han. Förekom det någonsin någon typ av våld mellan er flickor? I bokcirkeln Polcirkeln?

Hon slutade läsa rapporten, lade den upp och ner i knäet och såg upp på honom.

– Absolut inte.

Hennes röst på inspelningen, klar och tydlig:

Sofia sökte upp mig den där våren innan hon försvann. Hon sa att du var kär i mig. Att du hade slagit henne, och hotat henne, om hon någonsin skulle berätta det.

– Förekom det något hot eller våld mot Sofia? frågade han. I någon form, någon gång? Av någon av er?

– Inte vad jag vet.

– Påstod hon det någon gång? Såvitt du vet?

Carina tuggade på underläppen.

– En gång sa hon att Susanne slagit till henne, men det var bara skitsnack.

– Skitsnack?

– Susanne skulle aldrig slå någon, det är helt befängt.

– Och det vet du?

Hon svarade inte.

– Vad var det där med ekorrarna? frågade han.

– Ekorrarna?

Susannes inspelning, hennes röst, och Pekkas:

Tänker du på det där med ekorrarna? Ekorrarna?

– Vet du något om det?

Hon såg förvirrad ut.

Han kunde ju inte fråga Susanne, då skulle han avslöja att han stulit hennes arbetsmaterial.

– Vet du om Pekka Karlsson bor kvar uppe på Kolåsvägen? frågade han istället.

Hon blinkade några gånger.

– Jag tror det. Hurså?

Växeln satte igång att tjuta ute i receptionen. Hon kastade en frågande blick på honom och gjorde sig redo att resa sig upp.

– Inte så bråttom, sa han. Din relation till Sofia, hur såg den ut? Egentligen?

Hon stannade mitt i rörelsen, tydligt på sin vakt.

– Hur menar du?

– Vad hade ni gemensamt den där sommaren?

Inbillade han sig, eller bleknade hon faktiskt?

– Jag förstår inte vad du pratar om.

– Sommaren 1980, du hade precis gått ut gymnasiet och flyttat hem till Håkan. Susanne var ihop med Krister. Var kom Sofia in i bilden?

– Nu är jag inte alls med, sa hon.

Pekka Karlssons röst på inspelningen, burkig, som om mikrofonen befunnit sig på avstånd.

Hon och Carina hade ju roligt den där sommaren tillsammans, det får man ju säga.

– Det förekommer uppgifter om att du och Sofia hade något gemensamt sommaren 1980. Vad var det?

Svaret kom snabbt och säkert. För snabbt?

– Vår bokcirkel, sa hon. Vi sågs en gång i månaden. Det hände att jag träffade henne på puben, men hon var inte där så ofta. Hon fick inte köpa öl, hon hade inte fyllt arton. Vad är det för uppgifter du syftar på?

– Det finns något mer, sa Wiking. Något du inte vill berätta. Vad handlar det om?

Hon svalde, satte sig tillrätta och såg ner i knäet. Han kunde se pulsen vibrera i en åder på sidan av hennes hals. Hon svarade inte, han väntade ut henne.

– Det finns väl alltid saker man inte är särskilt stolt över, sa hon till slut.

– Sluta snacka dynga, sa han.

Hon gömde ansiktet i händerna några sekunder. Sedan stoppade hon handen i bakfickan och drog upp ett skrynkligt papper. Slätade ut det på skrivbordet framför honom.

– Nu vet du, sa hon.

Han drog till sig pappersarket. Maskinskrivet, inte printat. Såg ut som ett gammalt förhörsprotokoll.

– Vad är det här?

– Läs de översta raderna, sa hon.

FL: Kan du lista de kvinnor som du såg springa på övervåningen de aktuella datumen?

KL: Carina Burstrand.

FL: Ingen annan?

KL: Det är möjligt, men ingen som jag såg.

FL betydde förhörsledare.

– Vem är KL? frågade han.

Carina knöt händerna.

– Kerstin Lindgren, sa hon.

Ägarinnan till pensionatet på 1980-talet. Helenas gamla chef. Polletten ramlade ner.

– Det här kommer från akten om Sofias försvinnande, sa Wiking. Hur i helvete hamnade det i din bakficka?

– Jag plockade ut det, sa Carina.

Luften i rummet tjocknade. Han stirrade på henne, hon slöt ögonen.

– Jag vet, sa hon. Det är skäl för uppsägning.

– Till att börja med, sa han. Varför?

Hon började gråta. Han blev alldeles ställd. Trodde inte att hon var kapabel att göra det. Hon slog händerna för ansiktet, axlarna skakade. Han visste inte vad han skulle göra.

– Kom igen, sa han till slut. Berätta varför.

Hon andades hastigt och ytligt några sekunder, sedan tog hon ner armarna. Kinderna var våta och rödflammiga.

– Skam, sa hon. Ångest över att någon skulle få veta.

– Att Håkan skulle få veta?

– Han också.

– Veta vad? Att du låg med jänkarna?

– Inte allihop.

– Vad har Sofia med det här att göra? Var hon också där?

Carina skakade på huvudet.

– Inte vad jag vet.

Han såg på henne, folkets förtroendevalda gnällspik, en intelligent kvinna i övre medelåldern vars yrkesliv bestått i att svara i telefonen, koka kaffe och utfärda identitetshandlingar. Till sommaren hade hon jobbat på stationen i fyrtio år. Han visste att hon var ledamot av kulturnämnden, att hon var drivande i kommunens arrangemang av författarträffar. Hon hade barn och man och barnbarn.

Riskera detta, för vad?

Skammen måste vara något i hästväg.

– Du läste igenom akten? Alltihop?

Hon torkade sig under näsan.

– Bara förhören.

– Och du bestämde dig för att plocka ut den här sidan där det står att du sprang med amerikanerna på övervåningen?

Hon nickade ner i knäet.

Han granskade hennes gråsprängda hårbotten några sekunder, herregud så människor klantade till det för sig. Suckade tungt.

– Ska vi säga såhär? sa han och lade sin hand på det skrynkliga pappret. Det här påverkar ju inte utredningen kring Sofias försvinnande.

Hon svalde och skakade på huvudet.

– Så det gjorde egentligen ingen skillnad för polisarbetet om den här sidan var försvunnen, fortsatte han.

Hon svarade inte.

– Fast det var ju bra att du hittade den, sa han. Eftersom den tydligen hade råkat trilla ut ur utredningsmaterialet. Förargligt när sådant händer.

Hon såg upp på honom, storögd. Satt fastfrusen några sekunder.

– Tack, sa hon sedan, mycket lågt.

Han reste sig, hon också. Han höll upp dörren åt henne. Granskade henne när hon passerade honom.

Birgitta hade uppenbarligen fel.

Skuld och skam verkade hon, i vart fall, ha förmåga att känna.

Och nu hade han en upp på henne. I evighet.

Pekka Karlsson öppnade ytterdörren med en julöl i handen. I bakgrunden hörde Wiking signaturmelodin till Bingolottos uppesittarkväll.

– Men vafan Wiking, kom in, kom in.

– God jul, sa Wiking. Jag ska inte bli långrandig.

– Vill du ha ett järn, eller är du i tjänsten?

Wiking stampade av sig snön och klev in i hallen.

– Jag tar gärna järnet nästa gång. Först och främst, tack för vakten uppe på fyndplatsen. Måste ha varit rätt kyligt.

– Nå men tack, det var myggfritt. Fast det var ju bara jobbet, vetdu. Och man fick ju värma sig i bilen.

Hans fru, Lotten, kom ut i hallen och hälsade.

– Jag har bara några snabba frågor, sa Wiking sedan hustrun gått tillbaka in till Bingolotto. Minns du den där perioden när Sofia Hellsten försvann? Sommaren 1980?

Pekka Karlsson drack en stor klunk av ölen, torkade av sig om munnen med baksidan av handen.

– Vafan Wiking, är man en misstänkt?

– Jag vill bara fråga dig vad du vet om Sofia Hellstens relationer på den tiden. Vilka umgicks hon med? Hade hon någon pojkvän? Har du någon uppfattning om det?

Mannen kliade sig i håret.

– Näääå du, det kan jag då inte säga ...

– Du var ihop med henne på våren, eller hur?

Mannen blev lång i ansiktet.

– Nå, men inte ...

– På en fest hemma hos Susanne Schiltz, ja, hon hette ju Johansson på den tiden. Ni hade sex i badrummet i källaren. Fortsatte ni att ses efteråt?

Pekka Karlson tog ytterligare ett steg ut i tamburen och drog igen dörren lite efter sig, kastade en blick över axeln mot vardagsrummet. Tv-publiken skrattade och applåderade.

– Nä, jag hade nog velat, men hon var inte så intresserad.

– Tyckte du det var jobbigt?

Ny klunk ur ölflaskan.

– Jag fick ju ihop det med Lotten där på hösten ...

– Så du var inte olyckligt kär i Sofia Hellsten?

– Nä, men för helvete, Wiking ...

Wiking granskade honom några sekunder.

– Carina Burstrand, umgicks Sofia med henne? Vet du något om det?

– Sverigedemokraten?

– Larva dig inte, sa Wiking. Vi kan fortsätta att prata nere på stationen om du vill.

Pekka Karlsson såg ner i backen.

– Fan Wiking, inte behövs det. Jag vet ingenting. Jag satte på Sofia på den där festen, och så var det med det. Inte vet jag vad hon hade ihop med Carina Burstrand.

– Hade ihop med?

– Man såg dem ju på stan ibland, fulla. Dom verkade ha kul.

– Kul?

Mannen trampade lite på stället.

– Jag vet inte, Wiking, det är sanningen. Inte berättade dom något för mig.

Nej, det kunde nog stämma. Han klappade Pekka Karlsson på axeln.

– Jag förstår, sa han. Det är okej. Du bodde bredvid Agneta Mäkitalo på den tiden, gjorde du inte det? Nere på Stenträsk Älvstrand?

Pekka andades ut.

– Du kan kalla det för Träsket, det gör alla andra. Jo, nog gjorde jag det. Hon var fin, Agneta. Snygg tjej. Gick ju bra för henne sen.

Han sparkade lite på en dörrstopp, försökte le.

– Minns du om du såg henne, eller Sofia, den där helgen när Sofia försvann? Augusti 1980?

Pekka drack upp det sista ur ölen.

– Jo, men jag tänkte på det i efterhand, sa han. Att jag såg dem därute i trapphuset. När Sofia gick därifrån.

Wiking stelnade till.

– Gick därifrån? När då?

Pekka skakade på flaskan, konstaterade att den var slut.

– Det var nog på fredagen. Jag hade jobbat i Boden och kom hem rätt sent. Vid elva, kanske. Sofia var precis på väg att gå, hon hade en sådan där sportväska med sig.

Han böjde sig närmare Wiking och sänkte rösten, andedräkten tjock av julöl.

– Jag pratade lite med henne, bara om vädret och så.

– Du pratade med Sofia? Vad sa hon?

– Nå, inget särskilt. Hon var en riktigt tråkig typ, egentligen ...

– Du sa att du såg ”dem” i trapphuset. Såg du Agneta också?

Han funderade några ögonblick.

– Nä, jag bara hörde henne.

– Vad sa hon?

– Sofia ropade hej då, vi ses i morrn, eller något sådant.

– Och Agneta svarade inifrån lägenheten?

Han rev sig i håret.

– Ja, det gjorde hon väl? Det tror jag nog?

– Men du är inte säker?

Han ryckte på axlarna.

– Det har ju gått några år ...

Wiking nickade.

– Tack Pekka, för att jag fick störa. Ha en fin jul nu ...

– Nå, men du också ...

Han lämnade väktaren stående i dörröppningen, famlande efter julefrid.

Åkte tillbaka nedför backen och gick bakvägen in på stationen. Hela byggnaden var nedsläckt, utom lampan på hans skrivbord och den hysteriskt blinkande julgransbelysningen i receptionen.

Han hade fått ett internmejl av Carina Burstrand.

Det saknas en grej i hennes väska. Anteckningsboken. Den hade hon alltid med sig, överallt. Hon skrev ner precis allting i den. Sitt inte kvar för länge ikväll, och ha en bra jul.
/carina

Han snurrade runt på stolen så att han kom att stirra ut över parkeringen, och på kyrkan som tornade upp sig på andra sidan gatan. Det pågick någon form av julkonsert där. Snöfallet hade upphört, han anade stjärnor. Så drog han ett djupt andetag, snurrade tillbaka stolen, såg ner på dokumenten på sitt skrivbord. På lapparna han skrivit, pilarna han dragit. Väntade i flera minuter.

Sedan plockade han upp protokollen ur Carina Burstrands skolåda, ögnade igenom det översta.

TOM SAWYERS ÄVENTYR

AV

MARK TWAIN

VALD AV

AGNETA MÄKITALO

Det svindlade till i huvudet på honom, han var tvungen att lägga pappret ifrån sig.

Agneta, boken hon valt, den dagen hennes mamma blev inlagd. Mjölk, och kanelbullar. Brandröken, hennes mjuka hår. Tårar sköt upp i ögonen, han gömde ansiktet i händerna och började hacka gråt.

Gode värld, vad var det som hände med honom?

Det hade legat ett maskinskrivet brev med röd text på hans skrivbord när han kom hem från ishockeylägret. Han mindes glädjen när han förstod att det var från henne, det svindlande jublet när han slet upp kuvertet. Förlamningen när han läste det. Hon hade flyttat. Måste komma bort, få en ny start. Bad att han skulle förstå. Katten hade hon med sig, den hälsade …

Och Helena, han undvek att tänka på henne. Hade lagt hennes minne så långt bak han kunde, men nu rann hon fram, hon forsade genom honom, *vad hände egentligen när din fru drunknade?*

Han hade sagt åt henne att inte gå upp på Kallmyren. Att folk som kunde landskapet betydligt bättre än hon hade gått ner sig.

Han grät, tyst nu, ner i händerna.

Hittade en bunt med pappersnäsdukar i en skrivbordslåda, snöt sig.

Han hade ringt till Agneta, så klart, men hon bodde på ett elevhem och hade ingen egen telefon. När han till slut fick tag på henne var hon stressad och stammade svårt, hon ville vara ifred, tyckte inte om att prata i telefon.

Han ringde inte igen.

Och Helena hittades aldrig. Hon vilade fortfarande någonstans i den bottenlösa myren, svävande i evig gyttja.

TÖRNFÅGLARNA

AV

COLLEEN MCCULLOUGH

VALD AV

SOFIA HELLSTEN

SOMRARNA I STENTRÄSK kunde vara stekheta. När ryssvärmen vältrade sig in över Nordkalotten österifrån så flämtade jorden. Brunnar sinade, järnvägsrälsen kurvade sig och vägarnas oljegrus mjuknade. Temperaturer över trettio grader kunde förekomma.

Sagda somrar kunde också vara iskalla. Om vindarna från Arktis fick upp farten kunde temperaturen gå flera grader under noll, även mitt i juli.

Just den här dagen, fredagen den 1 augusti 1980, var fångad mellan dessa båda ytterligheter. Fronterna brottades i luftrummet. Åskan bidade sin tid.

FREDAG 1 AUGUSTI 1980

PSYKOLOGEN HETTE JUDITH. Sofia undrade om hon kunde vara judinna. Judinnor hade färre fall av livmoderhalscancer än kristna kvinnor, för deras män var omskurna. Kanske var det samma sak för muslimska kvinnor, hon hade inte sett någon statistik på det.

Nunnor fick nästan aldrig livmoderhalscancer.

Hur som helst så tyckte Sofia att det var en intressant iakttagelse:

Kvinnor dog av skitiga kukar.

– Jag tänkte att vi skulle prata om sorg idag, sa Judith.

Sofia nickade och såg ner på sina händer, lade ögonfransarna mot kinden. Petade lite på sina nagelband. Hon mådde ganska illa.

– Det är ett tag sedan vi närmade oss situationen när din lillebror dog, sa psykologen. Det var ju en väldigt sorglig händelse.

Hon verkade vänta på någon sorts bekräftelse, så Sofia nickade med nedslagna ögon.

– Skulle du kunna berätta för mig hur det kändes den där kvällen när Niklas hittades död?

Hon tittade upp.

– Kändes?

Judith nickade.

– Sorgligt, sa Sofia. Jag blev väldigt … ledsen.

– Var hittade du den känslan? Var någonstans i kroppen satt den?

Hon blundade några sekunder, sedan förde hon händerna till hjärtat.

– Här, viskade hon.

– Hur tror du att dina föräldrar kände när Niklas dog?

Hon drog ett djupt andetag.

– Jag tror de blev väldigt sorgsna, sa hon.

– Varför tror du det?

– För att de väldigt gärna ville ha en pojke, och de var väldigt glada för att han hade fötts. Därför blev de sorgsna när han dog.

– Din mamma grät mycket, minns du det?

Hon nickade.

– Hur kände du när du såg din mamma gråta?

Sofia funderade några sekunder.

– Jag blev lite orolig, sa hon.

– Varför det?

– För att mamma inte ville ha mig längre. Jag trodde att hon kanske skulle skicka bort mig.

– Varför trodde du att din mamma skulle vilja skicka bort dig?

Hon ställde frågan med neutral röst, ville tydligen inte lägga för stor vikt vid den.

– Mamma tyckte kanske mer om Niklas, sa hon.

Psykologen antecknade något i ett block.

Själv hade hon också ett block som hon antecknade en massa saker i. Dels var det sådant hon behövde komma ihåg i vardagen, dels företeelser eller extraordinära begivenheter som var uppseendeväckande av egen kraft. Som att gymnasten Aleksander Ditiatin hade tagit medalj i alla grenar han ställt upp i under de pågående olympiska sommarspelen i Moskva, åtta såhär långt. Det var en historisk bedrift. Att USA bojkottade spelen var en faktor som nog bidrog till framgången, men det förändrade inte faktum.

Psykologen frågade någonting men hon uppfattade inte vad. Varför skulle hon heta Judith om hon inte var judinna? Knesset hade precis antagit en ny lag och gjort Jerusalem till Israels huvudstad, de sa det på nyheterna häromdagen. Palestinierna skulle bli tokiga så klart. Judith hade säkert en uppfattning i frågan.

– Sofia?

Hon böjde huvudet.

– Är det jobbigt att prata om?

Psykologen lät medkännande. Hon nickade ner i knäet.

Efter vad som hände under andra världskriget så var det ju inte så konstigt att Israel tänkte försvara sitt territorium.

– Hur har du det med dina kompisar? Ska ni ha möte i Polcirkeln ikväll?

Hon tittade upp och log.

– Ja, det är jag som har valt boken. ”Törnfåglarna” av Colleen McCullough. Har du läst den?

Judith svarade inte på frågan. Hon svarade aldrig på några frågor.

– Tyckte du om boken?

– Den är sorglig, sa hon. Det är många som dör, men det är bokens tema: att bara den största smärtan kan skapa den största skönheten.

– Tror du att det är sant? frågade Judith.

Hon ryckte på axlarna.

– Det är en gammal keltisk legend, sa hon. Den handlar om en fågel, en törnfågel. Den letar efter det perfekta törnet hela livet, och när den hittar det så kastar den sig mot det och spetsar sig själv, och medan den dör så sjunger fågeln den vackraste sången i hela världen.

– Tycker du det är en vacker legend?

Hon ryckte på axlarna igen, såg ner på nagelbanden.

Judith suckade, tyst, så att hon inte skulle höra, men det gjorde hon ju så klart. Hon hade superbra hörsel.

– Det är en annan sak jag skulle vilja ta upp med dig idag, sa Judith istället. Du fyller ju arton år i september, och då blir du myndig. Då är du inte längre ett ansvar för barn- och ungdomspsykiatrin, som du förstår.

Sofia satt alldeles stilla, hon förstod inte vad Judith menade.

– Ska jag … Är ni mitt ansvar?

Psykologen vred sig på stolen.

– Nej, sa hon, jag kanske uttrycker mig lite fel. Du kan inte gå kvar hos BUP när du är vuxen. Gränsen är väl inte absolut, du behöver inte sluta idag eller nästa vecka, men vi måste tänka på att runda av och slutföra din behandling här hos oss den närmsta månaden. Huruvida du ska fortsätta i terapi inom den ordinarie psykiatrin är något som du får ta ställning till tillsammans med din behandlande läkare där. Förstår du?

Jodå, hon förstod precis. Judith sparkade ut henne. Hon skulle inte få komma hit mer.

Hon nickade och såg ner på sina händer.

– Du håller på att bli vuxen, sa psykologen, mjukare i rösten nu. Det är dags för dig att välja väg snart, Sofia. Vad du vill göra, vem du vill vara.

Hon tittade upp på Judith.

– Vem jag vill vara?

Judith log lite mot henne, det hände inte särskilt ofta.

– Du har sådana resurser, Sofia. Du kan bli precis vad du vill.

– Jag vet vad jag ska bli, sa hon. Jag ska bli mamma.

Psykologen såg lite förvirrad ut.

– Det är en bra ambition, sa hon.

De kramades lätt och hastigt i dörren.

Örjan, som ägde taxin i Stenträsk, körde henne till och från psykologen i Boden i sin privata bil. Det fanns ingen anledning att provocera väljarna. Hon visste inte exakt vem som betalade fakturan, Barnavårdsnämnden eller Landstinget.

– Kan du köra förbi apoteket på Kungsgatan? bad hon när hon hoppade in i baksätet. Jag måste hämta ut ett recept.

Han såg på henne i backspegeln med höjda ögonbryn. Egentligen skulle han bara köra henne till BUP och hem, ingen annanstans. Hon mötte hans blick, lade huvudet lite på sned.

– Jag måste hämta ut penicillin, sa hon. Jag har gonorré.

Han bet ihop käkarna, lade i växeln och rullade ner mot Bodens centrum. Det var så roligt att provocera honom. Örjan var aktiv i församlingen, kyrkvärd och ledamot av kyrkofullmäktige.

Han körde in på parkeringen vid Färgaregatan och stannade utan att se på henne i backspegeln.

– Kommer snart, sa hon och studsade ut ur bilen.

På apoteket var det lite kö innan hon fick komma fram till disken. Hon fick bara hämta ut trettio tabletter Valium åt gången, vilket var irriterande, men bättre än inget. Det fanns en marknad för dem och Hoovern förmådde inte hålla dem i lager, så hon hade fått tjata till sig dem på egen hand.

– Tusen tack, sa Sofia när hon hoppade in i bilens baksäte igen.

Örjan Elofsson svarade inte. De åkte, som vanligt, hela vägen tillbaka till Stenträsk under tystnad.

Himlen var jämngrå med sotsvarta moln uppe vid bergskammarna i väst. I öster glödde den azurblå. Man kunde höra forsen rasa på andra sidan backkrönet. En kall vind drog ner från fjällen. Det sprakade i luften.

Mamma satt i Salen, framför den tomma öppna spisen, med en pläd över axlarna.

– Fryser du, mamma? Vill du att jag tänder en brasa?

Mamman svarade inte, det verkade inte som om hon hört henne.

Sofia gick ut och hämtade en famn med ved, gjorde upp en brasa.

– Se där, sa hon. Mycket bättre.

Sedan gick hon bort till sitt rum. Satte sig på sängen med händerna på magen. Hennes mens var aldrig sen. Hon måste berätta för Wiking. Hade redan räknat ut när det hände, det var den dagen han tog körkortet. Den tredje juni, i baksätet på en grön Golf. Det hade varit väldigt trångt, och väldigt skönt.

Hon såg på sitt armbandsur. Mycket att göra idag.

Först plockade hon fram protokollet från förra träffen i bokcirkeln Polcirkeln. Hon renskrev dem alltid direkt efter mötena för att ha det gjort. Den här gången hade hon stencilerat upp dem på kommunhuset, eftersom skolan var stängd för sommaren. Häftade ihop dem med häftklammer, stoppade ner fyra exemplar i sin Böleväska och plockade upp asken med Valium. Letade fram pappersfoldern Mina Brevvänner med de fodrade kuverten. Tog fram ett rosa och skrev *Till Birgitta från Sofia* på framsidan. Fiskade upp en av pillerkartorna, rullade in dem i en pappersnäsduk som hon stoppade ner i kuvertet. Satte på ett klistermärke med stjärnor och glitter där frimärket skulle ha suttit, släppte ner det i väskan och gick ut i Salen igen.

– Vill du ha någonting från Konsum, mamma?

Modern släppte blicken från de dansande lågorna i spisen i ett par sekunder.

– Nej tack, sa hon och vände tillbaka ansiktet mot värmen.

Sofia gick ut i badrummet och borstade håret. Mötte sin blick i spegeln, lät den söka sig ner mot magen. Den var platt som en strykbräda.

– Hur länge blir du borta? frågade mamma ängsligt efter henne när hon var på väg ut.

Sofia stannade till i ytterdörren.

– Det beror på, sa hon. Jag ska hälsa på en vän, och så ska jag handla lite.

– Vem ska du träffa?

Hon tänkte inte berätta om Wiking, inte ännu.

– Agneta, sa hon.

Mamma var alltid väldigt orolig när pappa var nere på VU, men att hon skulle träffa Agneta brukade göra henne lugn. Agneta var antagligen den snällaste och mest timida människan på hela jorden.

– Hej då mamma, vi ses snart.

Hon gick först uppför backen och släppte ner kuvertet till Birgitta i familjen Landéns brevlåda. Betalningen var redan gjord, hon hade fått bra betalt. Därefter vände hon nedför backen igen, mot Kvarndammsvägen, förbi Dagges kiosk och upp mot familjen Stormbergs villa.

Hon undrade hur Wiking skulle reagera. Hade inte sett till honom så mycket under sommaren, han tränade nog rätt hårt. Mest ishockey, men också en del fotboll.

Hon skulle inte hinna lyssna på Sommarprogrammet idag, men det gjorde inte så mycket. Var inte så intresserad av dagens Sommarpratare: Margareta Strömstedt, journalist och tv-producent som hade skrivit några barnböcker.

En av de intressantare i år var Tage Danielsson. Han talade om att bli anmäld till radionämnden, och hur han kämpade med att vara opartisk. Om han sa något bra om någon så var han tvungen att också säga något dåligt, för att väga upp. Därför sa han först att Ella Fitzgerald var en bra artist, och sedan sa han att hon varit fetlagd, vilket väl inte direkt var något motsatsförhållande. Tage Danielsson sa också att en komiker vid namn Jimmy Durante hade en jättenäsa, och att han hade varit med ända till i vintras då han äntligen lade sin långa näsa i vädret. Det var ju lite kul.

Fast det bästa program hon hade hört sändes ifjol. Journalisten Jan Guillou sommarpratade och avslöjade att förre statsministern Per Albin Hansson hade tagit emot mutor, av sin egen morfar. Det var verkligen spektakulärt.

Jan Guillou hade blivit fälld av radionämnden efteråt.

Det var ingen som öppnade hos familjen Stormberg. Hon ringde på flera gånger. Såg sig omkring. Hon hade gått förbi här många gånger, men aldrig varit inne i bostaden. Hon visste att Wikings mamma hette Karin och att det var hon som ägde den gröna Golfen, men bilen stod inte på gårdsplanen. Karin var alltså ute någonstans. Hans pappa Gustav jobbade antagligen nere på polisstationen. Hon trodde att Wiking hade något syskon, hon brukade ana ett barn inne i huset på kvällarna. Det låg flera hus runt omkring, tomten var ganska liten. En tant tittade på henne genom ett fönster med köksgardiner från fastigheten intill, Sofia vinkade glatt. Kvinnan vinkade tillbaka, lite tveksamt.

Snabbt gick hon runt huset och upp på altanen på baksidan. Dörren där var inte låst. Öppnade den och gick in i vardagsrummet.

Det var tyst i huset. Inga maskiner eller element som brummade. Gardinerna fladdrade lite i luftdraget från altandörren. Bokhylla i valnöt. Ryamatta på golvet framför tv:n. Fondvägg med sjögrästapet. Garageporten mot gatan. Kök och vardagsrum mot den öppna gårdssidan, badrummet och de tre sovrummen i rad mot häcken.

Wiking var helt klart inte hemma.

Hon satte sig i soffan, lade upp fötterna på soffbordet. Bekvämt. Upptäckte en stereo med kassettdäck i bokhyllan, hoppade upp och gick dit och tryckte på powerknappen. Det låg en kassett i däcket, hon tryckte play. Det var en sång på svenska, en man som sjöng med en taggig röst.

Vi är barn av vår tid
Vi är barn av vår tid
Är du rädd för ditt eget barn
Lilla mamma …?
Vårat tidsfördriv
Vårat tidsfördriv
Är att slå pensionärer på käften
Eller hur
Lilla mamma …?
Vaktbolagen kommer snart
Då blir det en jävla fart
Dom har betalt för att jaga ungar …

Hon lät mannen sjunga på medan hon inspekterade resten av huset. Började med sovrummet längst bort, det var föräldrarnas sovrum. Hon undrade hur ofta de knullade nuförtiden. Inte så ofta, trodde hon. Gick igenom deras nattduksbord. Vaselin på hennes sida, där ser man. Då gjorde de det nog ibland i alla fall. Nästa rum måste vara det yngre syskonets, där var brandbilar och polisbilar och flera olika nallebjörnar. En bror, alltså.

Wikings rum var närmast badrummet, med ingång utifrån hallen. Han hade inga affischer på väggarna, bara några gamla tråkiga tavlor i träramar. Dem hade säkert hans mamma hängt upp.

Hon lade sig på hans säng. Den var ganska hård. Musiken därute ändrade karaktär, ökade i intensitet och blev tung av gitarrer.

Kom igen lilla Svensson
Sätta hårt mot hårt
Är våran stil
Hatar du oss
Så hatar vi dig
Betong feeling!
Ödmjuka bracka
Som bugar för överheten
Du skickar snuten på ungar
Sen sover du snällt
I borgarsmeten

Hon skrattade högt, det var ju en jättebra låt. Reste sig upp och satte sig vid Wikings skrivbord. Snurrstol, med lådhurts till höger.

Blev du rädd nu din fega fan
För ditt eget barn???

Hon snurrade några varv, tills hon blev lite yr. Drog sedan ut översta lådan. Pennor och sudd och linjaler. Andra lådan. Anteckningsböcker från skolan, matte och fysik. Hon bläddrade i några av dem, samma övningsuppgifter som hon själv hade gjort. Han var pålitlig och plikttrogen, Wiking. Smart, och snygg. Helt rätt för henne. De skulle få det bra.

Hon drog ut den tredje lådan, stelnade till. Vad var det här?

Röd text, maskinskriven. Agnetas, den gick inte att missta sig på. En hel liten bunt. Hon tog upp den, bläddrade.

Diana cyklade hemåt med gråten brännande i halsen. Henrietta var inte elak, det var inte det, hon var bara obetänksam. Livet bestod inte bara av ett perfekt yttre, vilket Henrietta trodde. Det fanns så mycket annat som var viktigt.

Någon sorts berättelse, tydligen. Vad gjorde den här, i Wikings lådhurts?

Hon läste slutet.

– Gillar du kanelbullar? frågade hon. Jag bakade i morse.

– Älskar kanelbullar, sa han.

Det fick henne att skratta, hon förstod inte varför.

De satt mitt emot varandra, bullar och varm mjölkchoklad, och regnet skvalade därute. Skrattade och pratade, men sedan blev han allvarlig.

– Jag har en lillebror, sa han. Jag vet inte om du vet det …

Nej, det hade hon inte hört talas om.

– Han heter Hasse. Det var något fel på honom när han föddes, men de vet inte riktigt vad. Han är inte som andra.

Han såg upp på henne.

– Och jag älskar honom jättemycket.

Agneta brukade baka kanelbullar till sin mamma, det visste Sofia. Hon hade ätit kanelbullar i deras kök i Träsket flera gånger.

Vad handlade det här om?

Det stod något skrivet på baksidan, hon vände på pappret. Kände igen Wikings handstil.

En jättebra novell. Man förstår verkligen allt som huvudpersonen känner. Jag tycker hon verkar skitsnygg också. :)

Och Mattias verkar vara en skittrevlig typ!

Tycker jag känner igen slutet ...

Och sedan tre hjärtan.

Hon stirrade på dem.

Tre hjärtan?

Tre hjärtan?!

Kylan kom inifrån och spred sig utåt.

Hon kramade ihop de idiotiska röda pappren till en hård boll, gick ut i badrummet och spolade ner dem i toaletten. Såg sig omkring i badrummet, öppnade badrumsskåpet. Fyra tandborstmuggar i rad på hyllan under skåpet, en med den tecknade figuren Bamse. Måste vara lillebroderns.

Det var något fel på honom när han föddes, men de vet inte riktigt vad. Han är inte som andra. Och jag älskar honom jättemycket.

Hon tog Bamsemuggen och kissade den halvfull. Ställde tillbaka den på hyllan.

Gick tillbaka till Wikings rum och placerade stolen som den stod tidigare, rättade till överkastet. Stängde av musiken mitt i ett ylande gitarrsolo.

Gick ut via altandörren, stängde efter sig och gick raka vägen hem till Agneta.

– Hej, sa Agneta och lät ganska förvånad. Kom in.

Katten höll på att smita ut i trapphuset, Agneta fångade henne och tog upp henne i famnen. Hon började spinna direkt.

– Vet du var Wiking är? frågade Sofia och gick in och satte sig vid köksbordet.

– Han är på ishockeyläger, någonstans nere i Boden. Han kommer hem på tisdag. Jag har precis bakat sockerkaka, vill du ha?

Sofia tyckte mycket om sockerkaka.

– Ja tack.

– Mjölk?

– Har du mjölkchoklad?

– Jadå.

– Och bullar kanske?

Agneta skrattade.

– Jahadå.

Vad glad hon verkade. Plockade fram fikabröd och värmde mjölk och ställde fram O'boy. Hon till och med sjöng lite. *I was made for loving you baby, you were made for loving me.*

– Har du slutat stamma?

Frågan fick henne genast att börja igen.

– N-n-nej, det är b-bara lite b-bättre när det är l-lugnare.

– Varför är det lugnare?

– M-mamma, sa hon. De har inga planer på att skriva ut henne ännu på ett t-tag.

Just det, de tvångsvårdade ju hennes knäppa mor.

– Är det skönt att vara själv här?

Agneta nickade, blev lite varm om kinderna.

– Mmm, sa hon och hällde upp rykande mjölkchoklad i hennes kopp.

Satte sig på andra sidan bordet. Katten hoppade upp i hennes knä.

– Jag ska berätta en sak, sa Sofia, men du får lova att inte berätta det här för någon, inte för en enda levande själ. Lovar du?

Agneta blev storögd.

– Jamen så klart. Jag ska inte berätta.

– Jag är med barn.

Agneta tappade hakan, släppte bullen på bordet.

– Ojojoj, sa hon, och det lät som om hon inte visste om hon skulle vara glad eller uppbragd. Vad ska du göra? Ska du behålla det?

I samma ögonblick ringde det i telefonen ute på hallbyrån. Agneta studsade upp så katten rasade i golvet, hoppade ut i hallen på pigga ben och svarade med telefonnumret. Hennes röst nästan jublade.

– Har du träningsvärk?

Sedan skrattade hon högt, bjällror som pinglade.

– Det är rätt åt dig! Om du å-åker iväg från mig för att träna så ska du pinas!

Nytt skratt.

– Nej, d-det har inte regnat här ännu, fast det blåser idag. Känns som svavel i luften.

Hon var tyst ett tag.

– Nej, han fick inte jobbet. Han ska söka ett nere i Vidsel, bilmek … Sussi vill inte att han flyttar förrän hon är klar med … Ja, precis!

Hon skrattade igen, vad roligt det verkade vara.

Sofia lyssnade med spetsade öron för att försöka uppfatta vad som sades i andra änden, men hon hörde bara rösten. Inte orden.

– J-ja, jättekul, jag vet, jag med... Tack för att du ringde.

Kort tystnad.

Sedan, lågt:

– Jag längtar efter dig också.

Sedan lade hon på.

Insikterna, lager på lager, som en smörgåstårta. Sofia reste sig.

– Tack för bullarna, sa hon.

– Men du har ju inte ätit några! sa Agneta.

– Jag måste handla. Åt mamma. Hon väntar på mig.

Agneta log.

– Vi ses på bokcirkeln ikväll. Och grattis till barnet! När kommer det?

– I februari. Måste du jobba ikväll? Uppe i byggbarackerna?

Agneta suckade.

– De bygger på helgerna också nu, så jag måste jobba både lördag och söndag kväll.

Hon frågade inte om pappan.

Sofia lämnade lägenheten och gick uppför backen mot älven. Följde gångstigen ner runt kröken så att brobygget blev synligt. Satte sig på en sten mitt i blåsten från fjället och studerade bygget en lång stund. Hon kunde vagt höra maskinerna som skumpade och brummade långt därnere. En lyftkran, olika traktorer. Massor med små män i overaller och bygghjälmar som rörde sig som tröga myror.

En bro var en förbindelse. En stark symbol. Den sammanlänkade. Fick saker att komma samman, att bli en.

Judith hade rätt. Hon hade sådana resurser, kunde vara vem hon ville. För några veckor sedan fick hon en katalog hem i brevlådan, Högre studier i Sverige 1980–1981, hon hade redan bläddrat lite i den. Det fanns så många universitet och högskolor runt om i landet som erbjöd olika utbildningar. Hon kunde välja vad hon ville. Det var hennes val, bara hennes. Att leva sitt liv, som den hon valde att vara. Det handlade bara om att bestämma sig.

Hon funderade ett tag, sedan gick hon till Konsum. Hennes familj handlade alltid på kooperationen. Numera hade hon ju egna pengar, det var en välsignelse att slippa be föräldrarna om kontanter. Hon hade eget transportmedel också. Hoovern hade lånat ut en av sina gamla avregistrerade skrotbilar till henne, den stod parkerad på en skogsväg intill elljusspåret utanför Gransel. Hon fick vara försiktig när hon var ute och körde, hade ju inget körkort. Bilen hade körförbud och var oskattad och oförsäkrad. Risken att bli stoppad var emellertid minimal, åtminstone om hon höll sig till småvägarna. Hoovern hade kinkat när hon ville låna den. Hon fick påminna honom om att hon bara behövde lyfta luren och ringa hem till Gustav Stormberg och berätta om lagret med preparat som han förvarade i källaren under EFS-huset. Då gav han henne nycklarna. Han hade till och med frågat om det fanns något annat han kunde göra för henne. Det var praktiskt med lojala kollegor.

Hon tog en röd varukorg inne i butiken, gick och valde bland skeppen. Gillade de nya blåvita varorna, Konsums eget varumärke, med ständigt lågt pris. Hon plockade med sig tandkrämen Tandkräm, potatismoset Potatismos. Och så köpte hon två förpackningar med hårfärg, ljus askblond. Och tio godisklubbor med jordgubbssmak.

BIRGITTA VAR I tid. Det var det enda som var lite märkligt. Allt annat var som vanligt. Astrid lamnade nyckeln i Sofias hand och sa åt dem att städa och släcka efter sig. Sofia delade ut protokollen från förra mötet och satte sig sedan i barnsoffan, rak i ryggen, med pennan och anteckningsblocket bredvid sig. Hon harklade sig.

– Välkomna till bokcirkeln Polcirkeln, sa hon. Vi har allesammans läst boken ”Törnfåglarna” av Colleen McCullough. Den handlar om familjen Cleary som flyttar till farmen Drogheda i Australien i början av 1900-talet. Huvudpersonen heter Meggie och är fyra år då boken börjar. Hon är den enda dottern i familjen, hon har fem äldre bröder. Frank, den äldsta, är hennes favorit. Han är väldigt rebellisk. Pappan heter Paddy och mamman heter Fee. Meggie är ett mycket vackert barn med guldfärgade lockar. Pappan har en rik syster som heter Mary, det är hon som äger Drogheda. Hon är änka. De bor i New South Wales...

– Ursäkta Sofia, avbröt Carina och satte sig bättre upp på sittsäcken, men vi har ju läst boken, som du sa. Det här vet vi. Du kanske kan berätta om dina intryck istället?

Sofia såg på Carina, en klockren representant från den lägre arbetarklassen. Många i den befolkningsgruppen gick arbetslösa i långa perioder, flera av Carinas familjemedlemmar var sådana. Borgarna brukade prata om den gruppen som *de tärande,* hennes pappa gillade inte det. Fast han tyckte gruppen var problematisk. Det var svårt att få dem att engagera sig, både fackligt och politiskt. De förstod inte sitt eget bästa.

– Okej, sa Sofia. Det här är en väldigt bra bok, och den bygger på en gammal keltisk legend. Det finns en fågel, en törnfågel, som letar efter det perfekta törnet hela sitt liv, och när han har hittat det så spetsar han sig på det, och precis innan den dör så sjunger fågeln den vackraste sången i hela världen. Det symboliserar hur skönheten bara kan födas ur den största smärtan.

– Jag håller med dig, sa Susanne. Det är en fantastisk roman, en berättelse att verkligen drunkna i. Riktigt storslagen litteratur, full av detaljerade miljöbeskrivningar av ett fjärran landskap, relationer mellan människor med olika förutsättningar, och en strålande berättelse om hur kärleken övervinner allt ...

– Gode värld, sa Carina. Menar du allvar?

Susanne såg sårat på henne.

– Bara för att något är vackert och autentiskt så behöver det inte vara banalt.

– Autentiskt?

– Att en gammal sägen får lägga grunden till en helt ny historia.

Carina sänkte ögonlocken.

– Men säg inte att ni *tror* på det där med törnfågeln! Det är ju bara ett sentimentalt anslag. Menar ni att ni tror det *finns* en sådan sägen?

– Det vet väl inte du, sa Susanne och lät sur.

Carina gav upp en tung suck och strök sig över pannan.

– Colleen McCullough skriver om smärtan och skönheten innan själva romanen ens börjar. Sedan kommer hon tillbaka till idén och tjatar om den i praktiskt taget vartenda avgörande ögonblick i hela historien. Det är faktiskt fruktansvärt irriterande, snacka om att skriva läsarna på näsan. Hon låter till och med Meggie säga det rätt ut i slutet, "allt var mitt fel, jag har ingen att skylla på, när vi sticker törnet i bröstet så vet vi, och ändå gör vi det", herregud …

– Uppriktigt sagt, sa Susanne, så är det här en mycket bättre roman än "Lolita".

Det blev helt tyst i sagorummet. Sofia tyckte det verkade som om själva ventilationsanläggningen höll andan. Hon var ganska illamående. Carina satt alldeles stilla, Susanne tuggade ljudlöst men intensivt på sitt tuggummi. Agneta bläddrade försiktigt i sin bok, Birgitta såg närmast nöjd ut.

Det blev Agneta som bröt tystnaden.

– Jag t-tycker inte de bägge romanerna går att jämföra överhuvudtaget, sa hon. Det är som att diskutera vad som är bäst, fjällröding eller Cuba Cola. De är ju goda, båda två, men inte lika någonstans. "Törnfåglarna" är en rätt sentimental men medryckande berättelse, jag tyckte den var rolig att läsa. "Lolita" är ett klassiskt mästerverk, mycket mer k-komplicerad på alla sätt.

Sofia såg på Agneta, på hennes ljusa hår och stickade kläder, smala händer och veka axlar. Ögonen som lyste klara men lite avvaktande, tänderna som blivit helt raka efter barndomens tandställning.

– Det är väl klart att du tyckte det, sa Sofia. Du ska alltid släta över. Ingen får någonsin bli arg. Du är en helt meningslös människa. Du fyller verkligen ingen som helst funktion.

Agneta flämtade till. Carina satte sig upp så att det rasslade i sittkudden.

– Fy fan, vilken taskig grej att säga, sa hon och tog upp sin jacka i knäet.

Birgitta reste sig upp, hängde sin dyra handväska på axeln.

– Jag kom egentligen bara för att lämna igen låneböckerna och säga hej då, sa hon. Vi har ju hållit på så länge, så jag vill berätta själv för er att jag flyttar. Det här är sista gången jag är med i Polcirkeln.

Alla stirrade på henne.

– Vart då? ropade Susanne och lät djupt sårad. Vart ska du flytta?

– Ner till Piteå. Jag är bara uppe under helgen och hämtar mina grejer.

– Men, sa Susanne och ställde sig upp hon också, varför har du inte sagt något? Du kan inte bara åka iväg!

– Som om du skulle vara det minsta intresserad, sa Birgitta. Du hör ju aldrig av dig.

– Men du kunde väl ha sagt något! Varför är det bara jag som ska ringa?

– Alla kommer vi ju att åka härifrån, förr eller senare, sa Birgitta. Eller hur? Det är väl ingen som vill vara kvar här, i den här hålan?

Agneta började gråta, och precis där tyckte Sofia att det var dags att sätta ner foten.

– Du är en elak översittare, skrek hon åt Birgitta. Du kommer att vara ensam och bitter och övergiven hela livet, för ingen duger åt dig.

– Jag går nu, sa Birgitta och gick.

Agneta, tårdränkt, kom på benen, tog sin jacka och sin väska och skyndade efter henne.

Carina gick fram till Sofia och ställde sig alldeles intill henne.

– Vad har det flugit i dig? sa hon med låg röst. Vad fan sa du sådär för?

– Det är ju sant, sa Sofia.

Susanne sa ingenting, hon bara gick.

Carina gav till ett fnysande läte och lämnade henne i sagorummet.

Nå, det var ju den som var värd för mötet som brukade städa undan, så det var ju inget att säga om.

Hon hade varorna med sig i väskan, och sportbagen var packad.

FREDAGSFESTANDET HADE NÅTT högsta nivå på puben Stone Swamp Inn. Skrålandet och musiken räckte långt ut på gatan. Sofia kände igen sången från melodifestivalen. *Växeln hallå hallå hallå, koppla mig till tjutvå*... Basgångarna och Janne Lucas Perssons röst fick fönsterglaset att skallra.

Hon passerade ingången till puben utan att sakta in stegen, fortsatte rakt fram ett tiotal meter och tog sedan av till höger. Där, på gaveln till fastigheten, fanns en sidoingång in till själva pensionatdelen. Egentligen skulle porten hållas låst, men där fanns alltid en träbit liggande för att kunna ställa den på glänt.

Hon drog upp dörren, lät träbiten ligga kvar. Gled in i den lilla hallen, nött linoleumgolv och avskavda lister. Lyssnade utåt receptionen, där var några män som pratade och skrattade. Svenskar, inte amerikanerna. Hon väntade tills de försvunnit ut genom huvudentrén. Därefter smög hon genom den lilla lobbyn och uppför trappan, kände på Ricks dörr. Låst.

De hade alltså inte kommit tillbaka ännu. Hon var tvungen att vänta lite.

Snabbt gick hon ytterligare några meter in i hotellkorridoren, i riktning mot damrummet. Där fanns stora speglar och en fåtölj i röd sammet.

Det var mörkt i damrummet, hon tände belysningen. Stannade perplex innanför dörren. Där, i den röda sammetsstolen, satt Carina Burstrand. Hon reste sig tvärt när Sofia kom in.

– Hej, sa Sofia. Väntar du på Bruce?

Carina Burstrand svalde.

– De har inte kommit tillbaka ännu, sa hon.

– Jag vet, sa Sofia.

– Hur visste du att jag väntar på Bruce?

– De pratar ju, sa Sofia.

Carina satte sig i fåtöljen igen. Hon hade på sig samma kläder som på Polcirkeln, hon hade alltså inte varit hemma och bytt om. Vid hennes fot stod en nästan tom kvarting Brännvin Special. Hon hade suttit här och druckit i sin ensamhet ett bra tag.

– Men, sa Sofia, är inte du ihop med Håkan Johansson? Har du inte flyttat in i huset, till hans mamma och pappa?

Carina Burstrand blundade och lade huvudet bakåt, stönade tungt.

– Herregud, han är femton år. Stor kuk visserligen, men jag skulle kunna ligga med satan själv för att slippa bo hemma.

Hon sluddrade lite när hon pratade. Lampan i taket slocknade och lämnade damrummet i nermörker. Enda ljuskällan i rummet var den röda lysknappen som glödde intill dörren. Sofia fumlade sig dit och tryckte igång den igen. Ljuset kom tillbaka.

Carina Burstrand halsade det sista ur flaskan, slängde den i papperskorgen och såg granskande på Sofia.

– Säg inte att du vill bli kvar här? I den här jävla hålan?

– Jag tycker det är ganska fint i Stenträsk, sa Sofia.

Kamraten reste sig upp, en smula ostadigt, och slängde med sitt stora hår.

– Bruce tänker ta mig med till USA. Vi ska bo i hans villa utanför Tucson, med egen swimmingpool. Han har visat bilder.

– Var ligger det, Tucson?

Carinas blick blev såsig.

– I Arizona, södra USA. Nära gränsen till Mexiko. Det är ett ökenlandskap, solen skiner nästan jämt. Det blir aldrig minusgrader.

– Hur ska du få uppehållstillstånd?

– Vi ska gifta oss, sa Carina. Nästa gång han kommer hit ska han ha papper med sig.

– Och du tror på honom?

– Jag har lärt känna honom. Han har aldrig träffat någon som mig.

Hon vände sig mot spegeln, tog upp en borste ur sin väska och fluffade till håret. Log snett mot Sofia i spegelglaset.

– Vad vill du själv med Rick?

Så hon kände till honom.

– Intressant att träffa olika människor, sa Sofia.

– ”Träffa”?

– Man får insikter.

Nu skrattade Carina högt.

– Ja, sa hon sedan hon lugnat ner sig. Det var ju också ett jävla sätt att uttrycka saken.

Det blev mörkt igen. I samma stund hörde de amerikanerna komma klampande uppför trappan, de pratade och skrattade. Uppsluppna, det var ju fredag.

Sofia tände lampan. Carina stoppade ner borsten. De väntade

tills tystnaden hade lägrat sig därute och alla hade försvunnit in på sina rum.

– Kom då, sa Carina, så går vi och får lite insikter. Kan du kolla att det inte är någon som ser oss?

Sofia gläntade på dörren. Korridoren var tom. Trappan ner till lobbyn låg i mörker.

– Fritt fram, sa hon.

De lämnade toaletten tillsammans. Smög snabbt och tyst utmed heltäckningsmattan. Carina stannade utanför Bruces rum.

– Säg inget till någon, sa Carina innan hon öppnade dörren och försvann in på rum nummer sju.

Sofia gick vidare till rum nummer fem. Steg in utan att knacka, visste att hon var väntad.

– Hello everybody, sa hon.

Två av hans kollegor var också där, de satt med var sin öl i handen och såg förväntansfulla ut. Inte undra på. Hon hade makten att förverkliga alla deras drömmar.

Hon ställde sig vid skrivbordet. Gjorde plats bland travar av diagram och beräkningar som var staplade mot väggen. Borde de inte förvara sina testresultat någon annanstans? Plockade upp foliepaketet med haschkakan och påsen med marijuana ur skolväskan, lade dem intill utvärderingarna av de olika bomberna.

Rick kom fram och kysste henne, djupt, tungan halvvägs nere bland hennes halsmandlar. Hon lät honom hållas. Kände hur kuken styvnade mot hennes lår.

– Tjugo gram hasch och femtio gram gräs, sa hon, precis som du ville. Tiotusen kronor för alltihop.

Han släppte henne, klämde på varorna.

– Tiotusen? sa han. Er konstiga valuta, är det inte jävligt dyrt?

Hon ryckte på axlarna.

– Det är vad det kostar.

Han skrattade till, som en fnysning.

– Du skojar, sa han. Det här är ju löjligt. I staterna skulle det inte ha kostat mer än …

– Åk och köp ditt röka där då, sa hon och började plocka ihop varorna.

– Vänta, sa en av de andra gubbarna. Bruce skulle ju också ha. Vi delar väl på fyra?

Han tog upp plånboken, bläddrade fram en bunt bruna sedlar med Gustav II Adolf. Den andra gubben följde hans exempel. Snart låg en ansenlig hög med hundralappar bredvid haschkakan. Rick smög sig intill henne och kysste henne i nacken. Hon plockade ihop pengarna, lade dem i skolväskan.

– Nu måste jag gå, sa hon.

Rick tog ett hårdare tag om hennes överarmar.

– Varför har du så bråttom? sa han och körde in knäet mellan hennes ben. Du brukar ju vara en rolig tjej.

De andra männen närmade sig henne framifrån, deras ögon var röda och fuktiga.

– Jag kan inte stanna, sa hon. Jag ska träffa en kompis.

– Kan du inte be henne komma hit? Så kan vi ha skojigt tillsammans?

– Hon jobbar, sa Sofia. Till midnatt.

– Men då har du ju gott om tid, sa Rick och knäppte upp hennes kofta.

– Sluta, sa Sofia. Jag vill inte. Inte ikväll.

Han hejdade sig.

– Om ni vill ha sex så kostar det, sa hon. Tiotusen till.

– What the fuck, sa Rick. Förra gången så . . . .

Hon drog till hästsvansen och tryckte fast glasögonen på näsroten.

– Tiotusen, sa hon.

– Vad ska du med så mycket pengar till?

– Vill ni ha eller inte?

Männen sträckte sig efter plånböckerna igen.

SPORTVÄSKAN STOD INNE i vedboden, färdigpackad och klar så när som på pengarna och anteckningsboken. Hon satte sig på huggkubben och pustade ut. Det skavde mellan låren, hon blödde lite från ändtarmen. Solen hade dippat under horisonten strax före klockan tio. Runt midnatt mörknade det någon timme, men så länge behövde hon inte vänta. Hon mådde inte illa längre.

Hon tog upp skolväskan i knäet, tog upp anteckningsboken och bunten med hundralappar och flyttade över dem i sportbagen. Sedan åt hon lite på en jordgubbsklubba, lade tillbaka den i skolväskan.

Det var inte alltid den enklaste vägen som var den rätta. Carina Burstrand valde att bli amerikanska, fast det antagligen inte var så bekvämt. Vem var det som sa att ett liv var bättre än det andra, bara för att det var mindre komplicerat?

Att hon kunde vara vem hon ville. En hisnande insikt.

Hon reste sig upp, grabbade tag i axelremmarna, hängde både väskan och bagen i kors över bröstet och gick upp till brobygget.

Det lyste i en av barackerna. Hon lade väskorna intill brofundamentet, öppnade dragkedjan på sportbagen.

Sedan gick hon bort till den upplysta baracken.

Agneta hade satt upp håret i en hästsvans. Hon stod på knä och skurade ur en av toalettstolarna när Sofia knackade på. Hon tittade upp och såg väldigt förvånad ut.

– Sofia, sa hon och reste sig upp, toalettborsten i handen. V-vad gör du här?

Hon var verkligen riktigt söt. Snäll och rar också. Nu drog hon av sig de rosa städhandskarna.

– Förlåt, sa Sofia. Det var jättedumt att säga sådär på Polcirkeln. Jag förstår att du blev ledsen. Det var inte meningen.

Agneta tittade ner, stod och fumlade med sina gummihandskar.

– Jo, sa hon, jag blev nog ledsen ...

– Kan du förlåta mig?

Agneta såg upp, försökte le.

– Jag menade inte vad jag sa, sa Sofia. Jag var bara ... arg och kände mig lite irriterad.

– Alla kan sägas vara ur gängorna ibland, sa Agneta. Det kanske är något hormonellt, nu när du är med barn.

Hon trodde verkligen alla människor om gott hela tiden. Det var helt otroligt att någon kunde vara så hygglig.

– Kan jag få en kram? frågade Sofia.

Agneta lade bort gummihandskarna på ett bord och kom fram till henne. De kramade om varandra, försiktigt.

– Har du sett kattungarna förresten? frågade Sofia när de släppt taget om varandra.

– Kattungarna?

Sofia pekade.

– Det står en skolåda med små kattungar därute. Jag hörde

dem när jag kom, de piper jättemycket. Tre stycken är det, de är jättegulliga …

Agneta sträckte på nacken och spanade ut mot skuggorna.

– En skolåda? Har någon ställt den där?

– Jag vet inte, sa Sofia.

– Var då?

Hon tog av sig förklädet hon hade när hon städade, gick mot utgången.

Sofia pekade.

Agneta skyndade bort mot brofundamentet.

Sofia följde efter, såg väninnans ljusa hår slitas av vindbyarna. Lät henne gå fram till fundamentet. Såg henne böja sig och titta ner i det rektangulära utrymmet.

Själv gick hon fram till sportväskan.

ONSDAG 25 DECEMBER 2019

JULDAGSMORGONEN GLIMMADE INTE. Den var becksvart och svinkall. Snöfallet och vinden hade båda upphört på julaftonskvällen, unisont och i samklang. Efter sig lämnade de staden vid norra polcirkeln under drivor av meterdjup pudersnö. Allt var blickstilla. Temperaturen föll som en sten under natten och höll hus och människor i ett skruvstäd. Rök steg spikrak ur skorstenar. Andedräkter skulle komma att spraka, skosulor knarra.

Trots den tidiga timmen tändes ljus och lampor i villor och lägenheter.

Julottan är kyrkoårets i särklass mest besökta gudstjänst, även utan minnesstund över upphittade mördade tonårsflickor. Idag skulle kyrkorummet vara packat till den absoluta bristningsgränsen. Alla tillgängliga lösa stolar från pastorsexpedition, samlingssalar och andaktsrum hade redan ställts ut i gångar och längs med sidorna, men många besökare skulle troligtvis ändå förbli stående. Brandchefen, som hette Sverker Bergström nuförtiden, hade inte gått med på att rucka på maximala antalet besökare ur brandsäkerhetssynpunkt, så Wiking Stormberg hade bestämt att man helt enkelt skulle sluta räkna när maxtalet nåtts.

Idag fick alla plats i Herrens hus.

Wiking såg in i sitt eget ansikte i spegeln. Han var femtiosju år. Hur mycket hade han förändrats sedan han var arton? Om han hade mött sitt framtida jag, hade han känt igen sig? Hur skulle han kunna veta?

Och vad hade han givit sig in i?

Han spände fast hölstret utanpå skjortan. Kontrollerade pistolen, en Sig Sauer P226 kaliber 9x19, femton skott i magasinet: antagligen det säkraste och mest pålitliga vapen som tillverkats. Tryckte ner det och spände fast det i läderfodralet. Drog på sig kavajen, såg sig i spegeln. Knäppte den. Vapnet kändes klumpigt och ovant under vänster armhåla, men det syntes inte.

Han drog ett djupt andetag. Blundade.

Elin, dottern, steg in i hans sovrum, morgongrusig i hår och ögon. Lät sina kritiska ögon svepa över kavaj och tjocka byxor.

– Varför är du uppe redan? Ska du ut någonstans?

– Julottan, sa han, kysste hennes panna, gick ut ur rummet och bort mot ytterdörren.

Hon sprang efter honom.

– Vänta, jag vill hänga med!

– Nej, sa han, kort och hårt och slängde på sig ytterjackan. Inte idag, Elin. Inte den här julottan.

Han stängde dörren efter sig, låste.

Fatima Al-Aziz och Roland Larsson var redan på plats vid kyrkporten, uniformsklädda. Evelina Andersson anslöt efter en natt på Stone Swamp Inn, kyrkvaktmästaren kom med nycklarna.

– Hon bodde inte på pensionatet? frågade Wiking lågt.

Åklagaren skakade på huvudet.

Wiking försäkrade sig om att sidoingångarna hölls låsta under gudstjänsten. Folk började redan anlända, iförda täckbyxor och skinnmössor. Det skulle bli hett inne i kyrkorummet.

Wiking gick bort till sakristian och hälsade på prästen, kyrkoherde Hermansson. Han var en stilig karl i sextioårsåldern, således obetydligt äldre än han själv, och en mycket kompetent själasörjare. Sedan många år levde han tillsammans med Leonard Komorowski, it-ansvarig på kommunen. I mitten av 1970-talet misshandlades en ung homosexuell man på en parkering mitt i Stenträsk, och debatten om våld och tolerans som följde förändrade samhället i grunden. Calle Hermansson och hans man hade alltid varit helt accepterade i gemenskapen.

Wiking krängde av sig sin tunga ytterjacka och lade den på prästens soffa.

– Jag hoppas du finner det du letar efter, sa kyrkoherden.

– Om inte, så gör jag som vi har sagt. Ställer mig under predikstolen efter sista psalmen.

– När juldagsmorgon glimmar, sa Calle Hermansson. Vi hoppas att vi slipper.

Wiking nickade och gick ut, hälsade på kantorn på väg upp mot orgeln.

Folk vällde in. Han försökte få en överblick över alla som anlände, det var helt ogörligt. Han nickade och hälsade åt höger och vänster. Nästan alla visste vem han var, men där fanns många han inte kände igen. En del unga människor som vuxit upp och åldrats utan att han hunnit med, men de flesta var något äldre. Många var kvinnor. Fan också.

Han kunde inte stå kvar i närheten av dörren utan backade in bland bänkraderna. Vanligtvis svalde bänkarna omkring femhundra besökare, men snart hade uppemot dubbla antalet besökare trängt sig in.

Han började svettas. Vapnet skavde i armhålan.

De hade inte hittat några bilder av Agneta Mäkitalo på internet, utom profilbilden på Facebook. Den var tagen en solig sommardag, solglasögon i motljus, det ljusa håret virvlande i vinden. Ansiktet allvarligt, lite vemodigt, sådär som hon var.

Han var inte alls säker på att han skulle känna igen henne, och han var den ende av kollegorna som eventuellt skulle göra det. Roland Larsson var visserligen från trakten, men sju år yngre. Han var bara elva när hon flyttade, det var en evighet när man var barn.

Om hon nu skulle komma, överhuvudtaget.

Carina Burstrand anlände med sin mor och familj, tillsammans med Susanne Schiltz, Siv Johansson och Gitte Landén Daglönare. Gitte haltade svårt, Susanne stöttade henne. De hade reserverade platser på första bänkraden, eftersom Susanne skulle tala. Hon fick syn på honom över huvudet på besökarna, vinkade energiskt. Han höjde handen tillbaka till hälsning.

Luften i kyrkorummet, som vanligtvis var sval och lite rå, var redan mättad av ylle, läderskor och gammal utandningsluft.

Klockan sju, prick, stängdes portarna och kyrkklockorna dundrade igång ovanför deras huvuden. Dånet fyllde kyrkorummet, fick det att skälva i flera minuter.

I tystnaden efteråt stod luften stilla.

Orgeln brakade loss och församlingen reste sig i en gemensam rörelse, ett mullrande av skor som skrapade, mummel och hostningar. Musiken vällde ut över deltagarna som en bombmatta, ingen kom undan.

Var hälsad, sköna morgonstund
som av profeters helga mund
är oss bebådad vorden

Wiking hävde sig upp på en stol som var delvis skymd bakom en pelare, inte så långt från altaret. Kyrkoherden äntrade predikstolen, drack lite vatten ur ett tidigare utplacerat glas och slog upp julevangeliet.

– Vid den tiden utfärdade kejsar Augustus en förordning om att hela världen skulle skattskrivas. Det var den första skattskrivningen, och den hölls när Quirinius var ståthållare i Syrien …

Wiking hade hyfsad sikt över kyrkorummet, så bra det nu gick att få. Lokalen var sparsamt upplyst, mörkret utanför genomtjockt. Han noterade flera fotografer som strök längs väggarna med kamerorna höjda, två tv-team som filmade. Ur fickan tog han upp mamma Karins teaterkikare, lät blicken glida över trötta anleten. Person för person, rad för rad. Stannade till vid kvinnor i hans egen ålder: letade efter blonda, blåögda, finlemmade.

– När änglarna hade farit ifrån dem upp till himlen, sade herdarna till varandra: Låt oss gå in till Betlehem och se det som har hänt och som Herren har låtit oss veta …

Fast vem sa att hon fortfarande var finlemmad? Det hade Birgitta också varit.

Han svettades i händerna, pulsen bankade i halsen. Herregud, vad mycket folk det var. Prästen kom till slutet av bibeltexten, en ny psalm tog vid.

Det är en ros utsprungen, av David rot och stam.
Av fäderna besjungen, en ros i Judaland.

Han klev ner från stolen, drog sig långsamt utmed bänkraderna. Folk flyttade sig, tålmodigt. De flesta kvinnorna i hans egen ålder kände han igen. De var från trakten, så dem kunde han sortera bort direkt. De yngre var det värre med, men det spelade ingen roll. Två möjliga kandidater visade sig vara journalister, de satt med block och inspelningsutrustning i knäet. Han granskade en kvinna med beige täckkappa och kraftiga skor, nej, inte hon. För ung.

Prästen inledde sin predikan.

– Julens budskap handlar om kärlek. Det är en berättelse om oss människor, om hur Gud låter sig födas av en kvinna, som en av oss. Maria föder en son, såsom våra mödrar i alla tider fött sina barn, med det lidande och den lycka det innebär …

Hon skulle vara beväpnad, det var Evelinas bedömning, och hon tänkte inte åka fast. Sent igår kväll hade de lyckats skaka liv i en civilanställd förmåga vid polisen i Köpenhamn och fått misstanken bekräftad: Agneta Mäkitalo var med i en skytteklubb och hade licens på tre olika handeldvapen.

Syret började ta slut i kyrkolokalen, åtminstone kändes det så. Ett ökande tryck inifrån, klaustrofobiskt.

Risken att hon skulle ta gisslan om hon blev trängd var överhängande, trodde Evelina.

De fick inte röja sig. Inte ställa till med ett blodbad.

– Vårt sanna jag är skapat av Gud. Det är den generösa människan, den som vågar känna ärlig och uppriktig kärlek, den som kan förlåta att hon blir lurad, den som är tillräckligt trofast för att lita på människans inneboende godhet. Profeten Jesaja talar till oss som vandrar i mörkret …

Svetten bröt fram i hans panna. Han sökte Evelina med blicken, hon satt längst bak, längst ut mot mittgången. Hon såg storögt frågande på honom, han skakade på huvudet.

– Det krävs styrka och oförvägenhet att låta sitt ljus stråla. Oräddhet är en bristvara i dagens samhälle. Vi låter oss tystna av tillvarons osäkerhet …

Han stannade vid en av sidoingångarna. Kyrkvärden Örjan Elofsson stod posterad där, redo med kollekthåven.

– Kan vi öppna lite, tror du? Bara en kort stund så jag får lite luft? frågade Wiking med låg röst och nickade mot sidoporten.

Kyrkvärden nickade, tog upp nyckeln ur fickan, låste upp och ställde dörren på glänt. En pust av pudersnö virvlade in i öppningen. Roland Larsson, som just passerade på sin runda utanför, stack frågande in huvudet. Wiking skakade på sitt, ingenting ännu.

Han ställde sig mitt i draget, andades. Kylan som han fötts

in i, den frusna jorden. Den måste ha format honom, men han visste inte hur. Mamma Karin hade släktforskat, deras anfader Olof Nilsson Rehn föddes i Öjebyn år 1460. Han var birkarl. En sorts skattmas. Satan, så han satt fast här. Fastgjuten i permafrosten.

Kyrkoherde Hermansson höjde armarna mot taket uppe i predikstolen.

– Margaret Mead sade en gång: ”Tvivla inte på att en liten grupp kan förändra världen. Det är de enda som någonsin gjort det!” Vi är människor, Guds avbild! Vår fader kallar oss! Josef och Maria har visat vägen. Vi följer i deras spår. Amen.

Prästen knäppte händerna och steg ner från predikstolen. Ett mikrofonstativ ställdes fram invid altaret. Det var Susannes tur. Hon steg fram med ett papper i handen, rak i ryggen och med högt huvud. Tystnaden svävade över hennes huvud i några sekunder innan hon började tala.

– Talmud säger att den som räddar ett liv, räddar hela världen ...

Hennes röst var verserad och behaglig, steg och föll. Så stolt Krister hade varit om han hade sett henne nu. Eller gjorde han det, satt han och såg på dem från ovan? Vad visste man?

Han studerade människorna omkring sig, de verkade beröras av Susannes ord.

– Alla dessa kvällar då vi samlades för att diskutera de böcker vi läst, från de allra tidigaste tonåren till slutet av gymnasiet, alla de år som formar en människa ...

Två tonårsflickor snyftade unisont framför honom. Inte nödvändigtvis för den döda flickan, utan för sig själva. Susannes röst lyfte.

– Vi föll och föll genom himlarna, och vi slog oss när vi landade. Ärren lyser fortfarande vita på våra ryggar.

Nu grät tonårsflickorna högt. Wiking sökte sig in mot altargången. Pulsen tjöt i hans öron.

– Precis som prästen sa, så vandrar vi alla i mörkret. Men låt oss minnas att ljuset alltid kommer tillbaka. Låt oss minnas Sofia Hellsten som hon var. Inte det som blev. Vi låter inte mörkret vinna, och vi glömmer aldrig.

Hon vek ihop sin minneslapp och gick tillbaka till sin bänk. Han såg hur Carinas dotter Linnea kramade om henne när hon satte sig.

Prästen välsignade församlingen. Man läste Fader vår tillsammans. Wikings huvud hade börjat värka.

När juldagsmorgon glimmar
Jag vill till stallet gå ...

Helvete också, sista psalmen.

Deras reservplan var att spärra av kyrkan. Låsa portarna när psalmen klingat ut, släppa ut människorna en och en. Det var ett jävligt riskabelt drag, mycket tveksamt rent legalt. Evelina hade delegerat beslutet till honom.

– Gör som ni brukar göra, hade hon sagt. Hitta på ett svepskäl.

Hon hade en utskriven order om husrannsakan med sig, i värsta fall, men det avgjort bästa och säkraste var om han hittade människan dessförinnan. Jävla Agneta, var är du?

Han sökte genom människohavet, desperat.

Hur god Du var som ville
Till jorden komma ner
Nu ej i synd jag spille
Min barndoms dagar mer…

Kunde han verkligen ta elva hundra personer i förvar och släppa ut dem, en och en, efter uppvisande av legitimation? Inte alla naturligtvis, men hur många? Innan situationen skulle explodera? Det bröt mot så många regler att han inte visste var han skulle börja räkna. Faktum var att det gränsade till olaga frihetsberövande, enligt Evelina. Syrenivån var redan låg. Vad hände om folk fick panik?

Där, var det hon? Nej, för lång.

Han kunde inte hela psalmen, visste inte hur den slutade, men nu hade den pågått ett jävla tag. Han drog två hastiga andetag och gick sedan med mycket snabba steg bort mot predikstolen. Calle Hermansson fick syn på honom och reste sig hastigt och steg upp i stolen. Tack Gud för att han var med på noterna.

När psalmen var slut läste kyrkoherden ytterligare en kort bön och tackade Herren.

Sedan bad han besökarna sitta kvar i bänkraderna, för polischefen i Stenträsk hade en sak han ville be dem om.

Han gick ner från predikstolen, och innan han hann protestera klev Wiking själv upp i den.

Ett hav av ansikten var vända mot honom, avvaktade. Skuggorna låg djupa i hörnen. Pulsen dånade så att han hade svårt att höra sin egen harkling.

– God morgon, började han. God jul. Jag skulle vilja be er alla om en tjänst den här morgonen. Det är inget svårt eller obehagligt, men möjligen lite tålamodsprövande. Som ni vet har ett antal asylsökande avvikit från flyktingförläggningen i Vidsel, och vi måste kontrollera att de inte befinner sig härinne i kyrkan med oss idag…

Gitte Landén Daglönare, som satt precis nedanför honom, flämtade till så högt att han hörde det ända upp i predikstolen.

– Därför, fortsatte han, kommer vi att kontrollera en del id-handlingar när ni lämnar kyrkan idag…

– Rasism! ropade Gitte. Hur vågar du?

Folk rörde sig oroligt i bänkraderna, började prata med varandra.

– Det här är lagstridigt! skrek Gitte och försökte resa sig upp med sin krycka. Vägra! Vägra att legitimera er! Visa solidaritet!

Ljudnivån steg som om någon vridit upp volymen på max.

– Vi öppnar alla tre utgångarna, sa han i mikrofonen och försökte låta lugn och samlad. Stora porten och bägge sidogångarna. Vi ber er att ha tålamod…

Folk hade slutat lyssna. De flesta hade ställt sig upp. Trycket ökade mot portarna. Det var ingen idé att argumentera mera, det skulle bara göra saken värre. Snabbt klättrade han ner från predikstolen, trängde sig genom folkhopen mot huvudporten. Plötsligt stod Gitte framför honom, och henne flyttade man inte på.

– Hur understår du dig? skrek hon. Har du ingen själ i kroppen?

Han gick runt henne, siktade mot porten. Folk tryckte på, fientliga blickar åt hans håll.

Satan, de hade behövt bygga kravallstaket utanför, slussa ut dem längs en snitslad led. Fast det var 34 grader kallt, folk hade frusit ihjäl.

– Det här kommer inte att fungera, sa Evelina Andersson som kommit upp intill honom, och i det ögonblicket såg han henne.

– Vänta, sa han.

Borta till vänster, bakom en pelare. Rätt ålder, det ljusa håret, de sänkta ögonen, den tunna näsan. En ljus yllekappa över något mjukt rosa stickat. En ganska stor handväska hängande över vänstra axeln. Helt klart tillräckligt stor för ett par vapen. Han kryssade sig fram bland besökarna, stötte i och trängde sig. Fick arga blickar och skällsord. Svetten rann utmed ryggen. Han kom till henne snett framifrån.

– Agneta? sa han ganska lågt. Agneta Mäkitalo?

Han var andfådd. Pulsen dånade så han var rädd att han inte skulle uppfatta svaret. Hon såg upp på honom, blåögd.

Han drog ett djupt andetag, försökte le.

– Jag vet inte om du känner igen mig, sa han lågt och sträckte fram handen. Wiking. Wiking Stormberg. Det var jag som pratade däruppe nyss …

Han pekade mot predikstolen. Kvinnan spärrade upp ögonen och kippade efter andan.

– Gode värld, viskade hon. Är det du?

Han försökte le.

– Ja, Agneta, det är jag …

Hon steg in i hans famn och höll om honom. Hans vapen i armhålan pressades mot revbenen. Han lade händerna på hennes axlar.

– Du åkte, sa han och sköt henne ifrån sig. Du åkte utan att säga hej då.

Hon slog ner blicken. Han tittade upp och letade efter Evelina, såg henne ingenstans.

– Förlåt, sa Agneta. Jag har skämts så mycket över hur jag betedde mig, om du bara visste …

En man knuffade till dem, de tumlade in i varandra. Hennes handväska slog mot hans arm, den hade tyngd.

– Jävla rasist, väste mannen när han gick förbi.

God jul, sa Wiking.

Han måste få bort henne från människohopen för att kunna gripa henne. Han försökte minnas Evelinas bedömning. ”Hon tar en risk, men den är kalkylerad. Hon är säker på att komma undan.” Han kunde inte dra vapen i kyrkan, det skulle bli kalabalik. Var fan höll Roland och Fatima hus?

I samma stund såg han Gitte Landén Daglönare komma forsande mot honom genom folkhavet. Hon rörde sig utan hjälp, hennes ansikte var flammigt av ilska.

– Kom, sa han och lade armarna runt Agnetas axlar, ledde henne in mot väggen, bort mot dörren in till sakristian. Kände på den, olåst. Kastade en blick över axeln, Gitte letade febrilt efter honom med blicken. Han öppnade dörren, drog med sig Agneta in.

– Vad är det som händer? frågade hon.

– Så mycket folk därute, sa han. Det är så fint att se dig.

Det var skumt i sakristian, svalt och torrt. Rummet var fönsterlöst. Enda ljuskällan var en bordslampa på ett litet altare med de liturgiska kärlen. Garderoben med skrudarna stod på glänt. Wiking stängde dörren för att få mera plats.

– Du har inte varit tillbaka? frågade han. Sedan den kvällen?

– Jo, på min mammas begravning.

– Fast den var väl i Piteå. Jag menar i Stenträsk.

Han hörde folk hasa mot utgångarna på andra sidan väggen.

– Det fanns inget kvar för mig här.

– Men du kom upp till minnesstunden, sa Wiking. Sofias minnesstund. Vad tyckte du om den?

Hon log lite. Han noterade att hon bar högklackat. Han tände taklampan. Ett skarpt ljus fyllde rummet. Agneta blinkade.

– Den var väldigt fin. Det var väldigt vackra ord.

Han granskade hennes ansikte. Såg in i hennes ögon, blå. Fina linjer runt dem, inga rynkor i pannan.

– Hur länge stannar du?

Hon såg på sin klocka, en Rolex i guld med diamanter istället för siffror.

– Jag åker om en liten stund.

– Du har inte tid med en fika? frågade han. Du vet ju att jag älskar kaffe.

Hon log till svar.

– Du är dig lik, sa hon. Men tyvärr, jag är på väg.

Han log tillbaka. Han drack inte kaffe. Agneta visste det.

– Så hur har livet behandlat dig? frågade han, lade armarna i kors. Högerhanden fyra centimeter från Sig Sauern.

– Jo, fint. Jag är ekonom, bor i Köpenhamn. Jobbar på ett bokförlag, faktiskt. Det här med böcker, en livslång passion …

Hon hade slutat stamma.

Hans blick stannade på hennes väska.

– Det är intressant att du är här idag, sa han. Att du verkligen har så mycket av sjuttonåringen kvar i dig.

Hon blinkade, log.

– Vad menar du?

– Tom Sawyer, sa han. Du skulle aldrig ha missat din egen begravning.

Han slog upp dörren ut till kyrkorummet på vid gavel, fukten och värmen strömmade över dem. Hon rörde sig inte. Människomassan därute hade glesnat. Han backade ut i långhuset, vapnet inom räckhåll. Roland och Fatima fick syn på honom, båda kom springande mot honom.

– Kom, sa han till kvinnan i sakristian. Vi har mycket att prata om.

JULDAGEN GRYDDE INTE. Det gör den aldrig vid norra polcirkeln. *Kaamos*, mörker, behärskar nästan hela dygnet. Vid lunchtid kan en rodnad anas i söder: solen som inte förmår klättra över horisonten. Klara dagar, precis innan det tveksamma ljuset dör, kan hela världen plötsligt, under ett tiotal minuter, bli självlysande blå: himlen, fjällen, älven, jorden. Det kallas *den blå stunden*, ett naturfenomen som bara finns i Arktis. Och Antarktis då, förmodligen.

Evelina Andersson stod på Wikings kontor och tittade på monitorn där Agneta Mäkitalo satt i ett förhörsrum med en kopp kaffe. Kvinnan satt lugnt tillbakalutad och såg rakt fram utan att ha något att fästa blicken på.

– Hon säger att hon inte behöver någon advokat, sa Evelina Andersson.

Wiking ställde sig bredvid henne. Såg på den tunna gestalten, precis så som hon borde ha sett ut. Håret, tunt och blont med gråa slingor. Smäckra axlar och mjuka kläder. Men händerna var fel, fingrarna för korta.

Evelina nickade ut mot receptionen.

– Foppatofflorna fick tyst på växeln, sa hon.

Uppgiften att Agneta Mäkitalo gripits i kyrkan hade gått

ut brett i medias julstiltje. De hade varit tvungna att kalla in Carina Burstrand för att ta hand om telefonen, den tjöt nonstop och det var ingen annan som begrep sig på den. Wiking lämnade monitorn med den blonda kvinnan och gick ut i lobbyn.

– Tack för hjälpen, sa han till Carina. Kommer du in en sväng ikväll och kollar av den?

Hon höll precis på att kränga på sig sin noppiga kappa.

– Tror inte det blir så mycket, sa hon. Jag läste in ett nytt meddelade, sa att de får ringa pressjouren i Luleå.

Hon nickade in mot förhörsrummet där Agneta Mäkitalo var placerad.

– Kan du tänka dig att berätta? frågade hon. Vi ska träffas på biblioteket, Susanne och Gitte är redan där.

– Bokcirkeln Polcirkeln, sa han.

– Det som är kvar av den.

Dörren slamrade när den gick igen efter henne.

Han gick bort till rummet där Agneta satt. Öppnade dörren utan att knacka, stängde den tyst efter sig. Låset vreds om från utsidan.

– Det här är ett stort missförstånd, sa hon. Ni behöver inte låsa in mig, det är inte nödvändigt.

Han rörde sig långsamt, granskade henne. Slog sig ner på andra sidan bordet.

– Ska du förhöra mig? frågade hon.

– Är det säkert att du inte vill ha någon advokat?

Hon log lite sorgset, knäppte händerna framför sig.

– Varför skulle jag behöva en advokat?

Han tittade noggrant på hennes ansikte. Näsan var smalare

än han mindes, hon hade gjort något med ögonen också. Gjort dem större.

– Då kan vi prata istället, sa Wiking. Du och jag, bara.

– Som gamla vänner, sa hon.

Wiking såg in i hennes ögon.

– Du har haft tur, sa Wiking, på många sätt. Att hon inte hittades under så många år, och att Carina kände till det där med tandkorten. Du visste att du inte kunde lämna kvar huvudet. Vad gjorde du av det?

Kvinnan såg på honom med stora ögon.

– Nu förstår jag ingenting, sa hon.

– Obduktionsprotokollet efter din lillebror låg i din journal. Han dog inte av plötslig spädbarnsdöd. Han kvävdes. Dödsorsaken var egentligen att hans hjärta stannade. Man visste att det var du, men det tystades ner, och du var ju bara ett barn själv. Barnavårdsnämnden krävde att du skulle gå i behandling, man trodde att du kunde botas.

Hon drack lite kaffe.

– Du visste att Agneta var uppe på brobygget, sa Wiking lågt. Du visste att hon jobbade där. Du fick iväg henne till fundamentet på något sätt, och där dödade du henne. Kroppen hade inga skador, så du måste ha slagit henne i huvudet. Kanske levde hon när du halshögg henne, sådant går inte att påvisa vid en obduktion.

Kvinnan lyssnade med blicken nedslagen, händerna hårt knutna i knäet.

– Du klädde av henne, välte ner henne i gropen. Lade ner dina egna kläder ovanpå. Och väskan, fast din anteckningsbok plockade du med dig först. Tog på dig hennes kläder.

Kanske inte tröjan, den blev nog blodig. Sedan skottade du igen gropen, grushögen låg precis intill. Dagen därpå göt byggarna igen den. Det började hällregna på eftermiddagen, men då var graven redan förseglad.

Hon såg upp i kameran ovanför dörren, den som vidarebefordrade ljud och bild till hans kontor.

– Uppe i baracken, fortsatte Wiking, hämtade du Agnetas jacka och väska, med nyckeln till lägenheten i Träsket. Där hämtade du hennes katt och skrivmaskin, vad gjorde du av katten förresten? Drankte du den?

– Nej, inte alls, sa hon och lät uppriktigt förolämpad. Den levde i elva år.

– Pekka Karlsson kom hem precis samtidigt som du lämnade Agnetas lägenhet. Det var en missräkning. Men du fann dig, låtsades prata med Agneta, och det fungerade. Han trodde att han hört henne svara, fyrtio år senare.

Han studerade henne en stund.

– Efteråt gick du hem, sa han, som om ingenting hade hänt. Dina föräldrar märkte inget särskilt, men det gjorde de nog aldrig. På lördagen gick du till biblioteket, lämnade igen och lånade böcker. När byggarna gått hem för dagen tog du dig över brobygget och lämnade gymnastikpåsen med böckerna utanför Gransel. Du kände till byn, för du brukade åka skidor på elljusspåret. Hur tog du dig ner till Luleå? Stal du en bil? Eller cyklade du? Hade du någon som hjälpte dig?

Hon lade huvudet lite på sned, såg sorgset på honom.

– Du blekte håret, fortsatte han, slängde glasögonen. Sedan tog du Norrlandskusten söderut. Den stannade till på tradarfiket i Docksta. Du lämnade ett meddelande på Birgittas telefonsvarare, som Agneta, stammande, med dånet från långtradarna i bakgrunden. Du tog dig till Karlstad, där ingen kände dig, ringde till Siv Johansson på pastorsexpeditionen och bad att få ett personbevis. På så sätt kunde du skaffa ett id-kort. Och pass. Hur enkelt som helst, på hösten 1980. Skolan skickade kopior på dina betyg. De var inte särskilt bra, så du fick läsa upp dem. Du träffade aldrig mer någon som känt Agneta Mäkitalo, det var helt riskfritt. Bodde på elevhem, utan egen telefon. Du kunde åka på begravningen av hennes mamma, personalen på Furunäsets sjukhus visste inte hur Agneta såg ut. Och med blekt hår är ni ganska lika. Du är lite kortare, har grövre anletsdrag, men sådant går ju att korrigera. Du har gjort något med näsan, och ögonlocken ...

Hon böjde sig fram, lyfte ena handen. Han stålsatte sig för att inte rygga tillbaka, var beredd att gripa tag om hennes handled. Hon lade en kall hand på hans kind.

– Wiking, sa hon. Det är så fint att träffa dig.

Han lutade sig bakåt, märket efter hennes hand glödde som en brännskada.

– Du har en akt uppe på Robotbasen, sa han, visste du det? Du bedömdes vara en säkerhetsrisk. Ditt samröre med amerikanerna, hur det nu såg ut. Man utredde faktiskt om du var sovjetisk agent.

– Så bisarrt, sa hon.

Det var hans son Markus, projektledare på Robotbasen, som hade skvallrat om akten. Det var inte meningen att han skulle känna till den.

– Och du hade två vapen i handväskan, sa han.

– Jag har licens på dem, jag tävlar i skytte.

– I Danmark, men det är inte därför du kommer att anhållas.

Han reste sig, gick bort till dörren. Knackade hårt på den. Hennes ögon följde honom.

Låset vreds upp från utsidan. Han ställde sig med handen på dörrhandtaget, vände sig mot henne.

– Varför gjorde du det? frågade han lågt.

Hon såg upp på honom, en grumlig längtan i botten av blicken.

– Jag ville bli hon, sa hon. Jag blev hon. Jag är Agneta.

– Din lillebror då?

– Det var inte meningen. Mamma var sjuk och han skrek och skrek. Jag ville att hon skulle få sova.

Dörren öppnades.

– Häktningsframställan är klar, sa Evelina. Vi kan ta ner henne till Luleå nu.

Roland Larsson steg in i rummet med ett par handbojor.

– Kom nu, Sofia, sa han, så åker vi.

Hon reste sig upp, lät Roland sätta på henne handfängslen. Såg oavvänt mot Wiking under tiden.

– Var det värt det? frågade han när hon passerade honom på väg ut i korridoren.

Hon stannade till, såg upp på honom. Räckte honom precis till axeln.

– Wiking, sa hon. Du vet inte vad du gick miste om.

Roland Larsson ledde ut henne till den väntande polisbilen.

Evelina Andersson kom emot honom, vantar och skinnmössa och kappa.

– Hon dödade sin lillebror då hon var tio år, sa åklagaren och såg bort mot bakdörren där Sofia Hellsten försvunnit. Agneta när hon var sjutton. De kom i vägen för henne, tog ett utrymme som hon tyckte var hennes, och de kan inte ha varit de enda. Det är inte logiskt. Hon hade börjat, och det fungerade. Vi måste kontrollera alla olösta mordfall i Skandinavien från 1980 och framåt, om offren hade något samröre med Agneta Mäkitalo.

– Eller så talar hon sanning, sa Wiking. Hon ville hjälpa sin mamma, och hon ville vara Agneta.

– Jag tänker fråga om din hustru i alla fall, sa Evelina Andersson och gick ut i kylan.

Han vände ryggen mot parkeringen. Hörde åklagaren smälla igen bildörren därute. Bilen som backade, vände, gasade. Väntade tills strålkastarna svept över väggarna och försvunnit upp mot Älvsbyvägen.

Sedan gick han tillbaka till sitt kontor, släckte taklampan. Vilade i mörkret. Såg ut över parkeringen, skuggorna från gatubelysningen. Kyrkan var nedsläckt, folket hade gått hem. Han tog av sig kavajen, knäppte av sig hölstret. Det landade tungt på bordet. Skjortan var blöt av svett på ryggen.

Han hade berättat för Evelina Andersson att han hade en relation med Agneta Mäkitalo. Att de var förälskade. Åklagaren hade tagit fasta på det, att Sofia Hellsten hade dödat hans flickvän. Hon tänkte löpa tanken ut och ställa frågorna:

Besökte du Stenträsk, eller Norrbotten, i augusti 1990?

Var var du den dagen då Helena Stormberg försvann i Kallmyren?

Han lade händerna för ansiktet. Kvinnorna gled samman för honom, de döda. De var inte helt olika, kanske hade han en typ som han föll för. Blond, späd, vemodig.

Han andades ut, slappnade av. Mindes kyrkoherdens ord

om den generösa människan, den som vågar känna ärlig och uppriktig kärlek. Den som kan förlåta att hon blir lurad, som är tillräckligt trofast för att lita på människans inneboende godhet.

Just idag, i just det här fallet, så visste han vad som hände med henne: hon murades in i ett brofundament, huvudlös.

DET VAR MENINGEN att biblioteket i Stenträsk skulle få nya lokaler i samband med kommunhusets ombyggnad i slutet av 1990-talet. I slutändan, när budgeten var spräckt ett par gånger om, beslutade fullmäktige att man istället skulle renovera de gamla. Någon egentlig upprustning genomfördes dock aldrig. Man målade om och byggde en större handikapptoalett och installerade internet, sedan fick det räcka.

Wiking Stormberg låste bakdörren om sig, fällde upp kragen. Det hade blåst upp igen. Han korsade parkeringen och gick runt knuten upp på Föreningsgatan. Ljus från de inre regionerna av biblioteket letade sig ut på trottoaren. Han stannade till, såg in bland hyllorna.

De brukade sitta inne i sagorummet, längst in bakom ungdomsavdelningen.

Det gjorde de inte nu. De hade slagit sig ner runt bordet vid informationsdisken. Gitte satt i en av sofforna.

Han gick fram till ytterdörren, knackade.

Carina Burstrand reste sig från en stol, en massiv nyckelknippa dinglande i högerhanden. Låste upp. Hon var ansvarig för författarbesöken i kulturnämnden, klart hon hade egna nycklar.

– Vi skulle precis ge upp, sa hon, låste porten efter dem.

Han anade att han varit den sjätte medlemmen i bokcirkeln Polcirkeln, sig själv ovetandes.

Carina nickade mot de andra.

– Jag har berättat.

Han gick bort till informationsdisken och sjönk ner i soffan bredvid Gitte, med ens mycket trött.

– Allt jag säger stannar i rummet, sa han och såg rakt på Susanne. Ingen inspelning, inget referat av detta efteråt.

Alla nickade.

– Så småningom kommer det mesta av det här fram, sa han, via förundersökningar och rättegångar. Men i dagsläget är det locket på. Alla med på det?

Det sista mot Susanne igen. Ivriga nickar, absolut.

– Igår morse fick vi svar på dna-förfrågan från London, sa han. Kroppen i fundamentet är inte släkt med ambulansföraren Henrik Hellsten i Gällivare. Kroppens dna stämmer inte överens med de andra fynden i gropen heller. Det handlar om kläder, skor, en halväten jordgubbsklubba …

– Ni förstod att det inte var Sofia som låg där, sa Susanne.

– Istället matchade kroppens dna med Sigrid Kinnunens, sa Carina. Som vi topsade som referens.

Wiking nickade, han trodde nästan att Carina skulle göra kopplingen.

– Vem? sa Gitte. Vår dagmamma?

– Sonja Mäkitalo var hennes halvsyster, sa Carina.

– Sonja vem? sa Susanne.

– Agnetas mamma, sa Wiking.

De satt tysta. Snön började falla igen. Stilla och försiktigt, nästan svävande.

– Hur gick det till? frågade Susanne. Hur bar hon sig åt? Vad var det som hände?

– Förhören kommer att hållas i Luleå, sa han och blundade.

– Men ni har väl en teori?

– Vi väntar med den till efter förhören.

– Hon måste ju ha fått pengar någonstans ifrån, sa Susanne. Hur klarade hon sig ekonomiskt?

Gitte tittade bort.

– Och vad gjorde hon av huvudet? frågade Carina.

– Det är en av de saker de tänker ta reda på, sa Wiking.

– Vad händer nu?

– Mordet på Agneta är preskriberat sedan länge, sa han. Sofia hade inte fått någon direkt påföljd ens när hon begick brottet, hon var bara sjutton år. Straffsatserna var fortfarande väldigt liberala 1980. Är någon av er bekant med Brottsbalkens fjortonde kapitel?

Carina och Gitte sneglade på varandra, tydligen inte.

– Det handlar om urkundsförfalskning, sa Wiking. Varje gång man identifierar sig med en falsk id-handling gör man sig skyldig till brukande av falsk urkund. Sofia har gjort sig skyldig till ett perdurerande brott.

– Ett vad? sa Susanne.

– Ett pågående eller upprepat brott, sa Gitte snabbt.

– Varje tillfälle utgör en ny kriminell handling, sa Carina.

Wiking nickade.

– Varje gång Sofia Hellsten har identifierat sig som Agneta Mäkitalo har hon begått en ny olaglighet. Preskriptionstiden är tio år, så brotten hon begick de första tjugonio åren har hon kommit undan med. Men allt sedan december 2009 kan hon åtalas för.

– Kan hon få fängelse? frågade Susanne.

– Grov urkundsförfalskning kan ge sex år, sa Wiking, fast det utdöms nästan aldrig. Med tanke på det långvariga förloppet, systematiken i brottsligheten, så kommer åklagaren att yrka på fängelsestraff. Frågan är hur långt det blir.

– Var är hon nu? frågade Gitte.

– På väg ner till Luleå, sa Wiking. Hon är misstänkt på sannolika skäl, därför kommer hon att häktas. Det finns risk att hon avviker, undanröjer bevis eller fortsätter sin brottsliga verksamhet.

Hans ord ekade bort och försvann bland bokhyllorna. Tystnaden efter dem blev tung. Luften var mättad av damm och frågor. Susanne grät stilla.

– Hur? sa hon till sist och snöt sig. Hur är det möjligt? Hur är man funtad i huvudet? Hur står man ut med sig själv? Ett helt liv, hela tillvaron, allt som är ens identitet, allt som man står för och tror på, den man är …

Hon såg upp på Carina. Carina stirrade ner i knäet. Gitte flackade med blicken över bokhyllorna.

Wiking tittade på klockan och reste sig.

– Hon kommer att åtalas, och hon kommer antagligen att fällas. Jag kan inte tänka mig något annat. Carina, släpper du ut mig?

– Tack för att du kom, sa Gitte.

Han strök henne på armen, följde efter Carina mot dörren.

– Du, sa Carina lågt när hon låste upp. Det fanns ett meddelande i växeln. En skåning som undrade vad som pågick, han sa att han var en närstående till Agneta. Han hette Gustav, Gustav Mäkitalo.

– Åh fan, sa Wiking. Jag visste inte att hon är gift.

– Det är hon inte. Han sa att Agneta Mäkitalo är hans mamma.

Wiking skakade sakta på huvudet.

– Stackars grabb, sa han. Att få reda på något sådant här om sin mor.

– Han är mera en medelålders karl, sa Carina. Slog honom i SPAR, han är född i februari -81.

Hon drog upp dörren, snön virvlade in.

– Då får vi väl hoppas att han har bra kontakt med sin far åtminstone, sa Wiking och steg ut i stormen.

Och där lämnar vi dem, människorna i Stenträsk, insvepta i ett polardunkel som inte släppte greppet förrän bortåt februari. Med ljuset följde viruset och den pandemi som kom att lamslå hela världen, och därmed också trakten omkring norra polcirkeln. Sigrid Kinnunen och tre andra åldringar på Norrgården avled i sina sängar, men Evert Landén klarade sig.

Årsdagen av Helena Stormbergs död i Kallmyren kom och gick. Wiking Stormberg besökte platsen där hon försvann, talade till henne genom årtiondena. Trettio år av ensamhet. Ett halvt liv. Och så, efter en middag han ätit med sin son och dennes familj, plockade Markus fram det märkliga brev han fått med posten samma dag.

Men det är en helt annan historia.

FÖRFATTARENS TACK

DETTA ÄR FIKTION. Alla karaktärer är fiktiva, liksom vissa platser och orter.

Dock har jag fått stor hjälp i mitt arbete av en rad mycket verkliga människor.

Dessa är:

Annika Lindh, enhetschef, FMV Provplats Vidsel.

Robert Janeheim, områdespolis, Älvsbyn.

Petra Råsten Almqvist, överläkare, enhetschef rättsmedicinska enheten i Stockholm.

Helena Mårtensson, gruppchef grova brott/kalla fall, Polismyndigheten region Stockholm.

Personalen vid Nationellt forensiskt centrum i Linköping.

Katarina Görts Öberg, leg. psykolog/psykoterapeut, med dr, auktoriserad sexolog, t.f sektionschef ANOVA, Karolinska Universitetssjukhuset.

Christine Riber Marklund, civilingenjör i teknisk fysik, Principal Consultant, Vysus Group.

Christina Knowles, kommunikatör, Karlstads universitet.

Tove Alsterdal, författare och dramatiker.
Thomas Bodström, advokat.
Leif Görts, kammaråklagare, Riksenheten mot korruption.
Varg Gyllander, presschef vid Stockholmspolisen.
Och, framför allt: Ronnie Sandahl, regissör och manusförfattare.
Dessutom: Amanda Aspeborg, Anna Laestadius Larsson, Annika Sandahl, Mikael Aspeborg, Wiwi Wahlström.
Ann-Marie Skarp, min förläggare, Piratförlaget.
Niclas Salomonsson, min agent, Salomonsson Agency.

Information om podcasts har hittats på IDG.se.

Vissa av karaktärernas åsikter om Sjöwall Wahlöös roman ”Polismördarna” har inspirerats av Magnus Erikssons understreckare i Svenska Dagbladet den 2 december 2012.

Gittes doktorsavhandling har inspirerats av ”Härifrån till jämställdheten – huvudrapport från programberedningen Kommunerna och jämställdheten” (Kommentus förlag).

Entreprenörskapsforums rapport som Carina refererar till var egentligen inte publicerad i december 2019, den kom i april 2020.

Magnus P. Wåhlins blogg ”Ekoteologi” har inspirerat prästens ord under bokens julotta.

Alla eventuella misstag är helt avsiktliga.